Quíron

A PONTE ENTRE O CÉU E A TERRA

MARCELO DALLA

Quíron

A PONTE ENTRE O CÉU E A TERRA

ALFABETO

Direção Editorial: Edmilson Duran
Produção Editorial: Rackel Accetti
Ilustração da capa: Paulo Rodrigues
Diagramação e capa: Décio Lopes
Revisão: Tatiana Müller

DADOS INTERNACIONAIS DE CATALOGAÇÃO NA PUBLICAÇÃO (CIP)
Angélica Ilacqua CRB-8/7057

Dalla, Marcelo

Quíron: a ponte entre o céu e a terra / Marcelo Dalla.
1ª Edição. Editora Alfabeto, São Paulo/SP, 2025.
256 p.: il.

Bibliografia
ISBN 978-65-87905-83-9

1. Astrologia 2. Mitologia grega I. Título

25-0185 CDD 133.5

Índices para catálogo sistemático:
1. Astrologia

ALFABETO
www.editoraalfabeto.com.br

EDITORA ALFABETO
Rua Ângela Tomé, 109 - Rudge Ramos | CEP: 09624-070
São Bernardo do Campo/SP | Tel: (11)2351.4168
editorial@editoraalfabeto.com.br

Sumário

Introdução

Não pretendo reinventar a roda com este livro. Meu objetivo é compartilhar o conhecimento que reuni ao longo dos anos, junto com um pouco da minha experiência em consultas, pesquisas e *insights* relacionados a este arquétipo tão poderoso: o curador ferido. Para além da minha identificação profunda e do interesse pelo tema, acredito que posso contribuir para a disseminação desse conhecimento, especialmente considerando que existem apenas dois livros publicados em português sobre Quíron na astrologia.

Quíron fala de feridas físicas, emocionais ou mentais, mas é muito mais do que isso. Esse planetoide carrega um simbolismo riquíssimo: representa o próprio caminho iniciático de cura do ser humano, a jornada de reconexão com o eu superior, com o mundo espiritual e as Hierarquias. Quíron é o arco-íris, a ponte que liga o céu e a terra.

Como todos sabemos, estamos vivendo um momento planetário de grande importância. Estamos em uma transição de eras, em que velhos paradigmas precisam ser transformados. Curar nossas antigas dores e nossas velhas feridas da alma é igualmente crucial. Essas feridas emergem para serem curadas, e temos grandes oportunidades para isso!

Nos últimos tempos, percebo ao meu redor — e em mim mesmo — que as situações se apresentam como hologramas colocados diante de nós para nos mostrar algo. Basta estarmos atentos. São campos de energia semelhantes às vivências das constelações familiares.

Uma das questões em destaque é a dor da rejeição, do abandono, da nossa criança ferida. É por causa dessas questões não resolvidas que continuamos a viver e reviver muitas situações repetitivas. Mais uma vez, insisto na importância do autoconhecimento e da consciência.

Portanto, Quíron simboliza tanto a ferida quanto a cura, a elevação da alma. Uma maneira eficaz de superar velhas dores é através do serviço ao outro. Não por acaso, Quíron representa o curador ferido e é considerado por muitos astrólogos como corregente (junto com Mercúrio) do signo de Virgem.

Encontramos felicidade e satisfação ao realizar um trabalho bem-feito, ao sentir que fazemos a diferença na vida das pessoas com nossas competências e nosso trabalho amoroso.

Tudo isso vamos explorar neste livro. Os simbolismos, os caminhos, as possibilidades de Quíron em nosso mapa natal e nos trânsitos astrológicos.

Bem-vindos ao caminho do curador ferido!

Planetoide

Quíron não é um planeta nem um asteroide. É classificado como um planetoide ou um centauro, um corpo celeste que orbita entre Saturno e Urano. Foi descoberto em 1º de novembro de 1977 pelo astrônomo Charles Kowal. Sua órbita peculiar e sua localização intermediária entre o mundo visível e o invisível, entre os planetas tradicionais e os trans-saturninos, simboliza a ponte que Quíron representa na astrologia: a conexão entre a matéria e o espírito, entre o concreto e o transcendente.

Para a astrologia, a descoberta de um corpo celeste sempre anuncia uma mudança importante na consciência coletiva, refletindo desenvolvimentos históricos e culturais determinantes. A descoberta de Urano, em 1781, por exemplo, coincide com um período de grandes revoluções e lutas pela independência, simbolizando a quebra de tradições e a busca por liberdade. Netuno, localizado em 1846, surge em paralelo ao Romantismo, um movimento que exalta o idealismo, os sonhos e as emoções profundas. Plutão, descoberto no início do século XX, marca o aparecimento do fascismo, do totalitarismo, e também do nascimento da Psicologia, explorando as profundezas do inconsciente coletivo e as transformações profundas da sociedade.

Quíron, descoberto no final dos anos 70, emergiu em um contexto de expansão da consciência alternativa. Esse período foi marcado pelo *boom* das terapias alternativas e da cura holística, pela ascensão da música *new age* e por movimentos culturais como o *punk*, que expressavam um grito de revolta e transformação. Simultaneamente, emergiram movimentos para salvar o mundo, protegendo baleias e florestas e promovendo maior conscientização ecológica. A descoberta de Quíron nesse período não é coincidência; ele simboliza a necessidade de curar as feridas profundas da humanidade, tanto individuais quanto coletivas, e de encontrar novos caminhos para a integração do corpo, da mente e do espírito.

Quíron orbita entre os limites da realidade concreta e a expansão espiritual, uma ponte entre Saturno, o guardião das estruturas e limites, e Urano, o portador da inovação e da ruptura com o *status quo*. Essa posição astrológica reflete sua função como curador ferido, aquele que transcende suas próprias dores para guiar os outros em sua jornada de cura e transformação.

ilustração criada por Marcelo Dalla no Photoshop com auxílio de IA

CAPÍTULO 1

Quíron na Mitologia

Para compreender a profunda conexão de Quíron com a evolução coletiva e seu significado arquetípico, é essencial olhar para a mitologia. Quíron é filho de Saturno e de Filira, uma das filhas de Oceano. De acordo com a lenda, Reia, esposa de Saturno, surpreendeu o marido com Filira. Para escapar, Saturno transformou-se em um garanhão e fugiu.

O fruto dessa união foi Quíron, o primeiro centauro, nascido metade homem e metade animal. Perturbada por ter dado à luz o que considerava um monstro, Filira implorou aos deuses que fosse aliviada da responsabilidade de criar seu filho. Como resposta, os deuses levaram Quíron e transformaram sua mãe ingrata em um limoeiro.

A primeira grande mágoa de Quíron foi a rejeição materna. Em um mapa astrológico, onde quer que Quíron esteja posicionado, ele indica a área em que podemos ser mais sensíveis a rejeições. Ele representa a criança ferida, a saída do Paraíso que todos experimentamos ao ser retirados do útero e confrontados com a dura realidade do mundo.

No corpo físico, separado e distinto, perdemos o sentido de unidade com toda a vida. Quíron era parte divino, parte animal — uma dualidade que também carregamos. Sua posição no mapa revela onde sentimos mais intensamente o conflito entre os desejos do nosso físico e algo mais transcendente, puro e divino.

Educado pelos deuses, Quíron cresceu e se tornou um ser sábio. Seu lado animal proporcionou-lhe sabedoria terrena e proximidade com a natureza. Podemos considerá-lo um xamã, um curador sábio, bem versado nas propriedades medicinais de várias ervas. Além disso, Quíron estudou música, ética, caça e astrologia. Sua grande sabedoria se espalhou, e deuses e nobres mortais confiavam a ele a educação de seus filhos. Quíron tornou-se uma espécie de pai adotivo e mestre de heróis como Jasão, Hércules e Aquiles. As disciplinas que mais ensinava eram o bem-estar e a cura, pois sabia como criar e curar feridas.

O centauro Quíron e Aquiles. Afresco pompeiano, séc. II. Nápoles, Museu Nacional.

Sem intenção, Hércules feriu o joelho de Quíron com uma seta envenenada. O veneno era da tenebrosa Hidra, e a ferida resultante se mostrou incurável, até mesmo para a medicina de Quíron. Este é um fenômeno curioso: o grande curador foi incapaz de curar sua própria ferida. Esta é talvez a qualidade mais importante de Quíron: sua posição no mapa revela onde fomos feridos de algum modo e, através dessa experiência, obtemos sensibilidade e autoconhecimento para entender e ajudar melhor os outros. Quíron está fortemente associado ao nascimento do interesse popular pela psicoterapia, ao processo de trazer feridas psicológicas à superfície para que possam ser curadas. De fato, Quíron aparece em posições de destaque nos mapas de muitos curadores e terapeutas. Afinal, não são os melhores terapeutas aqueles que conhecem profundamente suas próprias imperfeições?

Quíron preparava as pessoas para se tornarem heroínas. Seus pupilos estavam aptos a sobreviver no mundo, mas também eram nobres, capazes de feitos e proezas a serviço de seu país ou de um todo maior. A posição de Quíron no mapa não só indica onde podemos ensinar os outros, mas também onde nosso potencial heroico pode se manifestar. É a área onde podemos ir além do normal, sem perder o contato com o que chamamos de vida real. Podemos ser intuitivos, inventivos e, ao mesmo tempo, manter os pés firmemente no chão. Dale O'Brien observa que trânsitos críticos de Quíron indicam quando e como um indivíduo é desafiado a crescer, superando a adversidade ou a mediocridade que cerca sua vida, e a perceber um destino maior envolvendo-o.

Como recompensa por todos os seus serviços, Quíron recebeu o dom divino da imortalidade. No entanto, ele se viu em uma posição paradoxal: não podia curar sua ferida nem morrer. Qual seria a solução? Prometeu, que havia roubado o fogo dos deuses e fora banido para os mundos inferiores, poderia ser liberto se alguém tomasse seu lugar. Quíron, não mais desejando ser imortal, concordou em trocar de lugar com Prometeu. Assim ocorreu a fusão de dois tipos de sabedoria: Quíron pegou a sabedoria terrena e a usou para propósitos mais elevados, enquanto Prometeu trouxe o fogo dos deuses, símbolo da criatividade, para a Terra. Dessa forma, nosso desafio é integrar a visão espiritual do fogo criativo com a técnica e o senso prático.

A atitude de Quíron em relação à morte e seu entendimento acerca da saúde, da cura e da educação são sinais dos nossos tempos. Quando a humanidade desperta para sua essência divina, ela busca o autoconhecimento e a expansão da consciência a fim de curar suas dores de alma. Assim, promovemos a cura individual e planetária.

Aspectos complementares de Quíron na mitologia

Quíron como Mestre de Heróis

Quíron não era apenas curador, mas também mentor e mestre de alguns dos maiores heróis da mitologia grega, como Jasão, Hércules e Aquiles. Sob sua tutela, esses heróis não apenas desenvolveram habilidades de combate, mas também receberam ensinamentos sobre ética, música, medicina e, acima de tudo, nobreza de espírito. Quíron preparava seus pupilos para enfrentar as duras realidades do mundo, equipando-os com a sabedoria necessária para transcender suas limitações pessoais e servir a um propósito maior. Em um mapa astrológico, Quíron pode indicar onde uma pessoa está destinada a ser um guia ou mentor, utilizando sua própria jornada de cura para inspirar e elevar os outros.

O dualismo de Quíron

Quíron representa a dualidade inerente à condição humana: a coexistência do divino e do animal, do imortal e do mortal. Esse dualismo reflete-se na sua incapacidade de curar a própria ferida, simbolizando como os aspectos mais profundos da nossa vulnerabilidade podem se tornar fontes de nossa maior sabedoria. Em um contexto astrológico, a posição de Quíron revela onde essa dualidade se manifesta em nossa vida, apontando para os conflitos entre nossos desejos terrenos e nossas aspirações espirituais. É na integração desses opostos que encontramos o caminho para a verdadeira cura.

Conexão entre dor e cura

A história de Quíron também ensina uma lição sobre a relação íntima entre dor e cura. Mesmo ferido, Quíron continuou a utilizar seu conhecimento para curar os outros, transformando sua própria dor em um instrumento de compaixão e entendimento. Esse sacrifício final de Quíron, ao ceder sua imortalidade a Prometeu, simboliza a fusão de sabedoria terrena e espiritual. Na astrologia, Quíron nos desafia a enfrentar nossas feridas mais profundas, não para sermos dominados por elas, mas para transformá-las em fontes de poder e cura, tanto para nós mesmos quanto para aqueles ao nosso redor.

Quíron como o Hierofante

No *Tarô Mitológico* criado por Liz Greene, o Arcano 5 — o Hierofante — assume a forma de Quíron, o rei dos centauros, curador, sacerdote e sábio educador dos jovens heróis da mitologia. Quíron, ferido por uma seta envenenada, carrega a marca de sua dor como um emblema de sua sabedoria. Sua ferida incurável, causada pelo veneno de Hidra, torna-o conhecido como o Curador Ferido — aquele que, por meio de sua própria dor, desenvolve uma profunda empatia pela dor dos outros e a capacidade de enxergar além das ilusões do ego e das satisfações superficiais da vida cotidiana.

Quíron, como Hierofante, está posicionado à entrada de sua caverna, um lugar que é simultaneamente sua casa e seu templo. Essa caverna não é uma construção artificial ou um espaço de adoração criado pelo homem, mas uma formação natural, que simboliza a ligação intrínseca entre a terra e o céu, entre a consciência terrena e o conhecimento intuitivo das leis divinas. Aqui, o sagrado se manifesta de maneira orgânica e pura, livre das distorções dos dogmas religiosos e das imposições de sistemas ortodoxos.

A caverna de Quíron, como Hierofante, representa o espaço interior de cada indivíduo, onde a sabedoria e o entendimento profundo podem ser cultivados. É um lembrete de que o verdadeiro templo não é encontrado em estruturas externas, mas dentro de nós mesmos, na conexão direta com o Divino que reside em cada ser. Quíron, com sua sabedoria ancestral, nos guia na jornada de autoconhecimento, nos ensinando a integrar o mundo espiritual com a realidade material e a transformar nossas feridas em fontes de cura e crescimento.

O Hierofante, como Quíron, nos lembra de nossa capacidade de desenvolver poder pessoal e de assumir a responsabilidade por nossos próprios caminhos espirituais. Ele nos encoraja a buscar a sabedoria interna, a conectar-nos com nossa essência divina e a utilizar esse poder para nos tornarmos mestres de nossos próprios destinos. Ao fazer isso, nos tornamos menos dependentes de autoridades externas e mais capazes de guiar e proteger a nós mesmos e aos outros em nossa jornada de vida.

Essa compreensão é crucial para recuperarmos a leveza e a espontaneidade que muitas vezes perdemos na vida adulta. Quíron nos ensina a cuidar de nossa criança interior, a nutrir nossa conexão com o Divino e a lembrar que, mesmo em meio à dor, existe a possibilidade de cura e transformação. Ele é o portal que nos permite passar de um nível de consciência para outro, um guia que nos acompanha na transição de nossas próprias limitações para o reconhecimento de nosso potencial espiritual e humano.

ilustração criada por Marcelo Dalla no Photoshop com auxílio de IA.

Quíron e Oxumarê: a ponte entre o céu e a terra

Quíron, na mitologia grega, é muitas vezes simbolizado como a ponte entre o céu e a terra, representando a conexão entre o mundo físico e o espiritual. Esse simbolismo também é encontrado na figura de Oxumarê, um dos orixás do candomblé e da umbanda. Oxumarê é o arco-íris, a serpente que conecta o céu e a terra, o responsável pela continuidade e pelo movimento, representando os ciclos da vida.

ilustração criada por Marcelo Dalla no Photoshop com auxílio de IA.

Quando adquiri num sebo o livro de Barbara Hand Clow sobre Quíron, dentro dele havia uma folha de jornal com uma matéria publicada em 1992 sobre o tema: Quíron – Ampliando as Dimensões da Sabedoria Humana – autoria de Fábio Mascarenhas. Um trecho da matéria me chamou muita atenção, por ser uma definição bastante semelhante ao simbolismo de Oxumarê:

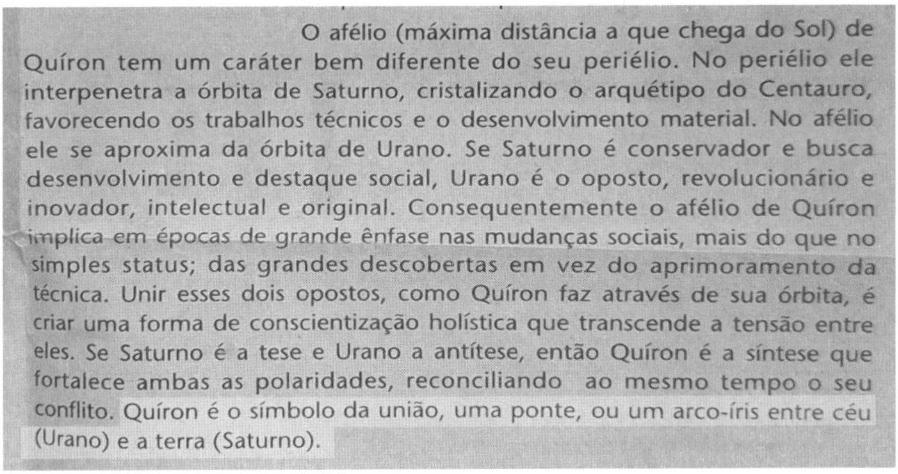

O afélio (máxima distância a que chega do Sol) de Quíron tem um caráter bem diferente do seu periélio. No periélio ele interpenetra a órbita de Saturno, cristalizando o arquétipo do Centauro, favorecendo os trabalhos técnicos e o desenvolvimento material. No afélio ele se aproxima da órbita de Urano. Se Saturno é conservador e busca desenvolvimento e destaque social, Urano é o oposto, revolucionário e inovador, intelectual e original. Consequentemente o afélio de Quíron implica em épocas de grande ênfase nas mudanças sociais, mais do que no simples status; das grandes descobertas em vez do aprimoramento da técnica. Unir esses dois opostos, como Quíron faz através de sua órbita, é criar uma forma de conscientização holística que transcende a tensão entre eles. Se Saturno é a tese e Urano a antítese, então Quíron é a síntese que fortalece ambas as polaridades, reconciliando ao mesmo tempo o seu conflito. Quíron é o símbolo da união, uma ponte, ou um arco-íris entre céu (Urano) e a terra (Saturno).

Oxumarê é frequentemente descrito como uma serpente que circunda a Terra, garantindo o equilíbrio entre as forças opostas e mantendo a harmonia universal. Essa função de conexão e transição é similar ao papel de Quíron na astrologia, visto que ele atua como mediador entre os desejos materiais e as aspirações espirituais, curando as feridas que surgem dessa dualidade.

Assim como Quíron, que carrega a dor e a cura dentro de si, Oxumarê também lida com dualidades: é ao mesmo tempo masculino e feminino, representando a unidade entre opostos. Ambos simbolizam a integração dos aspectos aparentemente contraditórios da existência e a importância de encontrar harmonia e equilíbrio dentro dessa dualidade.

No tarô, onde Quíron é simbolizado como o Hierofante, o guia espiritual, essa conexão com Oxumarê pode ser vista como um lembrete de que a verdadeira sabedoria e cura vêm da capacidade de integrar nossas experiências terrenas com nosso entendimento espiritual. Oxumarê, como o arco-íris, é a própria manifestação visual dessa ponte, enquanto Quíron, em sua jornada de cura, nos mostra como trilhar esse caminho.

Ao compreender essa correlação, somos chamados a reconhecer as ligações entre diferentes tradições espirituais e a sabedoria universal que elas compartilham. Tanto Quíron quanto Oxumarê nos ensinam a importância do equilíbrio, da cura e da transformação contínua, seja através da integração das feridas internas ou da manutenção da harmonia entre as forças opostas da vida.

O simbolismo da serpente e a medicina: a história de Asclépio

A serpente, um símbolo antigo e universal, é frequentemente associada à cura e à medicina. Esse simbolismo está profundamente enraizado na figura de Asclépio, o deus grego da medicina, que foi aluno de Quíron. Asclépio herdou de seu mestre não apenas o conhecimento sobre as artes curativas, mas também a compreensão da dualidade inerente à vida — a coexistência de cura e doença, vida e morte.

Quíron, o curador ferido, ensinou a Asclépio a sabedoria de transformar feridas em dons de cura. Da mesma forma, a serpente, que se renova ao trocar de pele, é vista como um símbolo de regeneração e transformação, temas centrais tanto na medicina quanto na mitologia de Asclépio. A serpente fala da sabedoria de transformar o veneno em remédio, um princípio que é fundamental tanto na mitologia quanto na prática médica.

Uma das passagens mais marcantes envolvendo Asclépio e a serpente ocorre quando ele recebe o dom de ressuscitar os mortos. Diz a lenda que, certa vez, Asclépio encontrou uma serpente e a matou. Logo em seguida, apareceu outra serpente carregando uma erva na boca, a qual colocou sobre a primeira serpente, ressuscitando-a. Observando isso, Asclépio compreendeu o poder da erva e a utilizou para trazer uma pessoa de volta à vida.

Essa experiência não apenas reforçou o simbolismo da serpente como um emblema de cura e renovação, mas também marcou Asclépio como um dos mais poderosos curadores da mitologia grega. No entanto, seu poder de ressuscitar os mortos foi visto como uma transgressão das leis naturais, o que despertou a ira de Zeus, que o fulminou com um raio, temendo que os humanos pudessem se tornar imortais.

ilustração criada por Marcelo Dalla no Photoshop com auxílio de IA.

Essa história ilustra a delicada relação entre a vida e a morte, uma dualidade que Quíron, com sua própria ferida incurável, compreendia profundamente. Assim como Quíron, que aprendeu a transformar sua dor em cura, Asclépio simboliza a capacidade da medicina de atuar na fronteira entre a vida e a morte, utilizando o conhecimento da natureza, simbolizado pela serpente, para promover a regeneração e a cura.

No contexto astrológico e mitológico, a serpente, como guia de cura, aparece em muitas culturas e sistemas de crenças. Tanto Quíron quanto Asclépio nos ensinam que a verdadeira cura não é apenas física, mas também espiritual, envolvendo a transformação interior e a reconciliação com os aspectos sombrios e luminosos da vida.

A serpente e sua conexão com Quíron

A serpente é um símbolo multifacetado, muitas vezes associada tanto ao mal quanto à cura e à sabedoria. No contexto de Quíron, ela é um emblema poderoso de transformação e renovação. Assim como ela troca de pele, Quíron nos ensina a transformar nossas feridas em ferramentas de cura e crescimento. Essa característica da serpente, que a associa ao rejuvenescimento e à renovação, ressoa com a essência de Quíron como o curador ferido, aquele que encontra poder na vulnerabilidade.

A imagem do Ouroboros, a serpente que morde a própria cauda formando um círculo, simboliza a continuidade e a eternidade, conceitos centrais no processo de cura de Quíron. Esse símbolo também ecoa na figura de Oxumarê, o orixá da renovação e transformação na tradição afro-brasileira. Ambas as figuras nos ensinam a importância de abraçar as mudanças cíclicas da vida como parte do processo de crescimento e cura.

Na tradição xamânica e nas práticas de cura espiritual, a serpente é vista como um agente de transmutação e regeneração. Quíron, em sua jornada de cura, espelha esse simbolismo ao mostrar a necessidade de lidar com nossas feridas e limitações, assim como a serpente deixa para trás sua pele velha. Essa transmutação é essencial para o processo de autoconhecimento e evolução espiritual.

A serpente também está associada à Kundalini, a energia vital que, quando desperta, sobe pela coluna vertebral em forma de espiral. Esse despertar é um processo de iluminação e transformação que conecta o indivíduo com a consciência superior — processo semelhante ao que Quíron promove ao nos guiar na jornada de cura e integração do corpo e do espírito.

No xamanismo, a serpente é uma aliada poderosa, capaz de devorar doenças e transformar veneno em remédio. Essa capacidade de transformar o que é perigoso em algo curativo reflete a lição de Quíron: nossas feridas, quando integradas e aceitas, se tornam nossas maiores fontes de sabedoria e cura.

CAPÍTULO 2

Quíron na Astrologia

O glifo de Quíron e seus simbolismos

Quíron, o curador ferido, carrega em si o peso da mortalidade, a dor da vida e as frustrações da alma. Seu glifo, uma combinação do círculo do espírito com uma chave, é um poderoso símbolo que encapsula a essência de Quíron na astrologia. O círculo representa a totalidade do espírito, a integridade que buscamos alcançar. A chave, por sua vez, simboliza a abertura das feridas e o acesso aos presentes ocultos que essas feridas nos revelam.

Quíron, portanto, não é apenas um símbolo de dor, mas também de cura — ele é a chave para os mistérios que residem além do mundo conhecido, para o reino transpessoal.

Posicionado entre os reinos de Saturno e Urano, Quíron atua como uma ponte entre realidades: a realidade social e a mente superior, a mortalidade e a imortalidade, a forma e a estrutura da vida física e o que existe além do conhecido. Essa posição entre dois mundos reflete o papel de Quíron como mediador entre o tangível e o intangível, entre o que podemos controlar e o que devemos aceitar.

Quíron representa as feridas que carregamos ao longo da vida, aquelas que nunca cicatrizam completamente — a dor intrínseca de existir. No entanto, ele também sinaliza mudanças de consciência, crenças, comportamento e estilo de vida que emergem da aceitação dessas feridas. Ao aceitarmos nossas dores, elas se tornam o medicamento curativo que nos transforma em seres mais sábios. A ferida, então, se torna nosso presente — um dom que nos permite curar os outros, compartilhando nossa jornada de superação.

Como professor mítico, guru, xamã e curandeiro, Quíron simboliza a experiência de se sentir excluído ou diferente, de estar à margem da tribo e, ao mesmo tempo, de possuir um conhecimento profundo que é vital para a cura e o crescimento. Ele está associado a deficiências, deformidades, métodos alternativos de cura, aprendizado e ensino. Quíron nos ensina que o compromisso com a cura — seja de nós mesmos, dos outros ou do meio ambiente — é a chave para a transformação.

Não é por acaso que Quíron aparece em posições fortes nos mapas de muitos curadores e terapeutas. Os melhores terapeutas são aqueles que conhecem bem suas próprias imperfeições, pois é através delas que eles podem acessar uma sabedoria e uma compaixão profundas. Quando Quíron está retrógrado no mapa natal, ele traz consigo poderes de cura adquiridos em vidas passadas, como o dom de cura pelas mãos. A posição de Quíron retrógrado em uma casa específica descreve o caminho para o desenvolvimento desses dons, revelando áreas onde a cura pode ser mais intensamente vivenciada e aplicada.

Quíron: mestre, curador, artista e astrólogo

Na mitologia, Quíron transformou-se em mestre, curador, artista e astrólogo. Ele era conhecido por sua sabedoria e habilidades diversas, que não apenas curavam feridas físicas, mas também guiavam o desenvolvimento espiritual e emocional de seus discípulos. Nesse sentido, Quíron é um símbolo de conexão entre o céu e a terra, atuando como um mediador entre as esferas material e espiritual.

A arte, assim como a astrologia, cumpre esse papel de conexão. Através da arte, somos capazes de expressar e traduzir as realidades invisíveis, trazendo à tona verdades profundas que ressoam tanto no plano físico quanto no espiritual. A astrologia, por sua vez, é a arte de interpretar os movimentos celestes e traduzi-los para as questões da vida na Terra. Ela nos oferece uma linguagem para entender como os ciclos cósmicos influenciam nossa vida, ajudando-nos a navegar por nossos desafios e a alinhar-nos com as energias do universo.

Quíron também fala da energia da Kundalini, o despertar espiritual representado por uma serpente espiral de energia. Essa energia reside no chacra básico, na base da coluna vertebral, e, quando desperta, sobe através dos chacras, até alcançar o chacra coronário, no topo da cabeça. Esse movimento ascendente da Kundalini é um processo de iluminação e transformação no qual o ser humano desperta para sua natureza divina e para o propósito espiritual da vida.

A Kundalini é uma força latente que existe em todos nós, esperando o momento certo para ser ativada. Quando a Kundalini desperta, ela purifica os chacras, libera bloqueios energéticos e permite que a energia flua livremente através do corpo. Esse processo pode ser gradual ou repentino, e é muitas vezes acompanhado por uma profunda transformação pessoal, que inclui mudanças na consciência, aumento da intuição e sensação de unidade com o universo.

Assim como a serpente de Asclépio, que transforma veneno em remédio, a Kundalini nos ensina a transformar nossas feridas, medos e bloqueios em ferramentas de crescimento espiritual. A ascensão da Kundalini simboliza a jornada do espírito em direção à sua realização plena, conectando o indivíduo com a consciência cósmica e o poder de cura universal.

Quíron, como símbolo de cura e transformação, ressoa profundamente com o processo de despertar da Kundalini. Ambos nos lembram que as feridas que carregamos e os desafios que enfrentamos são parte de nossa jornada de evolução espiritual. Através da aceitação e do trabalho consciente, podemos transformar essas experiências em sabedoria, utilizando-as para curar a nós mesmos e aos outros.

A jornada de um quironiano: minha experiência com Quíron em Peixes na casa 4

Minha conexão com Quíron vai além do estudo acadêmico e mitológico; ela é profundamente pessoal e integrada na minha vida cotidiana. Como professor de astrologia, artista gráfico e músico, sinto a presença de Quíron em quase tudo o que faço. No meu mapa natal, Quíron está em Peixes na casa 4, um posicionamento que colore minhas experiências com uma sensibilidade profunda, uma busca incessante por significado e um desejo de curar, tanto a mim mesmo quanto aos outros.

Quíron em Peixes na casa 4 fala de uma ferida espiritual, uma sensação de desconexão ou incompreensão no ambiente familiar ou nas raízes emocionais. Ao longo da minha vida, essa posição me desafiou a encontrar formas de expressar e curar essa ferida através da criatividade, da música e da arte. A casa 4, relacionada ao lar e às fundações da nossa vida, me levou a buscar um sentido de pertencimento que transcende o físico, conectando-me ao plano espiritual e às águas profundas de Peixes.

Esse posicionamento de Quíron faz aspectos com quase todos os planetas do meu mapa, o que amplifica sua influência e cria uma teia complexa de energias que permeiam minha vida. Foi dessa intensa conexão com Quíron que surgiu o termo *quironianas* — uma maneira de descrever aqueles que, como eu, têm Quíron em destaque em seu mapa natal, com múltiplos aspectos. As quironianas são almas que carregam uma ferida visível ou invisível, mas que, ao mesmo tempo, possuem um dom especial para curar, ensinar e transformar.

Como artista gráfico, vejo a arte como uma forma de traduzir a energia de Quíron em imagens que tocam a alma e despertam a consciência. A música, por outro lado, é uma expressão direta do meu Quíron em Peixes — uma maneira de comunicar emoções que palavras não podem alcançar, de curar através da ressonância e da harmonia.

Como professor de astrologia, sinto que é minha missão guiar os outros em sua própria jornada quirônica, ajudando-os a entender e a integrar a energia de Quíron em sua vida. Através do ensino, compartilho não apenas o conhecimento técnico, mas também a sabedoria que vem de viver com Quíron tão presente no meu próprio ser.

Essa jornada com Quíron me ensinou que as feridas que carregamos são, na verdade, portais para um entendimento mais profundo da vida. Elas nos desafiam a crescer, a buscar a cura e a compartilhar essa cura com o mundo. Ser um quironiano é aceitar a dualidade da dor e do dom, e usar essa sabedoria para iluminar o caminho dos outros.

Inclusive, já fiz algumas sessões muito significativas de constelação familiar e gosto de trabalhar em parceria com colegas consteladores, identificando, no mapa natal dos clientes, questões ligadas à ancestralidade a serem acolhidas, libertas, ressignificadas.

Corregência de Quíron: Virgem ou Sagitário?

Muitos astrólogos, como Barbara Hand Clow, consideram Quíron corregente de Virgem, junto com Mercúrio. Essa associação se dá pela natureza curadora e prática de Quíron, que ressoa com as qualidades de Virgem, signo tradicionalmente relacionado à saúde, ao serviço e à integração do corpo e da mente. A abordagem de Quíron como curador ferido, que busca cura e perfeição, parece alinhar-se naturalmente com as vibrações de Virgem, que busca ordem e harmonia através da análise e do cuidado meticuloso.

Por outro lado, Melanie Reinhart, em sua obra, sugere que Quíron seja corregente de Sagitário, ao lado de Júpiter. Essa perspectiva se baseia na conexão de Quíron com a sabedoria, o ensino e a busca por significados mais elevados — qualidades que são muito sagitarianas. Sagitário é um signo que busca o conhecimento além do mundano, que explora a verdade filosófica e espiritual, características que Quíron, como mentor e professor de heróis, também incorpora. Reinhart vai além, afirmando que Quíron tem sua exaltação em Virgem, o que manteria uma ligação profunda com as qualidades desse signo, mas sem a necessidade de atribuir-lhe a regência.

Um tema aberto à interpretação

Essa dualidade de perspectivas ilustra a complexidade de Quíron como arquétipo e a riqueza de sua simbologia na astrologia. A regência de Quíron, seja em Virgem ou Sagitário, é um tema que continua a gerar debates e reflexões entre astrólogos, e não há um consenso estabelecido. Isso pode ser visto como uma oportunidade para os praticantes de astrologia explorarem Quíron de maneiras que ressoem mais profundamente com suas próprias práticas e experiências.

Por exemplo, alguns astrólogos podem preferir associar Quíron a Virgem se sua prática estiver mais focada em cura e métodos práticos de autoaperfeiçoamento. Outros, que veem Quíron mais como guia espiritual e professor, podem encontrar mais sentido em associá-lo a Sagitário. A ideia de que Quíron possa ter uma exaltação em Virgem, como sugerido por Reinhart, permite uma integração dessas duas perspectivas, reconhecendo as múltiplas dimensões que ele pode representar.

A discussão sobre a regência de Quíron está longe de ser encerrada, e isso reflete a sua própria natureza como curador ferido, que existe entre mundos e desafia definições rígidas. A contínua exploração desse tema permite que cada astrólogo contribua para o entendimento de Quíron, adicionando camadas de significado e expandindo o campo de estudo astrológico.

Quíron entre Virgem e Peixes: a ponte entre o céu e a terra

Virgem, sendo um signo de terra, é associado ao serviço, à cura, à ordem e à integração dos aspectos materiais da vida. É o signo que busca a perfeição através do detalhe, da análise e do cuidado. Por outro lado, Peixes, um signo de água, está ligado ao mundo dos sonhos, da espiritualidade, da compaixão e da entrega ao universo. Enquanto Virgem trabalha com as ferramentas do mundo físico, Peixes se conecta com o transcendente, com o que é ilimitado e imaterial.

Colocar Quíron entre esses dois signos faz dele a ponte que une esses mundos aparentemente opostos. Quíron, em sua essência, trabalha com a cura das feridas através do reconhecimento e da aceitação tanto do mundo físico quanto do espiritual. Ele nos ensina que, para alcançar uma cura verdadeira, é necessário integrar o que Virgem e Peixes representam: a ordem e a perfeição mundana com a compaixão e a entrega espiritual.

O eixo Virgem-Peixes e Quíron

O eixo Virgem-Peixes é um dos mais importantes do zodíaco, representando a necessidade de equilibrar o serviço prático e a compaixão universal, o discernimento e a fé. Quíron, posicionado entre esses dois signos, sugere que a cura e a sabedoria vêm da capacidade de navegar entre esses dois domínios. Ele nos mostra que a verdadeira integração vem quando reconhecemos que as feridas do mundo físico (Virgem) podem ser curadas através da conexão com o espiritual (Peixes), e vice-versa.

Quíron como a síntese de Virgem e Peixes

Essa posição entre Virgem e Peixes também reforça a ideia de que Quíron não pertence a um único domínio, mas é o mediador que transita entre o prático e o espiritual. Ele nos ensina a importância de equilibrar o cuidado com os detalhes da vida cotidiana e a necessidade de se conectar com algo maior e mais expansivo. Essa abordagem holística é essencial para o processo de cura que Quíron representa.

Quíron no mapa natal: uma visão geral

No mapa natal, Quíron é um indicador poderoso de áreas, temas e situações que necessitam de cura. Ele representa as feridas que carregamos, que podem ser físicas, emocionais, mentais ou espirituais, e que muitas vezes se originam de experiências dolorosas do passado, especialmente da infância. Essas feridas, ao serem reconhecidas e trabalhadas, se tornam fontes de sabedoria, força e compaixão.

Quíron revela onde nos sentimos vulneráveis ou inadequados, onde podemos ter dificuldades para expressar ou valorizar certos aspectos de nós mesmos. No entanto, é também nessas áreas que temos o maior potencial de crescimento pessoal e de ajudar os outros em sua própria jornada de cura. Quíron é tanto o curador ferido quanto o mestre sábio — ele nos ensina que nossas feridas, quando integradas e compreendidas, podem se transformar em dons que oferecemos ao mundo.

Assim, no mapa natal, Quíron mostra as partes de nós que precisam de atenção e transformação. Ele ilumina as lições que precisamos aprender e as habilidades que podemos desenvolver ao longo do processo de cura. Cada posicionamento de Quíron, seja por signo, casa ou aspecto, oferece pistas sobre como e onde essa cura pode ocorrer, e como podemos usar essas experiências para contribuir positivamente para a vida dos outros.

Quíron lembra que, apesar da dor e das dificuldades, há sempre a possibilidade de cura e transformação. Ele nos motiva a enfrentar nossas feridas com coragem e a utilizar o que aprendemos para curar não só a nós mesmos, mas também aqueles ao nosso redor.

Confirmando temas importantes

Além de apontar áreas que necessitam de cura, Quíron no mapa natal frequentemente atua como um confirmador de temas centrais que se repetem no mapa. Ele destaca padrões e questões que permeiam a vida do indivíduo, reforçando a importância de certas lições e desafios que a pessoa está destinada a enfrentar.

Quando um tema aparece repetidamente em diferentes partes do mapa — seja através de aspectos, posicionamentos de outros planetas ou casas envolvidas —, a presença de Quíron nesse contexto pode ser vista como um sinal de que essa área da vida é particularmente significativa para o desenvolvimento pessoal. Quíron, ao tocar nesses temas recorrentes, sugere que a cura e a integração desses aspectos são cruciais para o crescimento e a realização do potencial individual.

Quíron age como um amplificador desses temas, trazendo à tona as feridas que precisam ser abordadas, mas também revelando os dons que emergem da cura dessas feridas. Assim, dentro do mapa natal, ele serve como uma espécie de sinalizador, apontando para áreas onde a pessoa pode encontrar tanto seus maiores desafios quanto suas maiores oportunidades de crescimento e contribuição para o mundo.

A seguir, trarei as interpretações para cada signo, divididas em duas partes. Na primeira, as possíveis feridas. Na segunda parte, os caminhos de cura.

CAPÍTULO 3

Quíron nos Signos

Quíron em Áries ♈

Feridas

Quem nasceu com Quíron em Áries no mapa pode sentir, em alguns momentos, que não tem o direito de viver plenamente. A autoafirmação e a iniciativa podem ser acompanhadas por um medo profundo de não existir ou de ser ignorado. Muitas vezes, ele só se sente verdadeiramente vivo quando refletido em outra pessoa, e sua motivação para agir pode estar mais relacionada ao benefício dos outros do que ao seu próprio bem-estar. Essa luta interna pode levar a um comportamento precipitado ou à necessidade de demonstrar força, sem, no entanto, engajar-se verdadeiramente na ação.

A infância do nativo pode ter sido marcada por métodos repressivos de educação, como a privação de contato físico ou a imposição de horários rígidos, o que pode ter resultado em uma sensação de não ter direito de expressar seus próprios desejos. Isso pode gerar uma profunda raiva, acompanhada por sentimentos de impotência e medo de que suas expressões de vontade sejam sistematicamente esmagadas. Na vida adulta, essa dinâmica pode se manifestar em um medo de começar novas fases, ou uma sensação de que suas iniciativas estão fadadas ao fracasso.

Apesar dessa ferida, o nativo pode compensar sua insegurança inicial tornando-se um pioneiro, cheio de energia e vontade. No entanto, essa máscara pode eventualmente cair, revelando profundo sofrimento e insegurança. A vontade de morrer pode surgir como uma resposta à frustração, à falta de controle, ou como uma reação à incapacidade de tomar decisões próprias. O nativo pode sentir que, se morrer, ninguém notará sua falta, refletindo um sentimento de insignificância.

A busca por um senso de identidade pode levar o nativo a se impor tarefas quase impossíveis, na tentativa de provar a si mesmo que existe e tem um lugar no mundo. Muitas vezes, essa luta resulta em sucesso, mas, para outros, pode parecer uma luta fútil. Há também a tendência de projetar sentimentos de vergonha no próprio corpo, percebendo defeitos que os outros não notam ou consideram irrelevantes.

Caminhos de cura

Para superar essas dificuldades, é necessário que o nativo reveja sua programação interna e reconheça que as circunstâncias da vida adulta são diferentes das da infância. Ao aceitar sua insignificância e desistir da busca incessante por identidade, o nativo pode encontrar uma vitalidade tremenda e uma sensação de ser compreendido.

Quíron em Áries é a jornada de reencontro consigo mesmo, através da autovalorização e da autovalidação, e da reconexão com a verdade interna e a essência de cada um de nós. O nativo tem a capacidade de curar e instruir outros, especialmente aqueles que viveram uma infância difícil. Embora possa parecer uma pessoa solitária, mesmo em relacionamentos, ele possui uma capacidade única de agir intuitivamente e inovar, especialmente quando o bem-estar dos outros está em jogo.

Através da superação da agressividade passiva e da tendência a agir dissimuladamente, o nativo pode sentir a vida fluir em suas veias, tornando-se um rival nobre e uma figura atraente para os outros.

As profissões relacionadas a Quíron em Áries envolvem liderança e assertividade, como *coach* de vida e autoconhecimento, treinador esportivo ou demais cargos de influência em que o nativo ajude outros a superar inseguranças e desenvolver autoconfiança.

Quíron em Touro ♉

Feridas

O nativo com Quíron em Touro tende a se sentir inseguro e vulnerável, pois pode ter dificuldade de reconhecer seu próprio valor. A repressão dos instintos físicos na infância só será superada quando ele aprender a aceitar sua natureza sensual e a confiar na sabedoria instintiva do seu corpo. Pode sentir falta de criatividade em algumas áreas, mas tem o dom de incentivar os dotes criativos dos outros, sem sentir inveja.

O nativo possui uma sensualidade natural e uma compreensão inata da escala de valores e das coisas do mundo. No entanto, pode ter sido ferido por não possuir algo considerado valioso, como beleza ou outro atributo, o que o leva a precisar curar sua ferida relacionada ao senso de autovalor. Isso pode resultar em problemas com o corpo, com a autoestima e a alimentação.

Há uma busca por segurança através de bens materiais, mas o nativo sabe, no fundo, que isso não lhe traz a solidez desejada. Ele pode perceber seu próprio corpo como inconsistente ou defeituoso, talvez por ter sofrido algum trauma físico. O controle rígido sobre o corpo pode surgir do medo de instintos sexuais e territoriais poderosos, que são percebidos como inaceitáveis.

O nativo pode, por vezes, recusar-se a se apegar a posses materiais, possivelmente como uma reação contra valores impostos na infância. Alternativamente, pode ter dificuldade para aceitar a responsabilidade de administrar grandes riquezas ou desejar partilhar seus bens com outros. Em casos negativos, o nativo pode controlar obsessivamente suas necessidades instintivas ou tentar controlar os outros. Pode haver pobreza material, o que o fere e humilha, levando-o a dar importância exagerada aos bens materiais.

Caminhos de cura

Para superar esses desafios, o nativo precisa estabelecer uma relação saudável com sua natureza sensual e instintiva. Isso inclui ouvir seu corpo, respeitar suas necessidades de alimentação, descanso e prazer, além de evitar esquemas rígidos que reprimam sua vitalidade.

Desenvolver o prazer de cuidar de si mesmo, através de massagens, exercícios agradáveis e produção visual, é essencial.

A conexão com a terra é crucial para o nativo com Quíron em Touro. Terapias ligadas à terra, como o uso de cristais, ervas, florais, aromaterapia e a reconexão com a natureza, podem ser extremamente benéficas. Essas práticas ajudam o nativo a ancorar-se no presente e a recuperar o equilíbrio, restaurando a sensação de segurança e bem-estar.

Aceitar a tabela de valores ensinada pelos pais ou pela sociedade pode ser um desafio, mas é essencial que o nativo descubra o que realmente é importante para si. Ele pode precisar enfrentar privações financeiras para defender seus próprios valores, o que, apesar de assustador, lhe dará uma sensação de força interior.

Embora o nativo possa subestimar sua própria criatividade, ele tem grande potencial para ajudar outras pessoas criativas, orientando-as e incentivando-as em seu trabalho. Atividades profissionais que tragam conforto físico ou emocional às pessoas — como construção e design de espaços de lazer ou trabalhos que protejam e melhorem a autoestima dos outros — são recomendadas.

Para lidar com bloqueios na tomada de decisões, o nativo deve dar um tempo ao cérebro e engajar-se em atividades de rotina para clarear a mente. Com o tempo, ele pode aprender a confiar mais na sua capacidade de tomar decisões e a valorizar suas próprias percepções.

As profissões relacionadas a Quíron em Touro envolvem o cuidado do corpo e a autoestima, como terapeutas corporais, nutricionistas e profissionais de beleza, ou aquelas que trabalham com artesanato, jardinagem e bens materiais.

Quíron em Gêmeos ♊

Feridas

Quem tem Quíron em Gêmeos no mapa natal pode carregar mágoas da infância que o levam a ter pensamentos derrotistas e a não confiar plenamente em suas próprias ideias. Dificuldades de adaptação nos primeiros anos de escola, problemas de aprendizado ou de fala, a presença de irmãos doentes ou angustiados podem ter marcado seus anos de formação, exigindo sensibilidade às condições de terceiros.

Em geral, o nativo tem grande dificuldade para expressar seus sentimentos mais profundos, apesar de conseguir abordar com clareza temas polêmicos.

O nativo pode ter sido ferido em sua inteligência ou pode não ter tido a oportunidade de estudar como gostaria, levando a uma falta de confiança em sua inteligência instintiva, que é muitas vezes mais complexa e rica do que a inteligência formal. Palavras agressivas ou críticas, ouvidas na infância, podem ter deixado marcas profundas, resultando no uso cauteloso ou construtivo da palavra na vida adulta.

O nativo pode absorver indiscriminadamente ideias de várias origens, na tentativa desordenada de entender o mundo ao seu redor, o que pode levar a uma dificuldade para acreditar nas próprias percepções. A preocupação em saber se suas ideias estão certas ou erradas pode levá-lo a recorrer às ideias dos outros, gerando uma busca obsessiva por compreensão e, consequentemente, nervosismo e estresse.

Pode haver padrões de pensamentos destrutivos e derrotistas, originados em mágoas da infância e baseados em atitudes e crenças não verbalizadas. Essas decisões tomadas na infância, muitas vezes em resposta a algum sofrimento, podem perdurar na vida adulta, bloqueando o desenvolvimento do nativo em várias áreas.

O nativo pode ter dificuldades para se comunicar de forma clara e eficaz. Pode acreditar que se expressou bem, mas ser percebido pelos outros como confuso; ou, ao contrário, pode achar que foi mal compreendido, mas ser admirado por sua clareza. Essas discrepâncias ocorrem porque ele pode não ter uma percepção exata de como se comunica.

Os pais podem ter evitado discutir temas importantes na infância, como sentimentos, sexo, doenças e morte, o que pode levar o nativo a ter dificuldades para falar sobre assuntos emocionais. Ele pode ser eloquente em outras áreas, mas fica bloqueado ao tentar expressar seus sentimentos mais íntimos.

Caminhos de cura

Para superar esses desafios, o nativo deve aprender a confiar em sua própria maneira de pensar e a valorizar sua inteligência instintiva. A mente do nativo prefere funcionar de maneira intuitiva, analisando o todo sem se prender às partes, o que pode ter provocado problemas no aprendizado na escola. Na vida adulta, o nativo deve explorar formas alternativas de expressão, como imagens e outros métodos não verbais, e buscar compreender suas próprias percepções mentais, as quais diferem das da maioria.

O nativo deve evitar transformar o conhecimento e o intelecto em um deus, reconhecendo que o equilíbrio entre mente e sentimentos é fundamental. Importante aceitar que nunca saberá tudo, pois isso é prerrogativa divina, e deve encontrar um equilíbrio saudável entre o intelecto e a intuição.

A comunicação é uma via poderosa de cura para o nativo, tanto para si quanto para os outros. Atividades como professor, editor, orador, jornalista, radialista ou monitor de grupos de estudo ou de viagens são altamente recomendadas. É importante que o nativo desenvolva compaixão por si mesmo e pelos outros, reconhecendo que conflitos e escolhas difíceis fazem parte da experiência humana.

Relacionamentos, especialmente com irmãos, podem ser complexos. O nativo pode ter irmãos com problemas de saúde ou deficiências, ou pode ter sentido hostilidade ou rivalidade com eles. Em alguns casos, a ausência de irmãos pode gerar uma sensação de isolamento. Independentemente da situação, é importante que o nativo trabalhe para superar qualquer sentimento de culpa ou ressentimento e que procure construir relacionamentos saudáveis e equilibrados.

Buscar companheirismo e integração através da mídia pode ser uma tendência, mas o nativo deve avaliar criticamente a qualidade do material que consome, para não aceitar passivamente tudo que recebe do mundo exterior.

Ao procurar ser um companheiro fiel para aqueles que o rodeiam, o nativo pode encontrar a sensação de integração de que tanto necessita, usando a comunicação como ferramenta de cura e conexão.

As profissões relacionadas a Quíron em Gêmeos envolvem a comunicação e a educação, como professores, escritores, editores, terapeutas que usam a palavra ou mediadores que ajudam as pessoas a encontrarem sua voz.

Quíron em Câncer ♋

Feridas

A ferida psicológica mais profunda para o nativo com Quíron em Câncer está ligada ao relacionamento com a mãe na infância. Ele pode ter sofrido devido a traumas, separações repentinas ou sensação de que sua maneira de se expressar não era aceita pela mãe. Como resultado, o nativo pode ter dificuldade para lidar com separações ao longo da vida, sendo muito suscetível a qualquer tipo de reprovação e temendo se abrir e buscar apoio nos outros.

O nativo pode ter crescido em uma família onde não se sentiu suficientemente cuidado ou onde a estrutura familiar era instável. Esse sentimento de falta pode levá-lo a buscar, inconscientemente, por figuras parentais em suas relações adultas, o que pode ser prejudicial. Além disso, o relacionamento com os pais pode ter sido complicado, causando desapontamento, tristeza, conflitos, ou até mesmo o desconhecimento de um dos pais devido à morte ou ao abandono na infância.

Essas dificuldades podem se manifestar de várias formas, como no desejo de buscar parceiros inacessíveis, na fixação em um dos pais como figura divina ou no desprezo pelos pais que se estende a outras relações. O nativo pode ter sofrido traumas e separações súbitas que originaram uma sensação de desorientação e incapacidade de compreender o que realmente aconteceu. Isso pode levar a uma hipersensibilidade à censura e a uma tendência de culpar a si mesmo, afetando sua posição como pai na vida adulta.

A segurança básica do nativo pode ser frágil, gerando uma forte vontade de voltar ao conforto do útero materno. Isso pode levar a uma disposição para sacrificar seus próprios sentimentos e potencialidades em busca de pertencimento, o que muitas vezes resulta em uma sensação de aprisionamento.

Caminhos de cura

Para superar essas feridas, o nativo precisa encontrar dentro de si a segurança de que necessita, reconhecendo que, apesar das aparências, todos são frágeis à sua maneira. Ele deve aprender a ser sua própria fonte de carinho e proteção, nutrindo-se emocionalmente como uma mãe amorosa cuidaria de seu filho. Isso inclui resgatar a franqueza e a naturalidade da criança sensível que existe dentro de si e cuidar dela, encerrando a busca incessante por um útero acolhedor.

O nativo tem um dom natural para compreender e nutrir emocionalmente os outros, sendo capaz de estabelecer relações empáticas e oferecer apoio emocional de maneira não ameaçadora. Contudo, ele deve evitar cair na armadilha de chantagens emocionais sutis ou na necessidade excessiva de se sentir importante, o que pode atrapalhar seus relacionamentos.

A capacidade de ajudar grupos e comunidades sofredoras pode ser extremamente recompensadora para o nativo, que se sente realizado ao oferecer apoio a grupos discriminados ou pessoas em situações difíceis. Ele pode se envolver em atividades que melhoram o estado do planeta, como reciclagem, ecologia, saneamento, ou tratamentos de saúde naturais que preservam tanto o planeta quanto os seres humanos.

Para o nativo com Quíron em Câncer, o caminho de cura envolve a aceitação e o perdão dos pais, a construção de uma base interna de segurança e a dedicação ao cuidado dos outros de maneira equilibrada, sem perder de vista suas próprias necessidades emocionais.

As profissões relacionadas a Quíron em Câncer estão voltadas ao cuidado e à nutrição emocional, como psicólogos, conselheiros familiares, terapeutas de cura interior, cuidadores ou aqueles que trabalham com grupos vulneráveis.

Quíron em Leão ♌

Feridas

O nativo com Quíron em Leão pode ter sofrido bloqueios na sua capacidade de autoexpressão e criatividade desde a infância, o que pode levar à falta de confiança ao se expor. Ao mesmo tempo, existe um desejo inconsciente de brilhar e ser reconhecido. Em muitos casos, pode ter sido forçado a abrir mão de uma carreira artística promissora ou ter enfrentado uma repressão significativa de sua espontaneidade, resultando em uma hipersensibilidade ao ridículo e ao julgamento dos outros.

Essa repressão na infância pode ter causado um bloqueio criativo, seja por ter sido forçado a renunciar a alguma forma de expressão ou por ter sua criatividade usada como meio de controle por seus pais. Em outros casos, um problema físico pode ter interrompido uma carreira artística promissora. Como resultado, o nativo pode ter a sensação de que nada do que expressa é bem recebido, enfrentando medo, bloqueios e resistência ao tentar se expressar.

O nativo pode sentir falta de valorização e aceitação na infância, o que o leva a ter a impressão de que suas expressões não são bem aceitas pelos outros. Além disso, há o desejo de ser uma grande estrela, brilhar mais que qualquer outro, mas esse desejo pode ser reprimido, causando frustração e uma sensação de impotência.

Esse bloqueio pode levar o nativo a colocar os outros em um pedestal e se corroer de ciúmes. Suas feridas podem permanecer abertas se ele desviar suas aspirações criativas, fingir que elas não têm valor ou subestimar coisas que são realmente importantes para si.

O sofrimento também pode se manifestar em relação à sua prole. O nativo pode ter dificuldades para ter filhos ou enfrentar desafios relacionados a eles. Apesar disso, os filhos podem ser uma fonte de alegria e ajudar o nativo a se sentir mais amado e aceito, auxiliando-o a superar problemas da infância.

Caminhos de cura

Para superar essas feridas, o nativo precisa encontrar o centro criativo dentro de si mesmo, em vez de buscar impressionar os outros ou adquirir poder e prestígio através da criatividade. A chave é aprender a criar pelo puro prazer de criar, permitindo que a segurança interna, a paz e a satisfação venham do ato de criar, e não da busca por fama.

A jornada do nativo envolve redescobrir a espontaneidade perdida, o que pode exigir ousadia. Atividades como arte dramática, canto ou desenho livre podem ajudar a restabelecer a autoestima e a apreciação pela vida. É importante que o nativo faça isso não para impressionar os outros, mas para se divertir e permitir que sua criança interna venha à tona.

O nativo deve aceitar a criança aparentemente inútil que existe dentro de si, reconhecendo que essa parte desajeitada, inadequada e ingênua também é valiosa. Ao entrar em contato com experiências passadas de fracasso, rejeição e sofrimento — e aceitá-las —, o nativo pode cultivar um sentimento de aceitação e compaixão por si mesmo e pelos outros.

A integração da capacidade de amar de maneira física e espiritual é essencial para que o nativo atinja a plenitude almejada. Ele deve aprender a amar de corpo e alma, abraçando tanto as suas necessidades sexuais quanto a sua necessidade de expressar seu amor e criatividade de maneira autêntica.

A criança interna do nativo está viva e precisa de espaço para trazer alegria e felicidade à sua vida. Ao dar voz a essa criança, o nativo pode encontrar a liberdade e a realização que busca, reconectando-se com sua verdadeira essência criativa.

As profissões relacionadas a Quíron em Leão envolvem expressão criativa e incentivo à criatividade alheia, como professores de arte, diretores de teatro, animadores culturais ou qualquer profissão em que o nativo possa inspirar confiança e autoestima nos outros.

Quíron em Virgem ♍

Feridas

O nativo com Quíron em Virgem sente uma forte necessidade de controlar e organizar rigidamente tanto a sua própria vida quanto a dos outros. Muitas vezes, ele se verá forçado a aprender que nem tudo pode ser controlado, e essa lição pode ser uma fonte significativa de sofrimento. Seu imenso desejo de aprimoramento interior pode levá-lo à busca da perfeição, o que só aumenta a dor, pois a grande lição de vida para este nativo é aceitar aquilo que é imperfeito, tanto em si mesmo quanto no mundo.

Esse perfeccionismo pode ter sido intensificado por pais críticos, resultando em uma ferida profunda que o nativo carrega em relação à saúde, ao trabalho e à sua capacidade de organização. O nativo pode ter problemas com autocontrole, ora sendo excessivamente rígido com seu corpo e sua vida através de disciplinas rigorosas, ora evitando completamente esse aspecto, o que o leva a uma vida desorganizada e caótica.

A necessidade de pureza e ordem pode ser tão intensa que o nativo se vê reorganizando constantemente a si mesmo e aos outros, como se o caos estivesse sempre à espreita. A dificuldade em processar informações, emoções e experiências pode levar o nativo a colecionar ideias ou objetivos sem conseguir fazer algo significativo com eles, ou a remoer experiências dolorosas por anos, fixando-se em detalhes aparentemente insignificantes.

O nativo ainda pode se sentir estéril, seja por não ter filhos ou por sentir que não consegue concretizar seus pensamentos e ideias, resultando em um sentimento persistente de vazio. Se não for capaz de aceitar esses sentimentos com dignidade, pode mergulhar na amargura e desenvolver uma postura excessivamente crítica, tanto consigo quanto com os outros.

Caminhos de cura

Para superar esses desafios, o nativo deve aprender a delegar responsabilidades e aceitar que nem tudo pode ser controlado. Ele se sentirá melhor ao aceitar tanto as situações caóticas quanto as ordenadas, reconhecendo que o universo não desmorona se as pessoas ao seu redor não forem organizadas como ele gostaria.

O nativo precisa encontrar um equilíbrio entre a dedicação aos outros e o cuidado consigo mesmo. Períodos de solidão, contato com a natureza e momentos de lazer podem ajudar a aliviar a tensão e a dissolver lentamente as pressões que ele se impõe. É essencial também que o nativo cuide de seu corpo, aprendendo a reconhecer suas necessidades nutricionais e os sinais que ele envia, sempre lembrando que suas emoções falam através do corpo.

No trabalho, o nativo deve canalizar sua energia para atividades que permitam a expressão de sua verdadeira natureza. Profissões que envolvem a cura e o cuidado dos outros, como professor de yoga, terapeuta corporal, médico, enfermeiro ou massagista, são boas formas de canalizar sua necessidade de curar. Ao utilizar sua energia excessiva para ajudar os outros, o nativo pode encontrar alívio em seus próprios males, simplesmente porque há menos pressão interna.

Além disso, o nativo deve aprender a aceitar as imperfeições e limitações que a vida impõe, incluindo-as em sua existência em vez de lutar contra elas. Evitar a obsessão pela perfeição ajudará a desbloquear sua criatividade e a reduzir a autocrítica.

Em relacionamentos, o nativo deve evitar assumir as posturas de instrutor ou de servo, respeitando as necessidades e escolhas dos outros e aprendendo a se resguardar de pessoas que tentam usá-lo para seus próprios fins. Ao dar espaço para que os outros assumam sua própria vida, o nativo pode criar relações mais equilibradas e saudáveis.

Ao mentalizar diariamente a cura de pessoas ou grupos que estejam doentes ou frágeis, o nativo pode canalizar sua energia curativa de maneira positiva, encontrando satisfação em seu desejo de ajudar e contribuir para o bem-estar dos outros.

As profissões relacionadas a Quíron em Virgem envolvem cura e serviço, como médicos, enfermeiros, terapeutas holísticos, nutricionistas ou organizadores profissionais que ajudam outros a encontrar ordem e equilíbrio.

Quíron em Libra ♎

Feridas

O nativo com Quíron em Libra pode sentir os relacionamentos como perigosos ou algo a ser evitado, possivelmente devido à agressividade no ambiente da infância. Ele pode ter vivido em um ambiente onde as relações eram marcadas por hostilidade, competição ou simplesmente pela ausência de vínculos afetivos significativos, o que pode ter gerado um medo inconsciente do outro. Como resultado, o nativo pode ter aprendido a encobrir sentimentos de hostilidade e competição com uma máscara de polidez, tornando-se mais defensivo do que relacional.

O nativo pode ter se machucado repetidamente em relacionamentos, em parte devido às primeiras experiências de relação com a mãe. Esse histórico pode levá-lo a acreditar que os relacionamentos são perigosos e devem ser evitados ou enfrentados com uma couraça protetora, resultando em tristeza, isolamento e defesa constante.

Além disso, o nativo pode ter aprendido a agradar a todos, desenvolvendo uma superdose de diplomacia e tato que o torna medroso, frágil e defensivo. Essa estratégia de agradar e atenuar conflitos pode ter sido uma maneira de evitar confrontos na infância, mas, na vida adulta, pode resultar em relacionamentos superficiais ou desequilibrados.

Há uma tendência em atrair pessoas com características opostas, o que pode refletir os próprios medos e fraquezas do nativo. Por exemplo, se ele sempre atrai pessoas "incapazes", isso pode indicar que ele não está admitindo alguma deficiência em si mesmo. Por outro lado, relacionar-se com pessoas dominadoras pode sinalizar que o nativo não reconhece seu próprio poder. Essa dinâmica pode levá-lo a se ver como vítima nos relacionamentos, repetindo padrões que refletem suas inseguranças e medos mais profundos.

O nativo pode passar por períodos indesejados de separação e isolamento, que podem ser vivenciados como dolorosos, mas que também oferecem uma oportunidade para autoanálise e reflexão sobre seus padrões de relacionamento.

Caminhos de cura

Para superar as feridas associadas a Quíron em Libra, o nativo deve aprender a construir relacionamentos equilibrados e harmoniosos, reconhecendo a importância de manter tanto entendimento quanto harmonia. Ele precisa se esforçar para entender as dinâmicas que criam desequilíbrio e trabalhar para criar relações mais saudáveis e justas.

O nativo pode desenvolver a capacidade de enfrentar criativamente situações carregadas de conflitos, combatendo honestamente e confiando no relacionamento durante todo o processo. É essencial separar o que é reflexo de seus medos internos do que é realmente provocado pelo comportamento dos outros, para evitar a criação de dinâmicas de servidão emocional.

Ao reconhecer e confrontar seus próprios medos e padrões repetitivos, o nativo pode aprender a construir relacionamentos mais sólidos e satisfatórios. Ele deve evitar assumir o papel de "doente" em relacionamentos com pessoas que trabalham no campo da cura, como médicos ou terapeutas, para não criar dinâmicas destrutivas.

O nativo tem muito a oferecer no campo da cura e da orientação aos outros. Ao trabalhar seus próprios problemas, ele pode se tornar uma valiosa fonte de apoio para ajudar outras pessoas a conquistarem seu próprio espaço e a se descobrirem. Ele deve tomar cuidado para não abusar de seu carisma, evitando tornar-se egocêntrico e influenciar negativamente os outros.

Por fim, o nativo deve aprender a equilibrar sua necessidade de relacionamento com sua necessidade de solidão, reconhecendo que ambas são importantes para seu bem-estar emocional. Conversas profundas com o parceiro podem ser essenciais para melhorar a relação e evitar que as negociações sejam vistas como ataques pessoais. Com honestidade emocional, o nativo pode encontrar um caminho para relacionamentos mais satisfatórios e equilibrados.

As profissões relacionadas a Quíron em Libra envolvem mediação, justiça e harmonia, como advogados, terapeutas de casal, consultores de imagem, designers ou qualquer função que promova a cooperação e o equilíbrio nas relações.

Quíron em Escorpião ♏

Feridas

O nativo com Quíron em Escorpião pode ter tido um contato muito próximo com a morte na infância, o que o tornou extremamente consciente da fragilidade da vida. Esse contato precoce com a mortalidade pode levar o nativo a desenvolver um impulso intenso de controlar os outros, numa tentativa de evitar possíveis perdas e abandonos. Esse desejo de poder e controle pode ser uma reação ao medo profundo de ser vulnerável e de sofrer perdas irreparáveis.

A infância do nativo pode ter sido marcada por experiências severas de perda, seja simbólica ou real, o que deixou marcas profundas em sua psique. Essas experiências incluem questões ligadas à sexualidade, em que o nativo pode ter sido exposto a situações traumáticas ou inadequadas. Como resultado, ele pode ter desenvolvido uma tendência a exercer controle excessivo sobre os outros ou sobre si mesmo, na tentativa de se proteger de futuras perdas ou traumas.

O nativo também pode ter enfrentado dificuldades financeiras ou lutas intensas para alcançar a independência financeira, o que pode ter alimentado ainda mais seu desejo de controle e sua capacidade de ocultar vulnerabilidades por trás de uma fachada de poder e impenetrabilidade. Em momentos de mudanças profundas, o nativo pode até fantasiar sobre suicídio, o que pode ser interpretado como uma expressão de sua vontade de escapar das pressões da vida ou de se transformar em algum aspecto de sua personalidade.

Além disso, ele pode lutar com sentimentos de culpa, baixa autoestima e medo do próprio potencial destrutivo, o que pode levá-lo a desenvolver um rigoroso controle emocional. Ele pode sentir que não merece o sucesso que alcança e viver na expectativa de que algo terrível está para acontecer.

O nativo também pode se sentir perseguido, desenvolvendo uma paranoia que o faz perceber ameaças onde elas não existem, ou assumir culpas por mal-entendidos e fracassos alheios. Essa identificação com o lado sombrio de si mesmo pode levar a comportamentos autodestrutivos ou supersticiosos.

Caminhos de cura

Para superar as feridas associadas a Quíron em Escorpião, o nativo precisa compreender e integrar suas motivações emocionais, aprendendo a lidar com os extremos de raiva, cobiça, inveja, amor e depressão. Ele deve reconhecer a enorme vitalidade e a capacidade de crescimento que possui, canalizando essas energias de forma construtiva e positiva.

Este nativo tem um profundo conhecimento da natureza humana e das dinâmicas emocionais, o que o capacita a ajudar os outros a lidarem com seus próprios rancores e questões não resolvidas. A terapia de regressão ou outras formas de trabalho terapêutico podem ser particularmente úteis, especialmente para lidar com traumas de infância ou de nascimento que ainda causam sofrimento.

É essencial que o nativo aprenda a usar seu poder de maneira ética e responsável, evitando a tentação de controlar ou manipular os outros para se sentir seguro. Ele deve se questionar: "O que dentro de mim precisa morrer para que eu possa renascer?". Esse processo de transformação interna é vital para que ele possa abandonar padrões autodestrutivos e abraçar uma vida mais plena e equilibrada.

O nativo também deve estar atento à maneira como lida com o poder, especialmente nos relacionamentos e no trabalho. É importante evitar comportamentos vingativos ou punitivos e, em vez disso, buscar relações baseadas na confiança mútua e no respeito. O nativo deve aprender a aceitar e a respeitar as pessoas que têm uma vida mais leve e alegre, reconhecendo que a alegria pode ser uma parte importante de sua cura.

Finalmente, ele deve trabalhar para transformar suas experiências de dor em fontes de crescimento e renovação. Ao lidar com os aspectos mais sombrios da vida, ele pode encontrar uma segurança interna mais profunda e regenerar sua psique, emergindo com maior confiança, compaixão e maturidade emocional.

As profissões relacionadas a Quíron em Escorpião lidam com transformação e regeneração, como psicólogos, terapeutas de regressão, investigadores, terapeutas sexuais ou aqueles que trabalham em áreas relacionadas à morte e ao renascimento, como funerárias ou cuidados paliativos.

Quíron em Sagitário ♐

Feridas

O nativo com Quíron em Sagitário pode ter crescido em um ambiente cuja base religiosa ou filosófica não refletia suas necessidades interiores. Isso pode levar a uma busca incessante por uma crença ou filosofia que ofereça significado verdadeiro à sua vida. Muitas vezes, essa busca pode resultar em uma compulsão para transmitir sua verdade aos outros, tentando convertê-los a todo custo, o que pode ser uma fonte de conflito e isolamento.

O otimismo natural do nativo pode ter sido bloqueado ou desacreditado desde cedo, levando a um ceticismo ou a uma necessidade de questionar continuamente a validade de crenças e filosofias herdadas.

Essa ferida pode se manifestar como uma dificuldade para aceitar os aspectos dolorosos, limitadores e contraditórios da vida, que não se encaixam na visão idealista que ele gostaria de manter.

Além disso, ele pode ter sido privado de conhecimento ou enfrentado dificuldades relacionadas a temas como religião ou filosofia, o que pode ter enfraquecido sua fé ou entusiasmo natural. Essa privação pode ter levado o nativo a uma busca constante por respostas, seja na vida acadêmica, nos livros ou em viagens e peregrinações, na tentativa de preencher esse vazio espiritual.

O nativo pode ter sentido que suas crenças ou questionamentos espirituais o afastaram dos outros, seja porque foi criado em uma cultura estranha ou porque vive em um ambiente onde as suas crenças não são aceitas. Essa sensação de alienação pode levá-lo a sentir que Deus está com raiva dele ou que ele é de alguma forma inadequado aos olhos do divino, exacerbando o conflito interno em torno de sua espiritualidade.

Caminhos de cura

Para superar as feridas associadas a Quíron em Sagitário, o nativo precisa encontrar uma filosofia de vida que possa integrar contradições e diferentes pontos de vista com harmonia. Essa filosofia deve ser flexível o suficiente para abarcar a complexidade da vida, permitindo que o nativo aceite tanto os aspectos positivos quanto os negativos da existência.

O nativo pode descobrir que a busca por respostas espirituais não precisa ser uma jornada solitária ou desesperada. Ao invés disso, ele pode encontrar plenitude ao se conectar com a natureza, visitar locais sagrados ou explorar costumes de outras culturas. Essas experiências podem ajudar o nativo a desenvolver uma visão mais ampla e inclusiva da espiritualidade.

É importante que ele compreenda seu impulso para o culto e o fervor religioso, reconhecendo que a devoção excessiva a uma causa ou a um líder espiritual pode levá-lo a águas perigosas. Ele deve evitar projetar sua busca pelo divino em figuras externas e, em vez disso, procurar a presença divina em sua vida cotidiana, aceitando que tudo ao seu redor é sagrado.

O nativo também deve tomar cuidado com a sensação de ser o dono da verdade. Essa postura pode isolá-lo das pessoas e impedir que ele tenha relacionamentos significativos. Em vez disso, ele deve aprender a abraçar a diversidade de opiniões e crenças, reconhecendo que a verdade pode ter múltiplas facetas.

Finalmente, o nativo pode se curar ao ajudar os outros a expressarem seus verdadeiros desejos e ao incentivar a busca por uma vida significativa. Ao transmitir seu entusiasmo e sua fé renovada aos outros, ele pode encontrar uma nova fonte de otimismo e expandir sua própria consciência. O nativo deve lembrar-se de que não precisa fazer nada de extraordinário para encontrar o divino; basta viver plenamente aqui e agora, reconhecendo a presença sagrada em todos os aspectos da vida.

As profissões relacionadas a Quíron em Sagitário envolvem ensino, filosofia e expansão de horizontes, como professores universitários, filósofos, mestres, guias espirituais ou qualquer posição que permita ao nativo inspirar outros a buscar um sentido mais profundo na vida.

Quíron em Capricórnio ♑

Feridas

Quem tem Quíron em Capricórnio no mapa natal pode carregar uma ferida psicológica profunda relacionada ao vínculo com o pai ou com figuras de autoridade durante a infância. Ele pode ter visto o pai como uma figura fraca ou excessivamente rígida e, em resposta, pode ter se esforçado ao máximo para ser diferente. No entanto, essa tentativa de distanciamento pode ter gerado dificuldades para estabelecer e concretizar metas, além de uma sensação persistente de fracasso, mesmo diante de realizações.

A dificuldade do nativo em definir e alcançar seus objetivos, bem como em encontrar seu lugar na sociedade, pode ser uma fonte constante de angústia. Ele pode sentir que está lutando para alcançar padrões inatingíveis, muitas vezes impostos por expectativas familiares ou sociais. Esse sentimento de derrota pode ser agravado por uma pressão interna para compensar os fracassos dos pais ou para alcançar metas que eles não puderam ou não quiseram buscar.

Além disso, o nativo pode carregar uma sensação de deslocamento ou inadequação, o que o leva a se apegar a aparências ou a desempenhar papéis que encobrem sua vulnerabilidade. Essa tendência pode resultar em uma valorização exagerada do êxito material, do prestígio e do *status*, ou, pelo contrário, em uma rejeição dessas coisas, levando a conflitos com figuras de autoridade ou com o próprio sistema.

O nativo também pode sentir medo ou vergonha da notoriedade ou do poder, reprimindo fantasias de controle e autoridade. Esses sentimentos, se mantidos inconscientes, podem boicotar o nativo no momento em que começa a alcançar o sucesso, levando-o à autossabotagem ou ao medo paralisante do fracasso.

Caminhos de cura

Para superar as feridas associadas a Quíron em Capricórnio, o nativo precisa trabalhar para desenvolver um senso saudável de autoestima e respeito próprio. Isso é fundamental para que ele possa definir e alcançar objetivos realistas e significativos, em vez de lutar contra expectativas inatingíveis ou para compensar a falta de autoestima.

O nativo deve refletir profundamente sobre a responsabilidade e a tendência de assumir encargos que estão além de seu controle. Ele precisa aprender a distinguir entre suas verdadeiras responsabilidades e aquelas que assumiu por conta de expectativas externas ou para agradar aos outros. Isso o ajudará a evitar o ressentimento e a decepção, que podem surgir quando não recebe o reconhecimento ou a recompensa que esperava.

Ao desenvolver um senso mais equilibrado de suas próprias capacidades, o nativo pode começar a assumir responsabilidades de maneira saudável, sem se sobrecarregar ou se culpar por não ser capaz de cumprir todas as expectativas. Isso inclui aceitar o poder e a autoridade de maneira consciente e ética, reconhecendo que essas são qualidades naturais em sua vida.

O nativo tem uma capacidade inata para liderar e comandar, e deve aprender a abraçar essas responsabilidades com respeito e dignidade. Ao liderar com amor e agir de maneira justa, ele pode se tornar um modelo a ser seguido, inspirando outros com sua integridade e força de caráter.

Ao aceitar e utilizar seu poder de maneira sagrada, ele pode transformar sua jornada de cura em uma fonte de inspiração e crescimento.

Além disso, ele deve se permitir ser vulnerável e reconhecer que a força verdadeira vem da aceitação de suas próprias fraquezas e limitações. Ao abraçar sua jornada pessoal e guiar os outros com compaixão e sabedoria, ele pode encontrar uma profunda realização em sua vida.

As profissões relacionadas a Quíron em Capricórnio estão ligadas a liderança, estrutura e responsabilidade, como cargos de gestão, administração, consultoria organizacional ou qualquer função em que o nativo possa ensinar outros a alcançar sucesso e responsabilidade.

Quíron em Aquário ♒

Feridas

O nativo com Quíron em Aquário pode enfrentar grandes dificuldades ao lidar com restrições externas à sua liberdade e ao se deparar com figuras de autoridade. A desilusão profunda pode surgir ao perceber que a vida, tanto no aspecto social quanto espiritual, não segue os ideais elevados que ele valoriza. Essa decepção pode resultar em um sentimento de alienação ou rebeldia, fazendo com que o nativo se distancie de grupos, mesmo que, no fundo, deseje contribuir positivamente com a sociedade.

Esse sentimento de desconexão pode ser exacerbado por experiências passadas nas quais ele foi ferido em situações sociais, ou quando sua liberdade e sua originalidade foram reprimidas. Essas feridas podem levá-lo a adotar ideias e diretrizes do grupo ao qual pertence, em vez de se arriscar a expressar suas próprias opiniões, temendo a crítica ou o julgamento dos outros.

O nativo pode sentir uma necessidade compulsiva de criticar ou rejeitar a sociedade, alimentando um forte desejo de causar impacto positivo, mas frustrando-se ao encontrar obstáculos. A luta interna entre a necessidade de inovar e o medo de ser rejeitado pode resultar em atos de rebeldia ou anarquia, especialmente se o nativo não encontrar um meio construtivo de canalizar seu impulso transformador.

Há também uma tendência a buscar a perfeição, o que pode se tornar destrutivo, pois o nativo pode ignorar ou rejeitar qualquer coisa que não se ajuste ao seu ideal de excelência, incluindo projetos criativos, relacionamentos ou possíveis carreiras. Esse apego à perfeição pode levar ao isolamento e à dificuldade em aceitar compromissos, seja em nível pessoal ou coletivo.

Caminhos de cura

Para superar as feridas associadas a Quíron em Aquário, o nativo precisa aprender a conciliar sua liberdade individual com as obrigações impostas pela vida em sociedade. Aceitar as limitações, tanto próprias quanto dos outros, é um passo fundamental para encontrar equilíbrio e harmonia em suas interações sociais e espirituais.

Ao invés de se esconder atrás de diretrizes partidárias ou coletivas, o nativo deve cultivar sua originalidade e desenvolver a coragem de expressar suas ideias únicas de maneira construtiva. Isso não significa rejeitar completamente o passado ou as tradições, mas sim integrá-las de forma que sirvam como alicerces sólidos para a inovação e o progresso.

O nativo tem o potencial de ser um visionário, alguém que está à frente de seu tempo e que pode contribuir de maneira significativa para o bem-estar da sociedade. No entanto, é essencial que ele tempere seu idealismo com humildade, reconhecendo as imperfeições inerentes à vida e ao ser humano. Ao fazer isso, ele poderá exercer uma influência positiva e transformadora, não apenas por meio de palavras, mas pelo exemplo de seu próprio inconformismo criativo.

Ao aprender a aceitar que nem tudo pode ser perfeito, o nativo poderá evitar a tendência de desperdiçar oportunidades valiosas e encontrar satisfação em projetos que, embora não sejam ideais, ainda são significativos e importantes. Ele deve buscar desenvolver uma liberdade interna que lhe permita atuar com eficácia dentro das obrigações e responsabilidades que a vida impõe.

O nativo também pode se beneficiar ao trabalhar com grupos e coletivos, desde que seja capaz de manter sua individualidade e não se deixar dominar por ideias comuns. Ele pode ser um guia, ajudando os outros a encontrarem seus próprios caminhos, enquanto ele também aprende a respeitar as diferenças e a diversidade de perspectivas.

Em última análise, o caminho de cura para o nativo com Quíron em Aquário envolve o equilíbrio entre inovação e tradição, liberdade e responsabilidade, e o uso de seus dons para servir ao bem comum de maneira humilde e consciente.

As profissões relacionadas a Quíron em Aquário envolvem inovação, tecnologia e trabalho comunitário, como engenheiros, cientistas, ativistas sociais ou qualquer função que permita ao nativo contribuir para o bem comum e ajudar a moldar o futuro.

Quíron em Peixes ♓

Feridas

O nativo com Quíron em Peixes pode enfrentar profundas feridas emocionais, frequentemente ligadas a sentimentos de culpa, sacrifício excessivo e perda de identidade pessoal. Ele pode sentir inveja daqueles que têm um forte senso de identidade e se sacrificar exageradamente para ajudar os outros, evitando, assim, confrontar suas próprias mágoas e perdas não resolvidas.

A infância e as experiências precoces podem ter sido marcadas por falta de empatia ou por situações em que o nativo foi ferido devido à sua ingenuidade ou vulnerabilidade. Enganos, segredos ou traições podem ter deixado cicatrizes profundas, fazendo com que o nativo tenha dificuldade para confiar nos outros e em si mesmo.

Ele pode se ver constantemente atraído pela experiência do êxtase e do sentimento de unidade com o cosmo, mas isso pode levar a uma fuga da realidade material e emocional. Essa tendência pode resultar em comportamentos autodestrutivos, como o abuso de substâncias ou a evasão de responsabilidades, enquanto ele tenta escapar das pressões do mundo real.

Há também uma tendência a perder-se na necessidade de se fundir com o Todo, negligenciando a construção de um senso sólido de identidade. Isso pode levar o nativo a sentir raiva por ter que crescer e se tornar independente, ou a sentir culpa por ter que se separar do coletivo para construir sua própria personalidade.

Caminhos de cura

Para superar as feridas associadas a Quíron em Peixes, o nativo deve aprender a equilibrar sua necessidade de unidade com o Todo com a necessidade de construir um forte senso de individualidade. Esse processo pode ser doloroso, mas é essencial para que o nativo possa realmente cumprir sua missão de ajudar os outros de maneira saudável e equilibrada.

O nativo precisa aprender a defender suas próprias necessidades e a fazer valer seus direitos, sem recorrer ao papel de vítima. Ao reconhecer e aceitar suas vulnerabilidades, ele pode desenvolver a capacidade de oferecer compaixão e apoio genuínos, sem se sacrificar excessivamente ou permitir que outros abusem de sua bondade.

Estabelecer limites claros em suas relações e campos de atuação é crucial para evitar o esgotamento emocional e físico. O nativo deve preservar momentos de solidão e se resguardar para reabastecer sua energia. Meditação, contato com a natureza e retiros periódicos podem ser extremamente benéficos para renovar sua força interior.

Reconhecer e valorizar suas intuições e dons espirituais é outra chave para a cura. O nativo deve confiar em suas percepções e desenvolver suas habilidades esotéricas, como a leitura de oráculos ou práticas meditativas, para se conectar com seu eu superior e guiar sua vida de maneira mais consciente e alinhada com seu propósito espiritual.

Finalmente, o nativo precisa aceitar a forma de amar dos outros, sem expectativas irreais ou exigências sufocantes. Ao aprender a amar e a ser amado de maneira equilibrada e saudável, ele pode transformar suas feridas em fontes de sabedoria e compaixão, tanto para si quanto para os outros.

As profissões relacionadas a Quíron em Peixes estão ligadas a espiritualidade, arte e cura emocional, como terapeutas, artistas, músicos, conselheiros espirituais ou qualquer função que permita ao nativo ajudar os outros a encontrar paz e unidade.

CAPÍTULO 4

Quíron nas Casas

Quíron na casa 1

Feridas

Quando Quíron está localizado na casa 1, o nativo pode enfrentar profundas dificuldades relacionadas à autoimagem, à percepção do próprio corpo e à autoestima. Isso pode se manifestar como uma deficiência física, um trauma psicológico ou um sentimento persistente de inadequação que inibe a expressão autêntica de si mesmo.

O nativo pode se sentir especialmente vulnerável a críticas ou julgamentos, o que pode levar a um comportamento defensivo ou a uma tendência a esconder suas inseguranças atrás de uma máscara de agressividade ou, ao contrário, de passividade. Esse conflito interno entre a necessidade de se afirmar e o medo de ser rejeitado pode resultar em uma autoimagem distorcida e em dificuldades para estabelecer um senso de identidade saudável.

Além disso, o nativo pode sentir que precisa de outra pessoa para confirmar sua existência, o que pode levá-lo a se envolver em relacionamentos dependentes ou a evitar a solidão a todo custo. Esse sentimento de inadequação pode ser projetado nos outros, fazendo com que o nativo sinta que precisa ajudar ou proteger os mais fracos para compensar suas próprias inseguranças.

Caminhos de cura

A cura para quem tem Quíron na casa 1 começa com a aceitação das próprias vulnerabilidades e a compreensão de que essas feridas não definem sua identidade. O nativo deve aprender a enxergar suas imperfeições não como falhas, mas como partes integrantes de sua jornada de crescimento e autodescoberta.

Uma maneira poderosa de superar essas feridas é canalizar o desejo de ajudar os outros de maneira que também beneficie a si mesmo. O nativo possui um talento natural para ser mentor ou professor, capaz de guiar os outros em áreas onde ele mesmo pode sentir dificuldades. Ao ensinar os outros, ele pode se tornar mais consciente de suas próprias forças e fraquezas, o que pode ajudá-lo a desenvolver uma autoestima mais sólida.

É importante que o nativo encontre um equilíbrio entre cuidar dos outros e cuidar de si mesmo. Dar conselhos a si mesmo com a mesma compaixão e sabedoria que oferece aos outros pode ser um passo crucial para a cura. Além disso, o nativo deve aprender a lidar com seus sentimentos de inadequação sem recorrer à agressividade ou à passividade, buscando formas mais saudáveis e assertivas de expressar suas necessidades e desejos.

Finalmente, a chave para a cura é a integração dessas lições em sua vida diária. Ao aceitar suas imperfeições e encontrar maneiras de viver autenticamente, o nativo pode transformar suas feridas em fontes de sabedoria e força, tornando-se um exemplo de resiliência e crescimento.

As profissões relacionadas a Quíron na casa 1 incluem *coaching*, treinamento pessoal, consultoria de imagem ou qualquer função que ajude as pessoas a desenvolverem confiança e identidade forte.

Quíron na casa 2

Feridas

Quíron na casa 2 está profundamente relacionado às questões de valor próprio, autoestima e o modo como o nativo lida com dinheiro, bens materiais e recursos. Esse posicionamento pode fazer com que o nativo sinta uma desconexão com seu próprio senso de valor e merecimento, levando a dificuldades financeiras e a uma relação complicada com o dinheiro.

O nativo pode sentir que não merece possuir ou desfrutar dos recursos que tem, o que pode se manifestar como uma tendência a desperdiçar dinheiro, a doar excessivamente ou a gastar de forma impulsiva. Por outro lado, pode haver um medo profundo de escassez, fazendo com que o nativo se agarre ao dinheiro e aos bens materiais de maneira excessiva ou viva em estado de constante preocupação com a falta de recursos.

Essa relação desarmônica com o dinheiro e os bens materiais pode ser acompanhada de baixa autoestima: o nativo se sente indigno de possuir ou desfrutar das coisas boas da vida. Muitas vezes, ele pode acabar ensinando os outros a cuidarem melhor de seus recursos, valores e dinheiro, enquanto luta para aplicar esses mesmos princípios em sua própria vida.

Caminhos de cura

A cura para Quíron na casa 2 está intimamente ligada ao desenvolvimento de um senso saudável de valor próprio e merecimento. O nativo precisa aprender a reconhecer e a valorizar suas próprias qualidades, habilidades e recursos internos, percebendo que é digno de possuir e desfrutar dos bens materiais que conquistou.

Um passo crucial nessa jornada de cura é desenvolver uma relação mais consciente e equilibrada com o dinheiro. Isso pode envolver aprender a gerenciar melhor as finanças, estabelecer um orçamento ou até mesmo procurar orientação profissional. À medida que o nativo começa a ter controle sobre suas finanças, ele também fortalece sua autoestima, vendo o valor de suas contribuições e reconhecendo que merece ser recompensado por seu trabalho e esforço.

Além disso, é importante que o nativo aprenda a ser generoso consigo mesmo, permitindo-se desfrutar dos resultados de seu trabalho sem culpa ou vergonha. Reconhecer que o dinheiro e os bens materiais não são intrinsecamente bons ou maus — mas ferramentas que podem ser usadas para promover o bem-estar e a segurança — pode ajudar a aliviar o medo da escassez e a compulsão de acumular ou gastar sem propósito.

Por fim, o nativo deve internalizar a ideia de que seu valor não está atrelado apenas ao que possui, mas também ao que é como indivíduo. Ao integrar esse entendimento, Quíron na casa 2 pode se transformar em uma fonte de profunda sabedoria sobre o verdadeiro valor das coisas, tanto materiais quanto espirituais.

As profissões relacionadas a Quíron na casa 2 incluem finanças, consultoria financeira, trabalhos em organizações sem fins lucrativos ou funções que ajudem outras pessoas a gerenciar recursos e a desenvolver autoestima.

Quíron na casa 3

Feridas

Quíron na casa 3 traz à tona desafios profundamente enraizados no âmbito da comunicação e das relações interpessoais próximas, como com irmãos, vizinhos e colegas. O nativo pode ter vivido uma infância marcada por dificuldades para se expressar de maneira clara e eficaz, o que pode ter gerado sentimentos de frustração e inadequação. Talvez tenha sentido que suas palavras não tinham o peso ou a importância que desejava, ou que suas tentativas de comunicação eram frequentemente mal interpretadas ou ignoradas. Esses sentimentos de ser ignorado ou de não ser ouvido podem ter se manifestado como problemas físicos, por exemplo: dificuldades na fala ou audição ou até mesmo na coordenação motora, simbolizando a dificuldade de se conectar e se expressar no mundo.

A dor associada a Quíron na casa 3 frequentemente se origina de experiências na infância, quando o nativo pode ter sentido que sua voz não era importante ou que suas ideias não eram valorizadas. Talvez tenha havido situações de rivalidade ou conflito entre irmãos, além de tensões com vizinhos ou colegas, as quais reforçaram a sensação de isolamento ou de incompreensão. Essas experiências podem ter se acumulado, criando um padrão de comunicação defensiva ou hesitante, em que o nativo pode ter dificuldade para expressar seus pensamentos com confiança ou ouvir e aceitar a perspectiva dos outros.

Essas feridas podem se manifestar de várias formas ao longo da vida. O nativo pode ter uma constante sensação de que precisa se esforçar mais do que os outros para ser ouvido e compreendido, ou pode se isolar, acreditando que seus pensamentos e palavras não têm valor. A dor de não se sentir compreendido ou de ser mal interpretado pode levar a uma postura crítica em relação a si mesmo, fazendo o nativo questionar constantemente a validade e o valor de suas ideias.

Caminhos de cura

A cura de Quíron na casa 3 começa com o reconhecimento e a aceitação das feridas que se originaram na infância. O nativo precisa entender que suas dificuldades de comunicação não são defeitos pessoais, mas reflexos de experiências passadas que podem ser superadas com autoconhecimento e prática. Aprender a valorizar suas próprias palavras e ideias é um passo crucial nesse processo. O nativo deve trabalhar na construção de uma autoimagem em que sua voz e sua maneira de se expressar sejam reconhecidas como válidas e importantes.

Desenvolver habilidades de comunicação é essencial. Isso pode envolver tanto a prática da expressão verbal quanto a escrita ou outras formas de comunicação artística, como a música ou o teatro. Encontrar formas de expressar sua verdade interior, seja por meio da escrita, da fala ou de formas artísticas, pode ser uma maneira poderosa de transformar suas feridas em dons. O nativo pode descobrir que, ao trabalhar para superar suas próprias dificuldades de comunicação, ele se torna uma ponte para os outros, ajudando-os a encontrarem sua própria voz.

Conectar-se com os outros de maneira genuína é mais um caminho importante para a cura. Construir relacionamentos baseados em compreensão mútua, nos quais o nativo possa compartilhar suas ideias e sentimentos de maneira aberta e honesta, sem medo de ser julgado ou mal compreendido, pode ajudar a restaurar a confiança em sua capacidade de se comunicar. Participar de grupos de estudo, clubes de leitura ou outros ambientes onde a troca de ideias seja incentivada e respeitada pode ser especialmente benéfico.

Além disso, o nativo deve aprender a ouvir os outros com o mesmo respeito e atenção que deseja receber. A comunicação eficaz não é apenas sobre ser ouvido, mas também sobre ouvir e compreender os outros. Ao desenvolver uma abordagem equilibrada, onde a comunicação é uma troca genuína de ideias e sentimentos, o nativo pode começar a curar as feridas de Quíron na casa 3 e transformar sua dor em uma força que o capacita e enriquece suas relações com os outros.

As profissões relacionadas a Quíron na casa 3 incluem fonoaudiólogo, professor de Braile ou Libras (Língua Brasileira de Sinais), escritor, jornalista, terapeuta, educador. Essas carreiras permitem que o nativo utilize sua compreensão acerca das dificuldades de comunicação para auxiliar outros a superarem desafios semelhantes, ao mesmo tempo que trabalha na cura de suas próprias feridas.

Quíron na casa 4

Feridas

Quíron na casa 4 revela feridas profundas relacionadas ao lar, à família e às raízes emocionais. O nativo pode ter experimentado uma infância marcada por insegurança emocional, quando o sentimento de pertencimento e proteção foi comprometido. Essas feridas podem ter origem em um ambiente familiar desestruturado ou em uma relação complicada com os pais, especialmente com a figura materna. Talvez o nativo tenha sentido que seu lar não era um lugar seguro ou acolhedor, levando a sentimentos de abandono, rejeição ou desconexão.

A sensação de não ter um lar verdadeiro ou de não pertencer a nenhum lugar pode perseguir o nativo ao longo da vida. Ele pode carregar consigo um sentimento de desamparo emocional, sempre buscando, mas nunca encontrando aquele lugar ou relação que lhe ofereça segurança e amor incondicional. Esse posicionamento de Quíron também pode indicar traumas relacionados à origem familiar, como segredos de família, histórias não resolvidas ou até mesmo questões hereditárias que afetam a psique do nativo de maneira profunda.

Em alguns casos, ele pode ter sido forçado a assumir responsabilidades adultas ainda muito jovem, privando-o de uma infância normal e feliz. Isso pode gerar profunda sensação de perda e incapacidade de relaxar ou de se sentir verdadeiramente seguro. Essas experiências podem se manifestar como uma dificuldade contínua de criar um lar para si mesmo na vida adulta, seja através da incapacidade de estabelecer um ambiente familiar estável ou de se sentir em casa em qualquer lugar.

Caminhos de cura

A cura para Quíron na casa 4 envolve a reconciliação com o passado e a construção de uma nova base emocional que ofereça segurança e estabilidade. O nativo precisa começar aceitando que as feridas emocionais do passado, embora dolorosas, não precisam definir o presente ou o futuro. Reconhecer essas feridas é o primeiro passo para liberar a dor associada a elas.

Um caminho poderoso para a cura é criar conscientemente um ambiente que seja verdadeiramente acolhedor e seguro. Isso pode envolver desde a construção de um lar físico que reflita seus desejos e necessidades emocionais, até a criação de um lar interno — um espaço dentro de si mesmo onde se sinta protegido e amado, independentemente das circunstâncias externas.

Explorar a história familiar e compreender os padrões emocionais transmitidos de geração em geração pode ser outra etapa crucial para a cura. O nativo pode se beneficiar de práticas como a constelação familiar ou a terapia de regressão, que ajudam a desvendar e liberar os laços emocionais que ainda o prendem ao passado. Ao fazer isso, ele pode encontrar a paz com sua linhagem e permitir-se criar uma nova narrativa emocional para sua vida.

Além disso, ele deve aprender a nutrir a si mesmo, da mesma maneira que desejava ter sido nutrido quando criança. Desenvolver a autocompaixão e o cuidado pessoal é fundamental. Isso pode incluir práticas de autocuidado e meditação, ou simplesmente se permitir sentir e processar as emoções sem julgamento.

É igualmente importante que o nativo trabalhe na construção de relações saudáveis e de apoio mútuo. Criar uma família de escolha — amigos e parceiros que oferecem amor e suporte emocional — pode preencher o vazio deixado por uma infância difícil. Ao criar essas conexões, o nativo não apenas cura a si mesmo, mas também oferece um exemplo poderoso de como transformar feridas emocionais em força e resiliência.

As profissões que podem ressoar com Quíron na casa 4 incluem as áreas de terapia familiar, psicoterapia, trabalho social, constelação familiar, cuidados paliativos, terapeuta de regressão, arquiteto ou designer de interiores focado em criar espaços acolhedores, conselheiro espiritual, especialista em cura de traumas, enfermeiro domiciliar, *coach* de vida focado em questões emocionais e raízes familiares, e qualquer ocupação que envolva a cura das feridas emocionais ou a criação de ambientes seguros e aconchegantes.

Quíron na casa 5

Feridas

Quíron na casa 5 está associado a feridas relacionadas a romances, autoexpressão, criatividade e relação com os filhos. O nativo pode sentir profunda insegurança em relação à sua capacidade criativa ou à sua habilidade de se destacar e brilhar. Essas inseguranças, muitas vezes, têm raízes em experiências de infância em que sua criatividade foi sufocada ou ridicularizada, ou nas quais o nativo foi desencorajado de expressar livremente suas ideias e talentos.

A área do romance também pode ser fonte de dor para o nativo. Pode haver dificuldades para se sentir plenamente satisfeito em suas relações amorosas, nas quais ele pode ser o parceiro que se dedica a satisfazer o outro, mas sente carência emocional ou sexual em retorno. Em alguns casos, isso pode levar a uma vida amorosa caótica ou insatisfatória, onde o nativo se sacrifica em nome do amor sem receber a reciprocidade que busca.

A relação com a prole também pode ser desafiadora. O nativo pode ter problemas para conceber filhos ou pode enfrentar dificuldades em se conectar emocionalmente com eles. Em alguns casos, pode tentar realizar suas próprias ambições ou sonhos fracassados através dos filhos, projetando neles suas expectativas e buscando que alcancem o sucesso que ele mesmo sente que não conseguiu. Essa dinâmica pode gerar tensões e frustrações tanto para o nativo quanto para seus filhos, caso existam.

Caminhos de cura

A cura para Quíron na casa 5 envolve a aceitação de que o valor pessoal e a criatividade do nativo não precisam ser validados por fatores externos, tais como o sucesso material, a aprovação dos outros ou o desempenho dos filhos. O nativo precisa aprender a reconhecer e a nutrir sua criatividade e autoexpressão de maneira que não dependa da opinião alheia.

Um passo importante é liberar as expectativas irrealistas impostas sobre si mesmo ou sobre os outros, especialmente no que diz respeito aos filhos e à vida amorosa. O nativo deve aprender a expressar seu amor e sua criatividade de maneiras que o façam se sentir genuinamente satisfeito, sem a necessidade de controlar ou manipular as situações para atender suas próprias inseguranças.

Outra parte da cura envolve encontrar formas de se reconectar com sua criança interior — a parte de si que é espontânea, brincalhona e criativa. Isso pode ser feito através de atividades lúdicas e artísticas ou *hobbies* que tragam prazer e satisfação pessoal, independentemente de qualquer reconhecimento externo. Participar de atividades que promovam a criatividade, como aulas de arte, dança ou teatro, pode ajudar o nativo a redescobrir e a valorizar sua capacidade criativa de forma autêntica.

Em relação ao romance, é fundamental que o nativo trabalhe na construção de relacionamentos baseados em reciprocidade e respeito mútuo, onde ambos os parceiros se sintam valorizados e satisfeitos. Aprender a comunicar suas necessidades emocionais de maneira clara e direta, sem medo de rejeição, também é crucial para superar as feridas de Quíron na casa 5.

Finalmente, é importante que o nativo aprenda a separar seu valor pessoal dos sucessos ou fracassos de seus filhos e de seu desempenho como parceiro. Ao fazer isso, ele pode liberar a pressão sobre si mesmo e sobre os outros, permitindo que os relacionamentos floresçam de maneira mais saudável e equilibrada.

As profissões que ressoam com Quíron na casa 5 incluem conselheiro ou terapeuta especializado em relacionamentos, *coach* de vida ou de performance, educador ou mentor para crianças e adolescentes, terapeuta de artes, instrutor de esportes, treinador de atletas, consultor de mercado financeiro (especialmente em áreas como ações e investimentos), organizador de eventos criativos, terapeuta que usa atividades lúdicas, professor de arte ou música e qualquer ocupação que envolva ajudar os outros a explorarem e expressarem sua criatividade ou a lidarem com questões relacionadas ao amor e aos filhos.

Quíron na casa 6

Feridas

Quíron na casa 6 aponta para feridas relacionadas ao trabalho, à saúde e ao dia a dia. O nativo pode ter sofrido críticas excessivas na infância, o que resultou em uma autocrítica severa e uma obsessão por perfeição. Essa busca incessante pela excelência pode levá-lo a sentir que nunca é bom o suficiente, tanto no trabalho quanto em seus cuidados com a saúde.

Pode haver uma desconexão entre o que o nativo sabe ser saudável e o que realmente pratica. É comum que dê conselhos valiosos sobre hábitos saudáveis a outras pessoas, mas tenha dificuldade em aplicar esses mesmos conselhos na própria vida. Isso pode resultar em negligência com a saúde, hipocondria ou até transtornos alimentares, como comer compulsivamente ou ter uma alimentação muito restritiva.

No ambiente de trabalho, o nativo pode se destacar como alguém que ajuda os colegas a realizarem tarefas com aptidão, mesmo que ele próprio não se sinta totalmente competente. Pode atuar em profissões nas quais ensina a teoria de algo que nunca exerceu na prática, o que pode gerar sensação de inadequação ou síndrome do impostor.

Além disso, pode haver uma tendência a se tornar excessivamente crítico, tanto consigo mesmo quanto com os outros, obcecado em detalhes insignificantes e em limpeza. Essa obsessão pode ser uma tentativa de controlar o ambiente externo para compensar a sensação de desordem interna. Por outro lado, o nativo pode ser desorganizado e indiferente à sujeira, como uma forma de resistência ao perfeccionismo.

Caminhos de cura

A cura para Quíron na casa 6 envolve a aceitação das imperfeições, tanto próprias quanto alheias. O nativo precisa aprender a relaxar suas expectativas e a aceitar que nem tudo na vida precisa ser perfeito ou estar sob seu controle. Esse processo começa com a prática do autocuidado sem culpa ou autocrítica, permitindo-se ser humano e imperfeito.

Desenvolver uma rotina de cuidados pessoais que não seja baseada em obrigações, mas em prazer e bem-estar, é essencial. Isso pode incluir práticas como a alimentação equilibrada, exercícios físicos que tragam satisfação e momentos de descanso sem a pressão de serem produtivos.

No ambiente de trabalho, é importante que o nativo reconheça e valorize suas habilidades, entendendo que não precisa ser perfeito para ser eficaz. Aprender a delegar tarefas e a confiar nos outros é uma parte crucial desse processo. Também é essencial que o nativo encontre um equilíbrio entre ajudar os outros e cuidar de si mesmo, evitando o esgotamento ou a sensação de estar sendo usado.

O nativo deve canalizar sua preocupação com a qualidade de vida de forma construtiva, talvez através de serviços na área de saúde e bem-estar ou no aprimoramento de técnicas que beneficiem a todos. Trabalhos que envolvam organização, melhoria de processos ou assistência aos outros podem ser profundamente satisfatórios, desde que o nativo mantenha uma abordagem equilibrada e saudável.

As profissões que se alinham com Quíron na casa 6 incluem conselheiro de saúde, nutricionista, instrutor *fitness*, professor de cursos profissionalizantes, terapeuta ocupacional, especialista em ergonomia, consultor de bem-estar, treinador de vida saudável, técnico em laboratórios de análise, crítico de qualidade, organizador profissional, terapeuta holístico e qualquer função que envolva a melhoria do bem-estar físico e mental, tanto para si quanto para os outros.

Quíron na casa 7

Feridas

Quíron na casa 7 está profundamente ligado às feridas emocionais que se manifestam em relacionamentos íntimos e parcerias. O nativo pode sentir que há algo inerentemente errado ou doloroso em suas relações, o que pode se traduzir em experiências de abandono, traição ou simplesmente a sensação de que nunca recebe o afeto e a compreensão que deseja. Essa posição pode indicar o padrão de atrair parceiros que necessitam de cura ou que estão, de alguma forma, debilitados, levando o nativo a assumir o papel de cuidador, muitas vezes em detrimento de suas próprias necessidades.

Há uma tendência a submeter-se aos caprichos do outro, na esperança de ganhar amor e aceitação, o que pode resultar em relações de codependência. O nativo pode sentir que precisa salvar o parceiro, assumindo um papel quase parental, o que pode ser exaustivo e impedir que desenvolva um relacionamento saudável e equilibrado. Em parcerias de negócios, pode ocorrer a frustração de ensinar e guiar um sócio apenas para vê-lo partir e seguir seu próprio caminho, enquanto o nativo se sente abandonado ou inadequado.

Caminhos de cura

A cura para Quíron na casa 7 envolve aprender a estabelecer limites saudáveis e a valorizar a própria individualidade dentro dos relacionamentos. O nativo precisa reconhecer que não é responsável pela cura ou felicidade do parceiro, e que a reciprocidade é fundamental para uma relação equilibrada. Desenvolver uma autoestima que não dependa da aprovação ou do afeto do outro é um passo essencial nessa jornada.

É importante que o nativo aprenda a cultivar a diplomacia e a harmonização de conflitos de maneira que também respeite suas próprias necessidades. A prática da comunicação aberta e honesta é vital para construir parcerias baseadas em igualdade e respeito mútuo. Além disso, o nativo deve trabalhar na aceitação de que não pode controlar ou salvar o outro, e que cada pessoa é responsável por seu próprio caminho de cura.

Trabalhar como conselheiro de casamentos ou mediador, ou ainda em profissões que envolvam a resolução de conflitos, pode ser profundamente satisfatório, desde que o nativo mantenha a consciência de que sua tarefa é facilitar a cura dos outros sem sacrificar a si mesmo.

As profissões que ressoam com Quíron na casa 7 incluem conselheiro de casamentos, terapeuta de casais, mediador ou especialista em resolução de conflitos, consultor de relacionamentos, advogado especializado em acordos matrimoniais, terapeuta familiar, conselheiro de negócios em parcerias, negociador e qualquer função que envolva a harmonização de relacionamentos, seja em contextos pessoais ou profissionais.

Quíron na casa 8

Feridas

Quíron na casa 8 está associado a feridas profundas relacionadas a intimidade, sexualidade, poder e controle. O nativo pode enfrentar desafios significativos ao lidar com questões de vulnerabilidade e entrega, sentindo-se impotente ou temeroso diante da ideia de ser dominado ou controlado por outros. Essa posição de Quíron pode se manifestar como uma insatisfação persistente na vida sexual, onde o nativo pode se sentir desconectado ou incapaz de experimentar o prazer pleno. Em alguns casos, pode haver uma aversão ao sexo ou, no extremo oposto, uma compulsão por ele, na tentativa de preencher um vazio emocional.

A casa 8 também rege recursos compartilhados, heranças e questões financeiras conjuntas, e aqui o nativo pode sentir que está sempre em desvantagem. Pode ser chamado a administrar ou cuidar dos recursos de outras pessoas, enquanto sente que tem pouco para si mesmo. Alternativamente, pode depender financeiramente de outros ou se sentir responsável por sustentar alguém, o que pode gerar sentimentos de frustração ou ressentimento.

Essas feridas podem ser originadas de experiências traumáticas no passado, como perdas significativas, traições ou situações em que o nativo se sentiu impotente ou abusado. O nativo pode absorver valores e crenças de sua família ou da sociedade sem os questionar, o que pode levá-lo a viver de acordo com padrões que não refletem sua verdadeira natureza.

Caminhos de cura

A cura para Quíron na casa 8 envolve confrontar as emoções mais profundas e os medos relacionados a poder, controle e intimidade. O nativo precisa aprender a reconhecer sua própria força interior e a desenvolver uma relação saudável com seu poder pessoal. Isso pode incluir trabalhar traumas passados, seja por meio de terapia ou de outras formas de autoexploração, para liberar padrões de medo e ressentimento que bloqueiam a sua capacidade de se entregar plenamente à vida.

É fundamental que o nativo assuma a responsabilidade por sua própria cura e pare de projetar suas necessidades ou carências em outras pessoas. Aprender a confiar em si mesmo e a estabelecer limites claros em situações de intimidade pode ajudar a fortalecer sua autoestima e seu senso de segurança.

O nativo também pode se beneficiar ao explorar práticas que envolvem a transformação e a regeneração, como psicoterapia, trabalho com energia ou mesmo atividades que envolvam a cura alheia, como terapia sexual ou aconselhamento financeiro. Ao ajudar os outros a lidarem com suas feridas, o nativo pode encontrar um caminho para sua própria cura.

As profissões que se alinham com Quíron na casa 8 incluem terapeuta sexual, conselheiro de luto, psicoterapeuta especializado em traumas, conselheiro de finanças ou de heranças, hipnoterapeuta, especialista em terapias de regressão, consultor em investimentos, advogado especializado em questões de herança ou dissolução de sociedades, gestor de fundos ou recursos compartilhados, terapeuta de energias sutis e qualquer função que envolva cura, transformação ou regeneração emocional, financeira ou espiritual.

Quíron na casa 9

Feridas

Quíron na casa 9 está relacionado a feridas profundas no campo das crenças e filosofias de vida, da educação superior e da busca por significado. O nativo pode ter enfrentado dificuldades em sua formação acadêmica ou sentido que suas aspirações educacionais foram frustradas. Isso pode se manifestar como uma sensação de estar preso ou incapaz de explorar plenamente o mundo, seja através de viagens, estudos ou expansão da mente. Há uma dor associada à sensação de que o conhecimento ou a experiência que busca estão fora de alcance.

No campo das crenças, o nativo pode ter se envolvido com doutrinas ou sistemas de pensamento que, em vez de oferecer conforto e orientação, criaram confusão ou desencanto. Essa busca incessante por uma verdade ou filosofia que faça sentido pode levar a uma adesão fanática a certas crenças ou à rejeição de qualquer sistema que não se alinhe perfeitamente com suas expectativas.

Além disso, Quíron na casa 9 pode indicar conflitos relacionados ao ensino superior ou à transmissão de conhecimento. O nativo pode sentir que tem muito a oferecer como professor ou mentor, mas pode haver uma lacuna entre o que ele deseja ensinar e o que realmente consegue transmitir. Isso pode levar a uma frustração interna, especialmente se o nativo vê outras pessoas realizando aquilo que ele sempre desejou fazer, mas que, por algum motivo, não conseguiu.

Caminhos de cura

A cura para Quíron na casa 9 envolve a reconciliação com as próprias crenças e a aceitação de que o conhecimento e a sabedoria vêm de muitas fontes, não apenas daquelas que o nativo originalmente idealizou. Aceitar que o aprendizado e o crescimento são processos contínuos, que não se limitam a uma sala de aula ou a um diploma, pode ser libertador. O nativo deve se permitir explorar o mundo, seja através de viagens, estudos ou práticas espirituais, de uma maneira que ressoe com sua verdadeira essência.

É importante que o nativo desenvolva uma filosofia de vida que integre as suas experiências, permitindo-se questionar e evoluir suas crenças sem o medo de estar errado. Aprender a ouvir e a considerar as perspectivas dos outros, sem a necessidade de provar que está certo, também é um passo crucial na cura dessa ferida.

No âmbito educacional, o nativo pode encontrar cura ao compartilhar seu conhecimento com os outros, seja através de ensino, escrita ou orientação. Mesmo que não tenha seguido o caminho acadêmico que desejava, ele pode ser um mentor valioso ao ajudar outras pessoas a alcançarem seus objetivos e, assim, obter satisfação e propósito.

As profissões que se alinham com Quíron na casa 9 incluem professor, conselheiro educacional, orientador vocacional, editor, escritor, *coach* de vida, mentor espiritual, organizador ou agente de viagens, tradutor, filósofo, teólogo, líder religioso, guia turístico especializado em peregrinações ou viagens espirituais e qualquer função que envolva a disseminação de conhecimento e filosofias ou a facilitação da exploração cultural e espiritual.

Quíron na casa 10

Feridas

Quíron na casa 10 está relacionado a feridas profundas no que diz respeito à carreira, à reputação e ao papel do nativo na sociedade. Ele pode sentir que, não importa o quanto se esforce, nunca alcança o nível de sucesso ou reconhecimento que deseja. Isso pode se manifestar como um sentimento de inadequação profissional ou uma constante sensação de que está desempenhando um papel que não é verdadeiramente o seu. Muitas vezes, a origem dessas feridas remonta à infância, quando expectativas parentais ou figuras de autoridade podem ter imposto padrões muito elevados, gerando um medo de fracasso que perdura na vida adulta.

O nativo pode ter escolhido uma carreira inicialmente por pressão externa ou pela crença de que precisava seguir um caminho tradicional para ser respeitado e aceito. No entanto, essa escolha pode não refletir suas verdadeiras paixões ou talentos, o que resulta em insatisfação e frustração. A necessidade de provar seu valor pode levar o nativo a assumir responsabilidades além de suas capacidades, sacrificando seu bem-estar pessoal em nome da carreira ou de *status* social.

Além disso, pode haver uma tendência a negligenciar suas próprias necessidades para ajudar os outros a alcançarem o sucesso. O nativo pode ser excelente em orientar e apoiar as ambições de outras pessoas, mas sentir dificuldades para aplicar essas mesmas habilidades em sua própria vida. Isso pode criar um ciclo de autossacrifício, onde o nativo vê os outros progredindo enquanto ele permanece estagnado ou insatisfeito.

Caminhos de cura

A cura para Quíron na casa 10 envolve a reconexão com a verdadeira vocação do nativo e o desenvolvimento de uma autoestima saudável baseada em quem ele é, e não apenas no que realiza. O nativo precisa aprender a valorizar suas próprias ambições e a definir metas que estejam alinhadas com seu propósito e paixão genuínos, ao invés de seguir apenas o que é esperado pelos outros ou pela sociedade.

É importante que o nativo se permita fazer ajustes ou transições de carreira, mesmo que isso signifique sair de um caminho seguro para explorar novas oportunidades que ressoem mais com sua essência. Reconhecer que o sucesso não precisa ser medido apenas por padrões externos de *status* ou riqueza, mas também pela satisfação pessoal e pela realização interior, é fundamental para a cura.

O nativo também deve aprender a equilibrar sua tendência de ajudar os outros e o cuidado de si mesmo. Desenvolver limites saudáveis e aprender a delegar responsabilidades podem aliviar o peso que ele carrega e permitir que ele se concentre em suas próprias metas. Além disso, aceitar que não precisa ser perfeito ou atender a todas as expectativas pode libertá-lo do medo do fracasso e abrir espaço para que ele siga seu próprio caminho com mais confiança.

As profissões relacionadas a Quíron na casa 10 incluem carreiras nas quais o nativo pode exercer sua capacidade de liderança e orientação, como *coach* de carreira, consultor de negócios, mentor ou orientador vocacional. Também pode encontrar realização em profissões que envolvem cuidado e cura, como terapeuta, conselheiro ou qualquer papel da área de saúde e bem-estar. Outras opções incluem trabalhar em organizações que promovem desenvolvimento pessoal ou social, onde o nativo pode utilizar suas habilidades para ajudar os outros a atingirem seus objetivos, ao mesmo tempo que encontra satisfação em seu próprio caminho.

Quíron na casa 11

Feridas

Quíron na casa 11 traz à tona feridas profundas relacionadas à aceitação social, à pertença em grupos e à realização dos sonhos e ideais do nativo. Desde cedo, ele pode sentir desconexão ou dificuldade para formar laços genuínos com amigos, além de não se sentir realmente parte de um grupo. A sensação de ser um "estranho no ninho" pode ser constante, levando-o a questionar seu valor dentro das dinâmicas sociais. Esse posicionamento de Quíron pode gerar um medo intenso de rejeição, resultando em um comportamento que oscila entre a tentativa de agradar a todos ou o isolamento completo para evitar o sofrimento.

O nativo pode atrair amizades que, na superfície, parecem sólidas, mas que, no fundo, carecem de verdadeira conexão emocional. Esses relacionamentos podem ser alimentados por uma necessidade de preencher um vazio interno, mas muitas vezes acabam reforçando a sensação de solidão e incompreensão. Em grupos, o nativo pode se sentir invisível ou pode temer expressar suas ideias, acreditando que elas serão rejeitadas ou mal interpretadas.

Além disso, Quíron na casa 11 pode impactar a capacidade do nativo de sonhar e planejar o futuro. Ele pode sentir que seus desejos são irrealistas ou inalcançáveis, o que o leva a abandonar seus projetos antes mesmo de tentar realizá-los. A frustração pode ser uma constante, especialmente quando o nativo vê outras pessoas alcançando seus sonhos enquanto ele sente que os seus estão sempre fora de alcance.

Caminhos de cura

A cura para as feridas de Quíron na casa 11 começa com a aceitação de que as relações sociais e as amizades não precisam ser perfeitas para serem valiosas. O nativo deve aprender a reconhecer e a valorizar as conexões que realmente importam, mesmo que sejam poucas. Desenvolver a habilidade de discernir entre amizades genuínas e aquelas que são superficiais ou baseadas em interesses mútuos pode ajudar a criar uma rede de apoio que o nutre emocionalmente.

No que diz respeito aos seus sonhos e ideais, o nativo precisa se reconectar com o que é verdadeiramente significativo para ele, em vez de se alinhar com os desejos ou expectativas dos outros. Ao se permitir sonhar e acreditar que seus desejos são válidos e dignos de realização, ele pode começar a traçar um caminho que leve à concretização desses ideais. Participar de grupos ou causas que reflitam seus valores pessoais pode ajudar a construir o sentido de comunidade e propósito que ele sempre desejou.

Envolver-se em atividades que promovam mudanças sociais e que permitam expressar sua individualidade de maneira criativa e inovadora também pode ser uma forma poderosa de cura. Trabalhar com grupos em que possa ser ele mesmo, sem a necessidade de se conformar ou se esconder, permitirá que ele encontre o equilíbrio entre sua necessidade de independência e seu desejo de conexão.

As profissões relacionadas a Quíron na casa 11 envolvem coordenação de projetos sociais, liderança comunitária, conselhos de grupos de apoio e facilitação de *workshops*. O nativo também pode se destacar em áreas que exigem inovação social, como ONGs, projetos de sustentabilidade ou atividades que visem à transformação social. Outras opções incluem ser mentor, orientador ou guia para pessoas que enfrentam desafios semelhantes, ajudando-as a encontrarem seu caminho em meio às dificuldades sociais e emocionais.

Quíron na casa 12

Feridas

Quíron na casa 12 revela feridas profundas relacionadas ao inconsciente, ao sacrifício e à tendência de se anular em prol dos outros. O nativo pode sentir uma necessidade compulsiva de cuidar dos enfermos, dos infelizes e daqueles que sofrem, muitas vezes negligenciando suas próprias necessidades e as de sua família. Esse posicionamento de Quíron pode criar uma dinâmica de salvador em que o nativo se coloca constantemente na posição de resolver os problemas alheios, mesmo que isso o leve ao esgotamento físico e emocional ou até a autodestruição.

O nativo pode carregar um sentimento de culpa ou uma crença inconsciente de que deve sofrer para que os outros possam ser felizes. Essa tendência pode levá-lo a se envolver em situações onde acaba sendo explorado ou se sacrifica em demasia. Em alguns casos, o nativo pode atrair pessoas que se fazem de vítimas, exigindo sua constante atenção e energia, mas que, na verdade, são as responsáveis pelos próprios problemas. Isso pode criar um ciclo vicioso no qual o nativo sente que nunca faz o suficiente ou que seus esforços nunca são recompensados.

Além disso, Quíron na casa 12 pode trazer à tona questões relacionadas ao escapismo, assim, em vez de enfrentar suas próprias dores, o nativo prefere se perder em atividades que o afastam da realidade, como vícios, fantasias ou uma idealização excessiva do sofrimento. A sensação de estar preso a um papel de vítima ou de salvador pode ser tão intensa que o nativo se isola, mantendo suas feridas ocultas e disfarçadas, o que dificulta o processo de cura.

Caminhos de cura

A cura para Quíron na casa 12 envolve profundo trabalho de autoconhecimento e capacidade para reconhecer que o nativo também merece cuidado e atenção. É fundamental que ele aprenda a estabelecer limites saudáveis, tanto para si quanto para os outros, reconhecendo que não pode salvar a todos e que seu bem-estar deve ser uma prioridade.

O nativo precisa aprender a equilibrar sua tendência a cuidar dos outros com a necessidade de cuidar de si mesmo. Isso pode envolver a busca de atividades que nutram sua alma e tragam alegria, como práticas artísticas e espirituais ou o envolvimento em trabalhos que sejam gratificantes sem serem autodestrutivos. A criatividade pode ser uma ferramenta poderosa de cura, ajudando o nativo a expressar suas emoções e a transformar suas feridas em arte ou em serviço à comunidade de maneira saudável e equilibrada.

Além disso, é importante que o nativo trabalhe para se libertar de padrões de vitimização, tanto em si quanto nos outros. Reconhecer que não é necessário sofrer para ajudar alguém pode ser um passo crucial para a cura. Praticar a compaixão de maneira equilibrada, sem se perder nas dores alheias, permitirá ao nativo viver uma vida mais plena e significativa.

As profissões relacionadas a Quíron na casa 12 envolvem o cuidado e a cura, como terapeuta, conselheiro, enfermeiro, médico ou qualquer função ligada à saúde mental e emocional. O nativo também pode encontrar realização em trabalhos artísticos e criativos, como artista, músico, dançarino ou escritor, nos quais pode canalizar sua sensibilidade e compaixão de forma construtiva. Além disso, o serviço voluntário e o trabalho em instituições de caridade ou em causas humanitárias podem ser caminhos gratificantes, desde que o nativo se lembre de cuidar de si mesmo enquanto ajuda os demais.

CAPÍTULO 5

Quíron Retrógrado nos Signos e nas Casas

Quíron no mapa natal revela as dores e frustrações de alma que precisam ser enfrentadas e superadas para que possamos evoluir espiritualmente. Ele indica áreas em que nossa alma desejava se expressar plenamente, mas cujo potencial, por alguma razão, foi frustrado, criando feridas profundas. A jornada de cura relacionada a Quíron é essencial para o crescimento pessoal e espiritual.

Quando Quíron está retrógrado no mapa natal, essas questões assumem uma dimensão ainda mais introspectiva e complexa. A visão cármica sugere que tais feridas são trazidas de vidas passadas, quando talvez o nativo tenha enfrentado desafios significativos relacionados às áreas governadas pela posição de Quíron em seu mapa. Essas experiências passadas deixaram marcas profundas, que agora se manifestam como desafios que precisam ser enfrentados e curados nesta vida.

Uma característica notável de Quíron retrógrado é que ele não apenas representa essas feridas, mas também indica a presença de poderes de cura. O nativo com Quíron retrógrado muitas vezes possui dons de cura que podem se manifestar de várias formas, como a capacidade de curar com as mãos ou um profundo entendimento intuitivo e perceptivo do sofrimento dos outros. Esses poderes são magnéticos, atraindo energia para o nativo e permitindo que ele atue como um canal de cura, tanto para si quanto para os outros.

A casa onde Quíron retrógrado se encontra no mapa natal descreve o caminho específico que o nativo deve trilhar para desenvolver e aprimorar esses dons de cura. É nessa área da vida que ele enfrentará os maiores desafios, mas também onde encontrará as maiores oportunidades de crescimento espiritual e desenvolvimento pessoal. A jornada de cura com Quíron retrógrado não é apenas sobre superar dores passadas, mas também sobre despertar e utilizar esses poderes para promover a cura em si mesmo e nos outros.

Como Bárbara Hand Clow escreveu em seu livro *Quíron – Ponte de Ligação Entre os Planetas Interiores e Exteriores*, publicado pela Editora Pensamento, "os planetas diretos são elétricos e fazem com que a energia carregue e se mova; os planetas retrógrados são magnéticos e puxam a energia para o mapa". Isso significa que Quíron retrógrado atua como um poderoso vórtice que atrai energia curativa, conhecimentos iniciáticos e alquímicos. Os nativos com Quíron retrógrado tendem a ser mais fascinados pela magia, pelo oculto e pelas práticas esotéricas, utilizando essas energias para transformar sua vida e a vida daqueles ao seu redor.

Em resumo, Quíron retrógrado no mapa natal destaca a presença de feridas profundas que precisam ser curadas, mas também aponta para o potencial de desenvolver habilidades de cura poderosas. Através da compreensão dessas feridas e do uso consciente de seus dons, o nativo pode não apenas curar a si mesmo, mas também se tornar uma fonte de cura para o mundo ao seu redor.

Quíron retrógrado em Áries

Feridas

Quíron retrógrado em Áries traz à tona questões profundas de identidade e autoafirmação que podem ter raízes em vidas passadas. O nativo pode sentir que, em outra existência, foi impedido de se expressar livremente, de tomar iniciativas ou de afirmar sua individualidade. Há uma sensação de que, por alguma razão, seu direito de existir como ser independente foi negado, levando a uma insegurança básica quanto ao próprio valor e à capacidade de ser visto e ouvido.

Essa ferida pode se manifestar como uma hesitação em se colocar em primeiro lugar, um medo de tomar decisões assertivas ou uma tendência a evitar conflitos diretos. O nativo pode lutar contra uma sensação persistente de inadequação ou de não ter o direito de ocupar espaço no mundo. A pressão para se destacar ou ser notado pode ser uma fonte de ansiedade, e pode haver uma luta interna constante para provar a si mesmo que é digno de reconhecimento.

Caminhos de cura

A cura para Quíron retrógrado em Áries começa com o reconhecimento dessas feridas de identidade. O nativo deve aprender a valorizar suas próprias necessidades e desejos e a tomar iniciativas, mesmo que isso signifique enfrentar o medo da rejeição ou de não ser suficientemente bom. É essencial desenvolver uma compreensão profunda, entendendo que o direito de existir e de se afirmar não depende da aprovação externa, mas de um reconhecimento interno de valor e dignidade.

A prática de atividades que incentivem a autoexpressão, como artes marciais, esportes competitivos ou qualquer forma de expressão física, pode ser extremamente benéfica. Essas atividades ajudam o nativo a canalizar sua energia de maneira saudável e a construir confiança em sua própria força e capacidade de ação.

Além disso, é importante que o nativo com Quíron retrógrado em Áries aprenda a confrontar e superar o medo de ser visto como egoísta ou arrogante. Ele deve entender que se afirmar e lutar por seus interesses não é errado, mas sim uma parte necessária do crescimento e do desenvolvimento pessoal. A jornada de cura envolve aceitar e integrar essa necessidade de autoafirmação de maneira equilibrada e saudável.

As profissões que podem ser particularmente curativas para quem tem Quíron retrógrado em Áries envolvem liderança, defesa dos direitos dos outros e qualquer área onde a ação e a iniciativa sejam fundamentais. Exemplos incluem: *coach* de vida, treinador esportivo, terapeuta corporal, líder de grupos de autoconfiança, empreendedor em áreas que exigem inovação e coragem e defensor de causas que envolvem direitos individuais.

Essas carreiras permitem ao nativo canalizar sua energia de maneira construtiva, ajudando-o a superar suas próprias inseguranças, ao mesmo tempo que contribui para o bem-estar e a segurança de outras pessoas. Ao guiar e inspirar outros a serem assertivos e a lutarem por si mesmos, o nativo também encontra seu próprio caminho de cura e realização pessoal.

Quíron retrógrado em Touro

Feridas

Quíron retrógrado em Touro traz à tona feridas profundas relacionadas ao valor próprio, à segurança e à conexão com o mundo material. O nativo pode carregar, de vidas passadas, sentimentos de privação, perda ou negligência em relação ao que é essencial para a sobrevivência e o bem-estar. Essas experiências podem ter deixado cicatrizes que se manifestam como uma insegurança constante sobre o próprio valor e uma sensação de não merecer a abundância e o conforto que a vida pode oferecer.

O nativo pode sentir que, em outra vida, teve seu senso de segurança abalado, seja por perdas materiais significativas, traições ou incapacidade de prover para si mesmo e para os outros. Isso pode resultar em uma desconexão do próprio corpo e dos prazeres sensoriais, levando a uma dificuldade para desfrutar das coisas simples da vida, como o conforto, o prazer e a beleza.

Além disso, Quíron retrógrado em Touro pode se manifestar como uma obsessão por acumular bens materiais ou uma tendência a desprezar completamente tais necessidades, em uma tentativa de evitar o medo da escassez. O nativo pode oscilar entre o medo de perder tudo e a crença de que não merece nada.

Caminhos de cura

A cura para Quíron retrógrado em Touro começa com a reconexão com o próprio valor e a aceitação de que a segurança e o conforto são direitos inatos, e não algo que precisa ser constantemente conquistado ou provado. O nativo deve aprender a confiar na sabedoria instintiva do corpo e a se permitir desfrutar dos prazeres simples da vida, sem culpa ou vergonha.

Práticas que promovem o enraizamento e a conexão com a terra, como jardinagem, culinária, massagem e outras terapias corporais, podem ser extremamente benéficas. Essas atividades ajudam o nativo a se sentir mais conectado ao mundo material de maneira saudável e equilibrada.

Além disso, é importante que o nativo com Quíron retrógrado em Touro trabalhe na construção de uma autoestima sólida, baseada não apenas no que possui, mas em quem é. Aprender a valorizar suas próprias habilidades e talentos e a reconhecer que merece desfrutar dos louros de seu trabalho é um passo crucial no processo de cura.

Também é útil explorar e curar quaisquer bloqueios relacionados à sexualidade e à sensualidade, permitindo-se viver essas experiências de maneira plena e satisfatória. A prática da gratidão e a apreciação das pequenas coisas podem ajudar a transformar a visão do nativo sobre o que é realmente valioso na vida.

As profissões que podem ser particularmente curativas para quem tem Quíron retrógrado em Touro envolvem o cuidado com o corpo, a valorização do mundo material e o apoio aos outros em sua jornada de autoestima e segurança. Exemplos incluem: terapeuta corporal, massoterapeuta, consultor financeiro, designer de interiores, *chef* de cozinha, terapeuta de florais e qualquer função que envolva a cura através da conexão com a natureza, como a agricultura ou a jardinagem.

Essas carreiras permitem ao nativo usar sua própria jornada de cura como uma ferramenta para ajudar os outros a encontrarem seu valor e sua segurança, ao mesmo tempo que ele próprio se fortalece e se estabiliza no processo.

Quíron retrógrado em Gêmeos

Feridas

Quíron retrógrado em Gêmeos aponta para feridas profundas relacionadas à comunicação, à expressão pessoal e ao aprendizado. Essas feridas podem ter suas raízes em vidas passadas, quando o nativo pode ter sofrido repressão ou incompreensão ao tentar se expressar ou compartilhar suas ideias. Pode ter havido uma sensação de ser mal interpretado, ignorado ou até ridicularizado por suas palavras e pensamentos, levando a um bloqueio ou a uma insegurança ao se comunicar abertamente.

O nativo pode carregar consigo uma sensação de inadequação intelectual, uma dúvida constante sobre sua própria capacidade de se expressar de maneira clara e eficaz. Esse posicionamento pode gerar dificuldades para se sentir compreendido, tanto no ambiente familiar quanto no social. Em vidas passadas, ele pode ter experimentado dificuldades significativas de aprendizagem ou ter sido privado de educação, o que deixou marcas na sua alma.

Além disso, ele pode ter um medo profundo de não ser ouvido ou de ser mal interpretado, o que pode levá-lo a evitar situações em que precise se comunicar ou se envolver em debates ou discussões, temendo não conseguir se expressar adequadamente. A relação com irmãos, vizinhos e colegas também pode ter sido uma fonte de frustração ou dor, com competição, ciúmes ou sensação de desigualdade.

Caminhos de cura

A cura para Quíron retrógrado em Gêmeos começa com o reconhecimento de que suas dificuldades de comunicação são, em grande parte, reflexos de experiências passadas que precisam ser reavaliadas e superadas. É essencial que o nativo comece a confiar em sua própria voz e perceba que suas ideias e opiniões são valiosas e merecem ser ouvidas.

O nativo pode se beneficiar enormemente de práticas que incentivem a expressão criativa, como a escrita, a arte ou a música. Essas formas de expressão podem servir como um canal para liberar tensões e inseguranças acumuladas em torno da comunicação verbal. Participar de grupos de discussão ou de clubes de leitura pode ajudar a melhorar a confiança em suas habilidades comunicativas e a superar o medo de ser mal interpretado.

Além disso, desenvolver a escuta ativa, na qual o nativo se concentra em compreender os outros antes de responder, pode ajudar a curar feridas relacionadas à comunicação. Esse processo não só melhora suas próprias habilidades comunicativas, como também reforça a conexão com os outros, criando um ambiente onde a comunicação é mais fluida e compreensiva.

A reconexão com o aprendizado, seja através de cursos formais ou de estudos autodidatas, também pode ser uma ferramenta poderosa de cura. O nativo pode descobrir um prazer renovado em aprender e compartilhar conhecimentos, o que fortalecerá sua confiança intelectual e sua capacidade de se expressar.

As profissões que podem ser especialmente curativas para alguém com Quíron retrógrado em Gêmeos envolvem comunicação, ensino e mediação. Exemplos incluem: escritor, jornalista, professor, terapeuta da fala, tradutor, consultor de comunicação, arteterapeuta e mediador de conflitos.

Essas carreiras permitem ao nativo transformar suas feridas de comunicação em uma fonte de poder e cura, tanto para si quanto para o mundo, utilizando suas experiências pessoais para ajudar os outros a encontrarem sua voz e a se expressarem com confiança.

Quíron retrógrado em Câncer

Feridas

Quíron retrógrado em Câncer está associado a feridas emocionais profundas, especialmente relacionadas ao lar, à família e ao senso de pertencimento. Em vidas passadas, o nativo pode ter enfrentado dificuldades significativas para estabelecer ou manter laços emocionais com a família, sentindo-se rejeitado, negligenciado ou desvalorizado. Essa falta de segurança e apoio emocional deixou cicatrizes que continuam a impactar sua vida atual.

O nativo pode carregar uma sensação de não ser suficientemente amado ou cuidado, o que pode se manifestar como uma necessidade intensa de buscar segurança e proteção nos relacionamentos familiares, nos laços emocionais. No entanto, esse desejo de segurança pode vir acompanhado de um medo profundo da perda ou do abandono, o que pode levar a comportamentos de apego excessivo ou, ao contrário, a um distanciamento emocional como forma de autodefesa.

Além disso, o nativo pode ter uma relação complicada com a figura materna ou com o papel de mãe/pai em geral, sentindo que nunca foi plenamente aceito ou compreendido. Essa ferida pode se manifestar como uma dificuldade para criar um lar emocionalmente seguro para si mesmo ou como uma luta interna entre a necessidade de cuidar dos outros e o medo de ser sobrecarregado por essas responsabilidades.

Caminhos de cura

A cura para Quíron retrógrado em Câncer envolve o reconhecimento e a aceitação das feridas emocionais do passado, especialmente aquelas relacionadas à família e ao lar. O nativo precisa aprender a criar um senso de segurança e pertencimento dentro de si, em vez de depender exclusivamente dos outros para isso. Desenvolver práticas de autocuidado e amor-próprio é essencial para curar essas feridas profundas.

Reconectar-se com as raízes familiares, mas de maneira saudável, também pode ser benéfico. Isso pode envolver a reconciliação com membros da família, a exploração da história familiar para compreender melhor os padrões emocionais herdados ou até mesmo a criação de novas tradições que reflitam os valores e as necessidades atuais do nativo.

Práticas que envolvem a nutrição emocional, como terapia e meditação, ou atividades que promovem o autocuidado e o bem-estar emocional, podem ser extremamente curativas. O nativo também pode se beneficiar ao criar um espaço físico que seja um verdadeiro santuário, onde possa se sentir seguro e protegido.

Além disso, ele deve trabalhar para equilibrar sua necessidade de cuidar dos outros com a necessidade de cuidar de si mesmo. Aprender a estabelecer limites saudáveis nos relacionamentos, onde possa dar e receber de maneira equilibrada, é um passo crucial para a cura.

As profissões que podem ser especialmente curativas para alguém com Quíron retrógrado em Câncer envolvem cuidado e nutrição emocional, tais como: terapeuta, psicólogo, conselheiro familiar, assistente social, enfermeiro, cuidador, terapeuta de constelação familiar, nutricionista e educador infantil.

Essas carreiras permitem ao nativo transformar suas feridas emocionais em fonte de empatia e cura para os outros, ao mesmo tempo que trabalha para curar e fortalecer seu próprio senso de segurança e pertencimento.

Quíron retrógrado em Leão

Feridas

Quíron retrógrado em Leão está relacionado a feridas profundas no que diz respeito a autoexpressão, criatividade e senso de identidade. Em vidas passadas, o nativo pode ter enfrentado situações em que sua capacidade de brilhar, ser reconhecido ou expressar sua individualidade foi reprimida, rejeitada ou desvalorizada. Isso pode ter gerado sensação de inadequação ou vergonha em relação ao próprio brilho e talento.

O nativo pode carregar um medo inconsciente de se destacar ou de ser o centro das atenções, temendo a rejeição ou a crítica. Essa insegurança pode levar a uma relutância em mostrar seus talentos ou em buscar o reconhecimento que, no fundo, deseja. Alternativamente, ele pode oscilar entre a timidez e a necessidade desesperada de ser validado, buscando constantemente a aprovação dos outros para sentir que tem valor.

Há também uma ferida relacionada ao sentimento de ser especial ou único. O nativo pode ter dificuldade para reconhecer seu próprio valor intrínseco, sentindo que nunca é bom o suficiente, o que pode levar a uma busca incessante por validação externa. Essa necessidade de ser notado pode ser mascarada por um comportamento arrogante ou autoritário, que na verdade esconde um profundo medo de ser ignorado ou subestimado.

Caminhos de cura

A cura para Quíron retrógrado em Leão envolve o desenvolvimento de autoaceitação profunda e incondicional. O nativo precisa aprender a valorizar sua individualidade e a reconhecer que seu valor não depende da aprovação dos outros. Isso requer um trabalho interno para superar o medo da rejeição e a necessidade de validação externa.

Uma forma poderosa de cura é o resgate da criança interior, permitindo-se explorar a criatividade e a autoexpressão sem medo ou julgamento. Envolver-se em atividades que incentivem a espontaneidade e a diversão pode ajudar o nativo a se reconectar com seu brilho natural e a se sentir mais à vontade em sua própria pele.

Além disso, é importante que ele encontre maneiras de expressar sua criatividade e seus talentos sem se preocupar com o julgamento alheio. Isso pode envolver *hobbies* criativos como arte, música e teatro ou qualquer outra forma de autoexpressão que proporcione alegria e realização pessoal.

Reconhecer e abraçar sua própria luz, sem depender do reconhecimento externo, é essencial. À medida que o nativo aprende a valorizar sua própria singularidade, ele se torna mais capaz de brilhar autenticamente, ajudando os outros a fazerem o mesmo.

As profissões que podem ser particularmente curativas para alguém com Quíron retrógrado em Leão envolvem expressão criativa, por exemplo: artista, ator, diretor de teatro, professor de artes, terapeuta criativo, *coach* de autoimagem, consultor de estilo pessoal e líder de *workshops* de desenvolvimento pessoal.

Essas carreiras permitem ao nativo canalizar sua criatividade de maneira construtiva, ajudando os outros a desenvolverem sua autoconfiança e a expressarem seus talentos, ao mesmo tempo que ele trabalha sua própria jornada de cura e autoaceitação.

Quíron retrógrado em Virgem

Feridas

Quíron retrógrado em Virgem revela feridas relacionadas a perfeição, serviço e autocrítica. Em vidas passadas, o nativo pode ter enfrentado situações em que foi excessivamente criticado ou submetido a padrões inatingíveis de perfeição, o que resultou em um sentimento de inadequação e fracasso. Essas experiências podem ter gerado uma obsessão por perfeição e uma tendência a julgar a si mesmo e aos outros de forma extremamente crítica.

O nativo pode sentir que nunca é bom o suficiente, não importa o quanto se esforce. Essa sensação de insuficiência pode levar a um comportamento compulsivo de tentar corrigir tudo e todos ao seu redor, numa tentativa de alcançar um ideal de perfeição que, na realidade, não existe. Isso pode se manifestar como uma preocupação excessiva com detalhes, saúde e organização, além de uma constante sensação de que há algo errado ou fora do lugar.

A ferida também pode estar relacionada ao serviço e à utilidade. O nativo pode sentir que seu valor está diretamente ligado à sua capacidade de ser útil ou de servir aos outros, o que pode levá-lo a se sacrificar excessivamente, negligenciando suas próprias necessidades e seu bem-estar. Pode haver uma tendência a se esconder atrás de tarefas e rotinas, evitando confrontar as questões emocionais mais profundas e os sentimentos de inadequação.

Caminhos de cura

A cura para Quíron retrógrado em Virgem envolve a aceitação das imperfeições, tanto nas próprias capacidades quanto nas dos outros. O nativo precisa aprender a relaxar suas expectativas e a aceitar que a perfeição é uma ilusão. Ao invés de se concentrar nos defeitos ou nas falhas, o nativo deve cultivar a compaixão por si mesmo e pelos outros, reconhecendo que todos têm limitações e que isso faz parte da experiência humana.

Uma abordagem prática é desenvolver a habilidade de distinguir entre o que realmente importa e o que é secundário, liberando-se da necessidade de controle absoluto sobre todos os aspectos da vida. Isso pode incluir aprender a delegar responsabilidades, aceitar ajuda e permitir que as coisas sigam seu curso natural, sem tentar manipular ou corrigir cada detalhe.

O trabalho de cura também envolve a aceitação do próprio valor intrínseco, independentemente da utilidade ou do serviço que presta aos outros. Isso pode ser feito ao encontrar um equilíbrio saudável entre servir aos outros e cuidar de si mesmo. Práticas como meditação, yoga e qualquer atividade que promova o bem-estar físico e mental podem ser particularmente benéficas.

Desenvolver uma rotina de autocuidado e se permitir momentos de descanso e relaxamento são cruciais para a cura. Ao reconhecer que seu valor não depende de ser perfeito ou de estar sempre servindo aos outros, o nativo pode liberar a necessidade de autocrítica e abraçar uma vida mais equilibrada e harmoniosa.

As profissões que podem ser curativas para alguém com Quíron retrógrado em Virgem envolvem cura, organização e serviço, tais como: terapeuta holístico, nutricionista, consultor de bem-estar, instrutor de yoga, organizador profissional, terapeuta ocupacional, professor de saúde e qualquer função nessa área.

Essas carreiras permitem ao nativo aplicar suas habilidades naturais de cuidado e atenção aos detalhes de maneira construtiva, ajudando os outros a melhorarem sua vida enquanto trabalha na aceitação de suas próprias imperfeições e na cura de suas feridas interiores.

Quíron retrógrado em Libra

Feridas

Quíron retrógrado em Libra traz à tona feridas profundas relacionadas a relacionamentos, equilíbrio e justiça. Em vidas passadas, o nativo pode ter experimentado relacionamentos marcados por desequilíbrios importantes, como falta de reciprocidade ou situações em que foi incapaz de estabelecer a harmonia desejada. Essas experiências podem ter deixado uma marca, fazendo com que o nativo carregue, nesta vida, uma sensação de que nunca conseguirá encontrar o equilíbrio perfeito ou o relacionamento ideal.

Há uma tendência a internalizar os problemas dos outros, acreditando que é sua responsabilidade manter a paz e a harmonia a qualquer custo. Isso pode levar a uma dificuldade para estabelecer limites saudáveis e a uma tendência a se sacrificar em nome dos relacionamentos. O nativo pode sentir que, para ser amado ou aceito, precisa se moldar às expectativas dos outros, resultando em uma perda de identidade e autonomia.

Essa posição retrógrada de Quíron também pode indicar experiências passadas de injustiça, nas quais o nativo foi tratado de forma desigual ou foi incapaz de defender seus próprios direitos. Isso pode gerar uma profunda aversão a conflitos e uma busca incessante por justiça e equilíbrio, os quais, muitas vezes, parecem fora de alcance. A ferida pode se manifestar como medo da rejeição, dificuldade para tomar decisões ou tendência a evitar confrontos, mesmo quando necessário.

Caminhos de cura

A cura para Quíron retrógrado em Libra envolve o reconhecimento de que a perfeição nos relacionamentos e a justiça absoluta são ideais que, embora desejáveis, raramente são alcançados completamente. O nativo precisa aprender a aceitar as imperfeições nas parcerias e entender que o verdadeiro equilíbrio se dá quando ambas as partes podem ser autênticas, expressar suas necessidades e respeitar as diferenças.

O desenvolvimento de autoaceitação saudável é crucial para a cura. O nativo deve trabalhar para estabelecer sua identidade e seus valores independentemente da aprovação dos outros. Aprender a dizer "não" e a estabelecer limites claros é essencial para preservar sua energia e seu bem-estar emocional. A prática da assertividade, na qual o nativo expressa necessidades e sentimentos de maneira clara e respeitosa, é um passo importante para fortalecer sua autoconfiança e equilibrar suas relações.

A cura também pode ser encontrada ao abraçar o conflito como uma oportunidade de crescimento, ao invés de tentar evitá-lo a todo custo. Entender que o confronto, quando feito de maneira saudável, pode levar a relacionamentos mais autênticos e satisfatórios é uma lição importante. O nativo deve aprender que é possível discordar sem perder o amor ou o respeito, e que equilíbrio não é evitar o conflito, mas navegar através dele com maturidade e compreensão.

As profissões que podem ser curativas para alguém com Quíron retrógrado em Libra envolvem mediação, aconselhamento e busca por justiça e harmonia, por exemplo: mediador, terapeuta de casal, conselheiro, advogado especializado em direitos humanos, consultor de relacionamentos, diplomata e profissional de resolução de conflitos.

Essas carreiras permitem ao nativo aplicar suas habilidades naturais de mediação e busca por equilíbrio de maneira construtiva, ajudando os outros a encontrarem harmonia em sua vida enquanto trabalha na cura de suas próprias feridas relacionadas a relacionamentos e justiça.

Quíron retrógrado em Escorpião

Feridas

Quíron retrógrado em Escorpião aponta para feridas profundas e complexas, enraizadas em questões de poder, controle e transformação, bem como nos aspectos mais sombrios da existência humana. Em vidas passadas, o nativo pode ter vivido experiências intensas de perda, traição ou abuso de poder, as quais deixaram marcas profundas em sua psique. Isso pode ter gerado um medo profundo de ser vulnerável, levando o nativo a desenvolver mecanismos de defesa para evitar dor e sofrimento.

O nativo com Quíron retrógrado em Escorpião pode ter uma relação conflituosa com o poder, tanto em termos de exercer controle sobre os outros quanto em se sentir controlado ou manipulado. Pode haver uma tendência a temer a própria intensidade emocional, resultando em uma supressão de desejos profundos e paixões, ou, por outro lado, em uma busca obsessiva por controle e poder sobre circunstâncias e pessoas ao redor.

Essa posição também pode indicar dificuldades para lidar com temas como sexualidade, morte e renascimento. O nativo pode ter sofrido traumas relacionados a essas áreas, em vidas passadas, levando a uma resistência a se entregar completamente em relacionamentos íntimos ou a um medo profundo da perda e da morte. Pode haver uma sensação persistente de desconfiança, tanto em relação aos outros quanto a si mesmo, além de uma dificuldade para aceitar as transformações naturais da vida.

Caminhos de cura

A cura para Quíron retrógrado em Escorpião envolve o enfrentamento corajoso das próprias sombras e a aceitação de que o poder verdadeiro não reside no controle, mas na capacidade de se render à transformação. O nativo precisa aprender a confiar na vida, entendendo que crises e perdas são oportunidades de crescimento e renovação, e não ameaças à sua segurança e identidade.

É crucial que o nativo trabalhe para curar suas feridas emocionais profundas, talvez através de terapias que explorem o subconsciente, como a psicanálise ou a hipnose. Encarar os próprios medos, especialmente aqueles relacionados à vulnerabilidade e à intimidade, é um passo vital para a cura. O nativo deve aprender a confiar em si e nos outros, permitindo-se vivenciar a profundidade das emoções sem ser dominado por elas.

A prática do desapego, tanto material quanto emocional, pode ser transformadora. O nativo precisa aprender a deixar ir o que não serve mais ao seu crescimento, sejam pessoas, situações ou antigos padrões de comportamento. Aceitar a morte como uma parte natural do ciclo da vida, tanto literal quanto metaforicamente, pode trazer uma sensação de paz e libertação.

As profissões que podem ser curativas para alguém com Quíron retrógrado em Escorpião envolvem a exploração das profundezas da psique humana, a transformação e a cura, como, por exemplo, terapeuta sexual, psicoterapeuta, hipnoterapeuta, conselheiro de luto, investigador, profissional de investigação criminal ou forense, consultor em gestão de crises e especialista em áreas de transformação pessoal, como *coaching* de vida ou mentor espiritual.

Essas carreiras permitem ao nativo aplicar suas experiências e compreensões profundas de dor e transformação de maneira construtiva, ajudando os outros a navegarem por suas apagar crises e processos de cura, enquanto também trabalha na cura de suas próprias feridas relacionadas a poder, controle e vulnerabilidade.

Quíron retrógrado em Sagitário

Feridas

Quíron retrógrado em Sagitário revela feridas profundas relacionadas à busca por significado, envolvendo crenças, fé e necessidade de liberdade e expansão. Em vidas passadas, o nativo pode ter enfrentado situações em que suas crenças foram questionadas, ridicularizadas ou até mesmo violentamente reprimidas. Essas experiências podem ter gerado desconfiança em relação às próprias convicções e sensação de inadequação em relação à busca espiritual ou filosófica.

O nativo pode carregar uma dor relacionada à falta de direção na vida, sentindo-se perdido ou desconectado de um propósito maior. Pode haver uma sensação de frustração ao tentar encontrar uma verdade ou um caminho que faça sentido em sua jornada. O nativo pode se sentir limitado ou incapaz de explorar o mundo de forma plena, seja por barreiras externas ou por inseguranças internas, gerando um conflito entre o desejo de expansão e o medo de errar ou de não encontrar o caminho certo.

Além disso, Quíron retrógrado em Sagitário pode se manifestar como uma dificuldade em confiar na vida e nas suas experiências. O nativo pode duvidar da validade de suas próprias visões e intuições, levando a uma sensação de estagnação espiritual. O conflito entre a necessidade de liberdade e a responsabilidade, ou entre o desejo de seguir um caminho espiritual e as exigências da vida cotidiana, também pode ser fonte de sofrimento.

Caminhos de cura

A cura para Quíron retrógrado em Sagitário começa com a aceitação de que a jornada espiritual e a busca por significado não precisam seguir um único caminho ou se alinhar a uma única verdade. O nativo deve aprender a confiar em suas próprias experiências e visões, reconhecendo que o crescimento espiritual é um processo contínuo e pessoal, que pode ser moldado por diversas influências e perspectivas.

É importante que o nativo explore diferentes filosofias, religiões ou sistemas de crenças, sem se prender a um dogma específico. A flexibilidade intelectual e espiritual é indispensável para superar as feridas de Quíron em Sagitário. O nativo deve se permitir questionar, investigar e, acima de tudo, aceitar que a verdade pode ser multifacetada e estar em constante evolução.

O contato com a natureza, a prática de meditação, a participação em retiros espirituais ou viagens que ampliem sua compreensão do mundo podem ser extremamente curativos. O nativo também pode encontrar cura ao compartilhar seus conhecimentos e experiências com os outros, seja como professor, mentor ou guia espiritual, ajudando as pessoas em sua jornada de descoberta.

Além disso, desenvolver a confiança em suas intuições e visões é essencial. O nativo precisa aprender a valorizar sua própria sabedoria e a confiar que, mesmo quando a vida não segue um caminho claro, há aprendizado e crescimento em cada experiência.

As profissões que podem ser curativas para alguém com Quíron retrógrado em Sagitário envolvem a busca e o compartilhamento de conhecimento, como: professor de filosofia ou religião, orientador espiritual, guia turístico em locais sagrados, escritor de viagens, filósofo, conselheiro de vida, mentor espiritual, tradutor de textos sagrados, professor de idiomas ou culturas estrangeiras e mediador de conflitos inter-religiosos.

Essas carreiras permitem ao nativo explorar e expandir seus horizontes, enquanto ajuda os outros a encontrarem significado e propósito em sua vida, promovendo uma conexão mais profunda com o próprio caminho espiritual.

Quíron retrógrado em Capricórnio

Feridas

Quíron retrógrado em Capricórnio indica feridas profundas relacionadas a estrutura, responsabilidade, autoridade e necessidade de alcançar sucesso material e *status*. Em vidas passadas, o nativo pode ter enfrentado desafios em posições de responsabilidade ou autoridade, onde talvez tenha sentido que fracassou ou foi incapaz de cumprir suas obrigações de maneira satisfatória. Essas experiências podem ter gerado medo de ser incapaz de alcançar o sucesso, de falhar em suas metas ou de não ser visto como competente e respeitável.

O nativo pode carregar uma sensação de inadequação em relação à sua capacidade de lidar com responsabilidades ou de ocupar posições de liderança. A ambição pode ser acompanhada por um medo paralisante de não conseguir atender às expectativas, tanto as suas quanto as dos outros. Esse medo pode levar o nativo a evitar assumir responsabilidades ou, em alguns casos, a se sobrecarregar com tarefas na tentativa de compensar esse sentimento de insuficiência.

Além disso, Quíron retrógrado em Capricórnio pode se manifestar como uma dificuldade para encontrar e seguir uma direção clara na carreira. O nativo pode sentir que nunca encontra o caminho certo ou que as metas estabelecidas parecem sempre inatingíveis. Pode haver sensação de fracasso, mesmo quando o sucesso é alcançado, como se nada fosse suficiente para preencher o vazio interno relacionado à sensação de valor próprio.

Caminhos de cura

A cura para Quíron retrógrado em Capricórnio envolve a reavaliação das próprias expectativas e a redefinição do conceito de sucesso. O nativo precisa aprender que o valor não está apenas nas conquistas externas ou no reconhecimento social, mas também na capacidade de assumir responsabilidades de maneira autêntica e compassiva consigo mesmo.

É importante que o nativo desenvolva uma abordagem equilibrada em relação às suas ambições. Reconhecer que a excelência não exige perfeição e que cada passo dado em direção a uma meta, por menor que seja, é uma conquista válida é essencial para curar as feridas de Capricórnio. O nativo deve se permitir avançar em seu próprio ritmo, sem se comparar constantemente com os padrões externos de sucesso.

Trabalhar com a aceitação das próprias limitações e aprender a delegar responsabilidades também são passos importantes na jornada de cura. O nativo deve entender que não precisa carregar o mundo nas costas e que é saudável buscar ajuda quando necessário.

Práticas que reforçam a conexão com o próprio valor intrínseco, como meditação, terapia ou até mesmo atividades físicas que exigem disciplina, podem ser extremamente benéficas. Ao fortalecer sua autoestima e redefinir o que significa sucesso para si mesmo, o nativo pode encontrar satisfação mais profunda em suas realizações.

As profissões que podem ser curativas para alguém com Quíron retrógrado em Capricórnio envolvem responsabilidade e liderança, mas com uma abordagem mais compassiva e voltada para o crescimento pessoal e coletivo. Exemplos incluem: consultor de negócios, mentor de carreira, conselheiro de desenvolvimento pessoal, gestor de projetos sociais, terapeuta ocupacional, mentor de liderança, professor de ética e responsabilidade social, administrador de organizações sem fins lucrativos e terapeuta que trabalha com questões de autoimagem e autoestima.

Essas carreiras permitem ao nativo trabalhar suas próprias questões relacionadas à responsabilidade e ao sucesso, enquanto ajuda os outros a encontrarem equilíbrio e realização em sua vida profissional e pessoal.

Quíron retrógrado em Aquário

Feridas

Quíron retrógrado em Aquário traz feridas relacionadas a aceitação social, individualidade e capacidade de se sentir parte de um grupo ou comunidade. Em vidas passadas, o nativo pode ter experimentado exclusão, marginalização ou sentimento de não pertencimento a um grupo ou sociedade. Isso pode ter levado a uma profunda insegurança em relação à sua singularidade, bem como um medo de rejeição ao expressar suas ideias e inovações.

O nativo pode carregar uma sensação de alienação, como se estivesse sempre à margem, observando os outros de fora, mas nunca realmente participando. Essa ferida pode se manifestar como dificuldade para confiar nos outros, medo de ser incompreendido ou ridicularizado por ideias que pareçam muito à frente de seu tempo ou sentimento de solidão, mesmo quando cercado de pessoas.

Quíron retrógrado em Aquário pode criar um conflito interno entre o desejo de liberdade individual e a necessidade de se conectar e contribuir com o bem maior. O nativo pode sentir que precisa sacrificar sua individualidade para se encaixar em um grupo ou, inversamente, pode resistir a qualquer forma de conformidade, temendo perder sua identidade única.

Além disso, o nativo pode ter dificuldades para lidar com mudanças ou inovações, sentindo-se preso entre o desejo de explorar novas ideias e o medo de ser rejeitado por elas. Isso pode criar um bloqueio na expressão de sua originalidade e na capacidade de colaborar efetivamente em projetos coletivos.

Caminhos de cura

A cura para Quíron retrógrado em Aquário envolve a aceitação plena de sua individualidade e a compreensão de que a verdadeira contribuição ao coletivo vem de ser autêntico e fiel a si mesmo. O nativo precisa aprender a valorizar sua singularidade e a reconhecer que sua perspectiva única é uma força, e não uma fraqueza.

É essencial que ele encontre equilíbrio entre a expressão de sua individualidade e a participação em comunidades. Isso pode envolver a busca por grupos que valorizem a diversidade de pensamento e onde o nativo se sinta seguro para compartilhar suas ideias e inovações. Práticas de autoconhecimento, como meditação ou terapias alternativas, podem ajudar a fortalecer a autoconfiança e a capacidade de se conectar com os outros de forma mais autêntica.

A integração das próprias ideias e contribuições ao coletivo, sem medo de ser julgado ou rejeitado, é um passo importante para a cura. O nativo deve aprender a ver suas ideias como valiosas e dignas de serem compartilhadas, mesmo que sejam diferentes ou inconvencionais. Ao fazer isso, ele pode se libertar do medo da rejeição e encontrar um propósito maior em suas interações sociais e contribuições para a sociedade.

As profissões que podem ser curativas para alguém com Quíron retrógrado em Aquário envolvem inovação, colaboração social e promoção de diversidade e inclusão, por exemplo: facilitador de grupos de apoio, ativista social, mentor de inovação, organizador comunitário, terapeuta de grupo, conselheiro de diversidade, engenheiro social, consultor de mudanças organizacionais e líder de movimentos de justiça social.

Essas carreiras permitem ao nativo explorar sua singularidade enquanto ajuda a construir um mundo onde as diferenças são valorizadas e celebradas. Através dessas ocupações, ele pode curar suas próprias feridas de alienação e contribuir para o bem-estar coletivo, promovendo a aceitação e a integração de todos os indivíduos em suas comunidades.

Quíron retrógrado em Peixes

Feridas

Quíron retrógrado em Peixes traz à tona feridas profundas relacionadas a espiritualidade, compaixão e sensação de unidade com o universo. Em vidas passadas, o nativo pode ter experimentado desilusões espirituais, traições em contextos religiosos ou situações em que sua fé foi abalada ou explorada. Essa experiência pode ter gerado uma sensação de desconexão com o divino, levando a uma busca incessante por algo maior ou a uma tendência a se sacrificar em excesso, negligenciando suas próprias necessidades.

O nativo pode sentir vulnerabilidade extrema e sensibilidade psíquica que o tornam propenso a absorver dores e sofrimentos alheios. Isso pode criar um padrão de autoanulação em que ele sente que deve carregar o peso do mundo nas costas, muitas vezes se perdendo no processo. A tendência a se identificar como vítima ou mártir pode ser forte, levando a padrões de autossacrifício que não são saudáveis e que perpetuam o ciclo de dor.

Quíron retrógrado em Peixes também pode manifestar dificuldade para lidar com os limites entre o eu e os outros, resultando em uma confusão sobre onde termina a dor do outro e começa a sua. Essa confusão pode levar a um sentimento de culpa por não poder salvar ou ajudar todos ao seu redor, bem como a uma dificuldade para estabelecer fronteiras saudáveis nos relacionamentos.

O nativo pode sentir vazio espiritual, uma sensação de que está desconectado do universo ou de que a vida carece de sentido. Isso pode se manifestar como uma busca desesperada por respostas espirituais, levando-o a se envolver com práticas ou grupos que podem ser prejudiciais ou que podem explorá-lo.

Caminhos de cura

A cura para Quíron retrógrado em Peixes envolve a reconexão com a espiritualidade de forma saudável e equilibrada. O nativo precisa aprender a estabelecer limites claros entre sua própria energia e a dos outros, reconhecendo que não pode carregar o fardo do mundo sozinho. O desenvolvimento de práticas espirituais que fortalecem o senso de identidade e promovem autocuidado são cruciais.

É importante que o nativo reconheça o valor da compaixão direcionada a si mesmo e aos outros. Aprender a dar sem se esgotar e a ajudar sem se perder é uma lição fundamental. A prática de meditação, a conexão com a natureza e atividades que promovam paz interior e autocuidado podem ser extremamente benéficas.

O nativo também deve explorar a criatividade como forma de cura. A expressão artística, seja através da música, da pintura, da dança ou da escrita, pode ajudar a transmutar as dores e a encontrar um canal para expressar seus sentimentos mais profundos de maneira saudável. Ao reconhecer e trabalhar com seus dons espirituais e intuitivos, o nativo pode transformar a dor em sabedoria e serviço ao mundo, mas sem sacrificar sua própria saúde e bem-estar.

As profissões que podem ser curativas para alguém com Quíron retrógrado em Peixes envolvem cura espiritual, trabalho com o inconsciente e serviço compassivo, tais como: terapeuta holístico, conselheiro espiritual, artista, músico, terapeuta de arte, trabalhador humanitário, conselheiro de luto, curador energético, mediador de conflitos e assistente social.

Essas carreiras permitem ao nativo utilizar sua profunda sensibilidade e intuição para ajudar os outros, enquanto também aprende a proteger sua própria energia e a desenvolver um equilíbrio saudável entre dar e receber. Através dessas ocupações, o nativo pode transformar suas feridas espirituais em um caminho de serviço e cura, tanto para si mesmo quanto para os outros.

Quíron retrógrado na casa 1

Feridas

Quíron retrógrado na casa 1 indica feridas profundas relacionadas a autoimagem, identidade pessoal e a forma como o nativo se apresenta ao mundo. Essas feridas podem ter raízes em vidas passadas, quando o nativo pode ter enfrentado situações que prejudicaram seu senso de individualidade, talvez por ter sido reprimido, negligenciado ou forçado a se esconder por algum motivo.

Na vida atual, essa posição pode se manifestar como uma dificuldade para se aceitar plenamente, gerando um sentimento de inadequação ou insegurança sobre quem o nativo realmente é. Pode haver uma sensação constante de que há algo errado consigo, levando a uma busca incessante por validação externa ou, ao contrário, a uma tendência a se isolar e evitar o confronto com os outros.

O nativo com Quíron retrógrado na casa 1 pode sentir que não tem o direito de existir plenamente ou que sua presença não é importante. Isso pode gerar uma luta interna constante entre a necessidade de se afirmar e o medo de ser rejeitado ou criticado. Em alguns casos, a ferida pode se manifestar fisicamente, com o nativo desenvolvendo uma imagem corporal negativa ou lidando com questões de saúde que afetam sua aparência e autoestima.

A expressão do eu é um tema central, e o nativo pode ter dificuldade para se expressar de maneira autêntica, frequentemente adotando máscaras ou papéis que não refletem verdadeiramente quem ele é. Essa desconexão entre o eu interior e a forma como é percebido pelos outros pode gerar uma profunda sensação de solidão e desconforto.

Caminhos de cura

A cura para Quíron retrógrado na casa 1 envolve um processo profundo de autoaceitação e amor-próprio. O nativo precisa aprender a se ver como um indivíduo digno de existir e de ser amado, independentemente das falhas percebidas ou das expectativas alheias. Trabalhar na construção de uma identidade forte e positiva é crucial, e isso pode ser alcançado através de terapias que promovem o autoconhecimento e a cura emocional.

A prática de atividades que permitam ao nativo expressar sua individualidade de forma criativa e autêntica é fundamental. Seja através da arte, da escrita, do teatro ou de qualquer outra forma de autoexpressão, é importante que ele explore e celebre quem realmente é, sem medo do julgamento externo. Além disso, técnicas de cura energética e práticas espirituais que ajudem a fortalecer a conexão entre o corpo e a alma podem ser extremamente benéficas.

O nativo também deve trabalhar na aceitação de suas vulnerabilidades e imperfeições, reconhecendo que todos têm algo a curar e que isso não diminui seu valor como pessoa. Ao aprender a se amar e a se aceitar, ele pode transformar sua ferida em fonte de força, tornando-se um exemplo de como superar desafios relacionados à identidade e à autoestima.

Quíron retrógrado na casa 1 pode direcionar o nativo para profissões que envolvem a cura e o apoio ao desenvolvimento pessoal dos outros, como terapeuta, conselheiro, *coach* de vida, psicólogo, terapeuta corporal, instrutor de yoga, artista, ator, escritor, consultor de imagem e qualquer função que envolva a expressão criativa e a autotransformação.

Quíron retrógrado na casa 2

Feridas

Quíron retrógrado na casa 2 indica feridas profundas relacionadas a valor próprio, autoestima e segurança material. Essas feridas podem ter origem em vidas passadas, quando o nativo pode ter experimentado situações de perda, pobreza ou privação, as quais afetaram profundamente sua capacidade de se sentir seguro e digno. Na vida atual, essa posição pode se manifestar como uma dificuldade para reconhecer e valorizar os próprios talentos e recursos, gerando sensação de escassez ou medo de perder o que possui.

O nativo pode sentir que não merece ter estabilidade financeira ou conforto material, levando a padrões de autossabotagem ou a uma tendência a subestimar suas próprias capacidades. Pode haver um sentimento persistente de que nunca é o suficiente, não importa quanto dinheiro ou posses acumule. Em alguns casos, ele pode viver em um estado de preocupação constante com questões financeiras, o que pode minar sua capacidade de aproveitar plenamente a vida.

A relação com o dinheiro e os bens materiais pode ser complicada, com o nativo oscilando entre a extravagância e a privação. Pode haver uma tendência a doar ou gastar dinheiro impulsivamente para aliviar a dor interna ou, ao contrário, a acumular recursos por medo de que nunca terá o bastante. Esses comportamentos geralmente estão enraizados em uma baixa autoestima e em uma sensação de falta de valor pessoal.

Caminhos de cura

A cura para Quíron retrógrado na casa 2 é um processo profundo, que frequentemente remonta a padrões de vidas passadas. O nativo pode carregar memórias subconscientes de privações, traumas relacionados à autovalorização ou até experiências de escassez que moldaram crenças limitantes sobre merecimento e segurança material. Essas marcas podem se manifestar como dificuldades em reconhecer o próprio valor ou como uma relação desafiadora com bens materiais e dinheiro.

O nativo com Quíron retrógrado nesta posição é chamado a explorar profundamente suas feridas internas relacionadas à autoestima e ao valor pessoal. Essas questões podem surgir de crenças enraizadas em experiências passadas, como sentimentos de desmerecimento ou culpa. É fundamental que ele se permita questionar e reformular esses padrões, compreendendo que eles não definem seu verdadeiro valor.

A relação com o dinheiro e os bens materiais exige atenção especial. Quíron retrógrado nesta casa pode indicar extremos: desde compulsões para acumular riquezas como forma de compensar inseguranças até dificuldades em administrar recursos devido a medos inconscientes de perda. Trabalhar com práticas de conscientização financeira, como estabelecer orçamentos ou buscar orientação profissional, pode ser transformador. O nativo é chamado a enxergar o dinheiro não como um fim em si mesmo, mas como uma ferramenta para promover equilíbrio e bem-estar.

Outro ponto crucial é desvincular o senso de valor pessoal daquilo que se possui materialmente. Ao confrontar as feridas que apontam para uma autoimagem fragilizada, o nativo pode desenvolver uma percepção mais integrada de si mesmo, onde reconhece que seu valor vai além das posses e está enraizado em suas qualidades intrínsecas. Este processo de aceitação pode incluir terapias, meditações ou trabalhos introspectivos que permitam curar feridas emocionais e transcender limitações cármicas.

Quíron retrógrado na casa 2 frequentemente direciona o nativo para carreiras em que ele pode usar sua própria jornada de superação como inspiração para ajudar os outros. Áreas como *coaching* financeiro, terapia de autoestima, consultoria em prosperidade, terapias holísticas ou atividades criativas que promovam valor e segurança podem ser especialmente significativas. Além disso, funções que envolvam empoderamento material e a promoção do bem-estar, como trabalhos com práticas sustentáveis ou consultoria em organização de espaços, refletem as lições aprendidas em sua trajetória.

Ao alinhar suas lições cármicas com os aprendizados da vida presente, o nativo pode transformar Quíron retrógrado em uma fonte de profunda sabedoria sobre o verdadeiro valor das coisas. Essa integração pode não apenas curar suas feridas, mas também inspirar outros em sua jornada de autovalorização e segurança material.

Quíron retrógrado na casa 3

Feridas

Quíron retrógrado na casa 3 sugere feridas profundas relacionadas a comunicação, aprendizado e relações com irmãos, vizinhos e colegas próximos. Essas feridas podem ter raízes em vidas passadas, quando o nativo pode ter enfrentado dificuldades para se expressar, ser compreendido ou se conectar com as pessoas ao seu redor. Na vida atual, isso pode se manifestar como uma sensação de inadequação ao se comunicar, medo de não ser ouvido ou compreendido corretamente e dificuldades para articular pensamentos e sentimentos.

O nativo pode ter experimentado uma infância em que se sentiu ignorado ou desvalorizado em suas tentativas de comunicação. Isso pode ter criado um bloqueio na expressão verbal, levando a problemas na fala, na escrita ou na capacidade de se conectar com os outros de forma genuína. A presença de Quíron retrógrado aqui sugere que essas dificuldades podem ser exacerbadas por uma sensação interna de que, por mais que tente, nunca conseguirá transmitir suas ideias da maneira correta ou ser plenamente compreendido.

Além disso, as relações com irmãos ou colegas próximos podem ter sido marcadas por rivalidade, mal-entendidos ou sentimentos de inadequação. O nativo pode carregar um peso emocional em relação a essas conexões, sentindo que nunca foi capaz de se encaixar verdadeiramente ou de criar laços significativos. Essa ferida pode gerar a sensação de isolamento e a percepção de que o mundo ao seu redor é um lugar hostil ou indiferente.

Caminhos de cura

A cura para Quíron retrógrado na casa 3 começa com o desenvolvimento de uma comunicação autêntica e a superação de inseguranças relacionadas à expressão pessoal. O primeiro passo é reconhecer que suas dificuldades de comunicação são reflexos de experiências passadas que precisam ser compreendidas e curadas. Isso pode envolver um trabalho profundo de autoaceitação, no qual o nativo aprende a confiar em sua capacidade de se expressar, mesmo que isso signifique adotar formas alternativas de comunicação, como a escrita criativa, a arte ou a música.

O nativo também deve trabalhar na construção de relacionamentos mais saudáveis com irmãos e colegas, buscando resolver conflitos passados e criar novos padrões de interação. A prática da empatia, tanto em relação aos outros quanto a si mesmo, é essencial para esse processo de cura. Aprender a ouvir e a se expressar com clareza, sem medo de julgamento, permitirá ao nativo curar as feridas que limitam sua capacidade de comunicação.

É importante que ele encontre sua voz interior e desenvolva uma forma de comunicação que ressoe com sua verdade. Isso pode envolver o estudo de técnicas de comunicação, terapia da fala ou simplesmente a prática regular de expressar pensamentos e sentimentos de maneira segura e apoiada. À medida que o nativo se torna mais confiante em sua capacidade de se expressar, ele também pode ajudar os outros a superarem suas dificuldades de comunicação, tornando-se um guia ou mentor nesse processo.

Quíron retrógrado na casa 3 pode direcionar o nativo para profissões que envolvem a cura e o desenvolvimento da comunicação, como terapeuta da fala, fonoaudiólogo, escritor, poeta, jornalista, professor de línguas, conselheiro escolar, mentor de comunicação, terapeuta de arte, mediador de conflitos, terapeuta de grupos de apoio e outras funções que facilitam a expressão e a comunicação entre pessoas.

Essas carreiras permitem ao nativo usar sua experiência de cura pessoal para ajudar os outros a encontrarem sua voz e se comunicarem de forma mais eficaz e autêntica, promovendo a compreensão e o fortalecimento das conexões humanas.

Quíron retrógrado na casa 4

Feridas

Quíron retrógrado na casa 4 está relacionado a feridas profundas na área familiar e nas questões de segurança emocional e raízes. O nativo pode carregar traumas de vidas passadas que envolvem abandono, rejeição ou sentimento de não pertencimento à sua própria família. Essas feridas podem ter se manifestado na infância, com o nativo sentindo-se desconectado dos pais ou familiares, como se não houvesse um verdadeiro lar para ele.

Esse posicionamento pode indicar uma infância marcada por instabilidade, falta de segurança emocional ou vivência em um ambiente familiar que não proporcionou o apoio necessário. O nativo pode ter sentido que suas necessidades emocionais não foram atendidas, gerando uma profunda sensação de vulnerabilidade e medo de abandono. Em alguns casos, pode haver uma conexão com memórias inconscientes de perdas traumáticas ou desastres familiares de vidas passadas, que ressoam na vida atual como uma sensação persistente de insegurança ou desamparo.

Essa posição também pode indicar uma ferida relacionada ao pertencimento; o nativo sente que não se encaixa ou que não há um lugar onde possa se sentir em casa. Esse sentimento pode se estender para além da família, afetando sua capacidade de criar raízes (em qualquer lugar) ou de formar relacionamentos íntimos duradouros. A sensação de não ter um lar, seja emocional ou físico, pode levar a uma busca constante por um ambiente seguro e acolhedor, mas, ao mesmo tempo, um medo de se comprometer completamente com qualquer lugar ou pessoa.

Caminhos de cura

A cura para Quíron retrógrado na casa 4 envolve um trabalho profundo de reconciliação com as raízes familiares e o desenvolvimento de uma base emocional sólida. O primeiro passo é reconhecer e aceitar as feridas emocionais que surgem dessa posição, entendendo que elas são reflexos de experiências passadas, possivelmente de vidas anteriores, que precisam ser compreendidas e transformadas.

O nativo deve buscar criar um lar interno, um espaço dentro de si onde possa encontrar segurança e conforto, independentemente das circunstâncias externas. Isso pode envolver práticas de autocuidado, meditação e trabalho terapêutico para curar as memórias do passado e construir uma sensação de segurança emocional. Criar um ambiente físico que seja acolhedor e que reflita suas necessidades emocionais também é uma parte importante do processo de cura.

Além disso, é essencial trabalhar no perdão e na liberação de mágoas relacionadas à família. Isso pode significar perdoar os pais por não terem atendido às suas necessidades ou perdoar a si mesmo por carregar ressentimentos e culpas que já não servem a um propósito positivo. Reconhecer que todos os envolvidos têm suas próprias feridas e limitações pode ajudar a aliviar a dor e permitir que o nativo crie laços familiares mais saudáveis e significativos.

A cura de Quíron retrógrado na casa 4 também envolve a aceitação de que o verdadeiro lar está dentro de si mesmo. Ao construir uma base emocional sólida e encontrar segurança interior, o nativo pode superar o medo do abandono e do desamparo, além de começar a criar raízes saudáveis, tanto em termos emocionais quanto físicos. A partir desse ponto de equilíbrio, ele pode começar a ajudar os outros a encontrarem seu próprio sentido de lar e pertencimento.

Quíron retrógrado na casa 4 pode direcionar o nativo para profissões que envolvem cura emocional, trabalho com famílias e criação de ambientes seguros e acolhedores, como terapeuta familiar, conselheiro emocional, psicólogo, assistente social, terapeuta de traumas, especialista em Feng Shui, designer de interiores focado em criar ambientes confortáveis, conselheiro de adoção, trabalhador humanitário que lida com refugiados ou desabrigados e mentor para pessoas que buscam reconstruir sua vida emocional e familiar.

Essas carreiras permitem ao nativo usar suas próprias experiências de cura para ajudar os outros a encontrarem segurança e pertencimento, criando um lar emocional tanto para si mesmos quanto para os que amam.

Quíron retrógrado na casa 5

Feridas

Quíron retrógrado na casa 5 está relacionado a feridas emocionais profundas que envolvem a expressão criativa, a busca por prazer, o amor romântico e a relação com os filhos. O nativo pode carregar, de vidas passadas, memórias de rejeição ou fracasso em áreas onde buscava se destacar, como na arte, no amor ou em atividades criativas. Essas experiências podem se manifestar na vida atual como sensação de inadequação ou medo de se expressar plenamente.

O nativo pode sentir dificuldade para se permitir brincar, divertir-se ou simplesmente aproveitar os prazeres da vida. Pode haver um bloqueio criativo em que ele sente que não é bom o suficiente para expressar suas ideias ou talentos. Isso pode ser resultado de experiências passadas nas quais sua criatividade foi ridicularizada ou reprimida. A relação com os filhos também pode ser um ponto de dor, onde o nativo pode sentir que falha em ser o pai ou a mãe ideal, ou pode haver uma dificuldade em conceber filhos.

No campo do amor romântico, Quíron retrógrado na casa 5 pode se manifestar como um medo de se entregar plenamente ao amor, talvez devido a feridas de relacionamentos passados que ainda ressoam. O nativo pode atrair parceiros que espelham suas próprias inseguranças ou que não conseguem corresponder às suas expectativas. Há também o risco de idealizar o amor, buscando um romance perfeito que acaba por ser inatingível, resultando em frustração e desilusão.

Caminhos de cura

A cura para Quíron retrógrado na casa 5 envolve um processo de reconexão com a própria criança interior e a redescoberta da alegria e da espontaneidade. O nativo precisa aprender a se permitir brincar, criar e experimentar a vida de forma leve e prazerosa. Trabalhar com técnicas terapêuticas que envolvam a expressão criativa, como arteterapia, teatro ou dança, pode ajudar a liberar bloqueios criativos e permitir que o nativo recupere a confiança em sua capacidade de expressar sua singularidade.

Além disso, é importante trabalhar na aceitação das imperfeições — suas e alheias. No campo dos relacionamentos, o nativo precisa aprender a se abrir para o amor sem medo de ser ferido, reconhecendo que as feridas do passado não precisam determinar suas experiências futuras. Praticar o perdão, tanto em relação a si mesmo quanto aos outros, é essencial para liberar o peso das expectativas e permitir que o amor flua de forma mais natural e saudável.

No que diz respeito aos filhos, o nativo pode encontrar cura ao aprender a não projetar suas próprias inseguranças e frustrações neles, permitindo que desenvolvam sua própria identidade e expressão criativa. Se o nativo não tiver filhos, pode encontrar uma forma de canalizar esse instinto cuidador e criativo para outras áreas, como trabalhos com crianças, ensino ou atividades que envolvam a orientação e o apoio aos jovens.

Quíron retrógrado na casa 5 pode direcionar o nativo para profissões que envolvem a expressão criativa e o trabalho com crianças ou jovens, como terapeuta infantil, arteterapeuta, professor de artes, ator ou diretor de teatro, conselheiro de adolescentes, organizador de eventos recreativos, educador físico, treinador de esportes, psicólogo especializado em questões de criatividade ou desenvolvimento infantil e mentor em programas de desenvolvimento de talentos.

Essas carreiras permitem ao nativo usar suas próprias experiências de cura para ajudar os outros a explorarem e expressarem sua criatividade, para encontrar alegria e prazer na vida e desenvolver relacionamentos amorosos mais saudáveis e gratificantes.

Quíron retrógrado na casa 6

Feridas

Quíron retrógrado na casa 6 está associado a feridas ligadas a trabalho, saúde e senso de utilidade. O nativo pode ter trazido, de vidas passadas, experiências de subserviência, nas quais suas capacidades foram subutilizadas ou desvalorizadas. Essas memórias podem se manifestar na vida atual como uma dificuldade para encontrar satisfação profissional ou uma sensação de que seu trabalho não é reconhecido ou valorizado. Há também a possibilidade de o nativo ter uma tendência ao perfeccionismo, o que pode se transformar em autocrítica severa, dificultando o reconhecimento de suas próprias conquistas.

No campo da saúde, Quíron retrógrado na casa 6 pode indicar uma relação complicada com o corpo: o nativo pode ter problemas para manter hábitos saudáveis ou pode se preocupar excessivamente com doenças. Há uma tendência a absorver os problemas de saúde de outros, o que pode se manifestar como hipocondria ou preocupação excessiva com o bem-estar alheio, em detrimento do próprio.

O nativo pode se sentir preso em rotinas que parecem não ter sentido ou utilidade, o que pode gerar frustração e sentimento de inadequação. Esse posicionamento também pode indicar dificuldades para trabalhar em equipe, pois o nativo pode se sentir incompreendido ou subestimado por colegas e superiores.

Caminhos de cura

A cura para Quíron retrógrado na casa 6 envolve o desenvolvimento de uma relação mais equilibrada e saudável com o trabalho e a saúde. O nativo precisa aprender a reconhecer o valor de seu trabalho, mesmo que não receba o reconhecimento externo que deseja. Trabalhar em áreas que permitem o serviço aos outros, especialmente aquelas que envolvem a cura ou o cuidado, pode ser profundamente satisfatório e curador.

O nativo deve aprender a estabelecer limites claros para evitar que o trabalho ou as preocupações com a saúde dominem sua vida. Isso pode incluir a prática de técnicas de autocuidado, como meditação, yoga ou outras atividades que promovam o bem-estar físico e mental. Aprender a aceitar que a perfeição é inalcançável e que é suficiente fazer o melhor que pode em qualquer situação é um passo crucial para a cura.

Na esfera do trabalho, é importante que o nativo busque ambientes e atividades que estejam em alinhamento com seus valores pessoais e que ofereçam sensação de propósito. Encontrar uma rotina que permita a expressão de suas habilidades únicas e que esteja em sintonia com seu ritmo natural pode transformar o trabalho, indo de uma fonte de frustração a uma oportunidade de crescimento e realização.

Quíron retrógrado na casa 6 pode direcionar o nativo para profissões que envolvem o serviço aos outros e a promoção da saúde, como terapeuta ocupacional, nutricionista, *personal trainer*, enfermeiro, médico, fisioterapeuta, terapeuta holístico, instrutor de yoga, *coach* de bem-estar, conselheiro de saúde mental e gestor de projetos sociais.

Essas profissões permitem que o nativo utilize suas próprias experiências de cura para ajudar os outros a encontrarem equilíbrio em sua vida, promovendo hábitos saudáveis e descobrindo um senso de propósito no trabalho. Através dessas carreiras, o nativo pode transformar suas feridas em uma fonte de profunda sabedoria e orientação para aqueles que buscam melhorar sua vida e alcançar maior harmonia.

Quíron retrógrado na casa 7

Feridas

Quíron retrógrado na casa 7 está relacionado a feridas profundas que envolvem relacionamentos, parcerias e o próprio conceito de união. O nativo pode carregar, de vidas passadas, experiências traumáticas associadas a rejeição, abandono ou traição em relacionamentos significativos. Isso pode resultar em uma dificuldade para confiar nos outros ou em uma tendência a atrair parceiros que espelham essas mesmas feridas, criando um ciclo de dor e desilusão.

Há uma tendência a buscar relacionamentos para se sentir completo, mas, ao mesmo tempo, o nativo pode ter medo de se perder ou de se tornar excessivamente dependente do outro. Esse posicionamento pode gerar um dilema interno: o desejo de uma conexão profunda e significativa *versus* o medo de ser ferido ou rejeitado novamente. Como resultado, o nativo pode se ver oscilando entre a solidão e a busca incessante por uma parceria ideal, sem nunca encontrar um equilíbrio satisfatório.

Além disso, ele pode ter dificuldades para manter parcerias de negócios ou alianças estratégicas, muitas vezes sentindo que seus esforços não são devidamente reconhecidos ou valorizados. Pode haver uma sensação constante de insatisfação e frustração, pois o nativo acredita que está sempre dando mais do que recebe.

Caminhos de cura

A cura para Quíron retrógrado na casa 7 passa pelo desenvolvimento de uma relação mais saudável e equilibrada com o conceito de parceria. O nativo precisa aprender a curar suas feridas internas antes de buscar completude em outra pessoa. Isso pode envolver um profundo trabalho de autoconhecimento e aceitação, no qual o nativo aprende a reconhecer seu próprio valor, independentemente de estar em um relacionamento ou não.

É essencial que ele desenvolva a capacidade de estabelecer limites saudáveis em suas relações, evitando cair no padrão de sacrifício ou de dependência emocional. O trabalho de cura pode envolver a prática da autoafirmação e da comunicação aberta e honesta, em que o nativo expressa suas necessidades e expectativas de maneira clara, sem medo de rejeição.

Nos relacionamentos, é importante que ele aprenda a reconhecer quando está projetando suas próprias inseguranças no parceiro e trabalhe para resolver esses sentimentos internamente. A cura ocorre quando o nativo consegue estabelecer parcerias baseadas no respeito mútuo, na igualdade e no apoio recíproco.

Além disso, ele pode encontrar a cura através de atividades que envolvam o aconselhamento ou a mediação, usando sua própria experiência de dor para ajudar outros a superarem conflitos e encontrarem harmonia em suas relações.

Quíron retrógrado na casa 7 pode direcionar o nativo para profissões que envolvem a mediação e o apoio nas relações interpessoais, como terapeuta de casais, conselheiro matrimonial, mediador de conflitos, consultor de relações-públicas, advogado especializado em direito de família, *coach* de relacionamento, negociador, psicólogo especialista em terapia de grupo e organizador de eventos sociais.

Essas profissões permitem que o nativo utilize sua profunda compreensão das dinâmicas de poder e dor nos relacionamentos para ajudar os outros a encontrarem paz e equilíbrio em suas próprias parcerias. Através dessas carreiras, ele pode transformar suas feridas em uma fonte de empatia e orientação, promovendo a cura e a harmonia em várias formas de relacionamentos humanos.

Quíron retrógrado na casa 8

Feridas

Quíron retrógrado na casa 8 revela feridas profundas relacionadas a poder, controle, sexualidade, morte e transformação. Esse posicionamento sugere que, em vidas passadas, o nativo pode ter experimentado traumas envolvendo perdas, abuso de poder, segredos e questões de intimidade. Essas experiências podem ter deixado cicatrizes que influenciam sua vida atual, criando medos e ansiedades em torno desses temas.

O nativo pode sentir medo constante de ser traído ou manipulado, o que o leva a ter dificuldade para confiar plenamente nos outros. Pode haver obsessão por controle, tanto sobre si quanto sobre situações e pessoas ao redor, como forma de se proteger de possíveis ferimentos ou perdas. Essa necessidade pode se manifestar em relacionamentos íntimos, onde o nativo pode se sentir vulnerável e, ao mesmo tempo, resistir a se entregar completamente por medo de ser dominado ou ferido.

A casa 8 também rege os recursos compartilhados e o dinheiro de outras pessoas, e Quíron retrógrado, aqui, pode indicar feridas em relação a dependências financeiras ou conflitos sobre heranças e bens comuns. O nativo pode ter experiências difíceis envolvendo o manejo de recursos alheios, que trazem à tona sentimentos de inadequação ou impotência.

Caminhos de cura

A cura para Quíron retrógrado na casa 8 envolve enfrentar e transformar os medos profundos que cercam os temas de poder, intimidade e controle. O nativo precisa aprender a desapegar das necessidades obsessivas de domínio e a confiar no processo natural de vida e morte, aceitando que nem tudo pode ser controlado ou previsto.

Parte do caminho de cura envolve o desenvolvimento de uma intimidade saudável, na qual o nativo aprende a se entregar de forma segura e equilibrada em relacionamentos, permitindo-se ser vulnerável sem medo de ser ferido. O trabalho de cura pode envolver terapias que explorem traumas passados, especialmente aqueles relacionados a abusos ou perdas significativas, ajudando o nativo a processar e liberar essas energias retidas.

É importante também que o nativo aprenda a lidar com recursos compartilhados e finanças de forma positiva, desenvolvendo uma abordagem equilibrada e ética ao lidar com dinheiro de outros ou com heranças. Reconhecer seu próprio poder interno, sem recorrer a manipulações ou jogos de poder, é crucial para a cura.

A casa 8 também diz respeito a transformações profundas, e Quíron retrógrado neste ponto sugere que o nativo pode encontrar a cura através de práticas espirituais que envolvam a morte simbólica e o renascimento, como rituais de passagem, psicoterapia profunda ou práticas de meditação que permitam a integração das partes sombrias da psique.

Quíron retrógrado na casa 8 pode direcionar o nativo para profissões que envolvem a transformação e a cura profunda, como terapeuta sexual, psicoterapeuta especializado em traumas, conselheiro de luto, especialista em crises, hipnoterapeuta, terapeuta de regressão, conselheiro financeiro, administrador de heranças, investigador forense e especialista em assuntos esotéricos ou ocultos.

Essas carreiras permitem que o nativo utilize sua compreensão das profundezas da psique humana e dos processos de morte e renascimento para guiar os outros em sua jornada de cura e transformação. Assim, o nativo pode transmutar suas próprias feridas em fontes de sabedoria e empatia, ajudando os outros a encontrarem força e renovação em suas crises.

Quíron retrógrado na casa 9

Feridas

Quíron retrógrado na casa 9 revela feridas associadas a crenças, filosofias, educação superior, viagens e busca por significado na existência. Em vidas passadas, o nativo pode ter enfrentado situações nas quais suas crenças ou sua busca por conhecimento foram desafiadas, reprimidas ou ridicularizadas. Isso pode ter gerado uma sensação de inadequação em relação às suas próprias ideias e filosofias, levando-o a duvidar de sua capacidade de encontrar ou defender a verdade.

O nativo pode carregar uma sensação persistente de que suas visões do mundo não são compreendidas ou valorizadas, o que pode se manifestar como medo de expressar suas crenças ou compartilhar seu conhecimento. Pode haver hesitação em buscar educação formal ou em viajar para expandir seus horizontes, devido a experiências passadas de fracasso ou desapontamento nessas áreas.

Há também a possibilidade de que o nativo tenha sido forçado a seguir determinada doutrina ou filosofia em vidas anteriores, o que criou uma aversão subconsciente a qualquer tipo de crença ou sistema de educação que seja imposto. Esse conflito interno pode se traduzir em desconfiança em relação a instituições religiosas, acadêmicas ou filosóficas, além de dificuldade para encontrar um caminho espiritual ou intelectual que ressoe profundamente.

Caminhos de cura

A cura para Quíron retrógrado na casa 9 envolve a reconciliação com suas crenças e a confiança em sua própria busca por significado. O nativo precisa aprender a valorizar suas visões e a expressá-las sem medo de julgamento ou rejeição. Parte desse processo pode envolver a reavaliação de crenças herdadas ou impostas, permitindo-se a liberdade de explorar novas filosofias, religiões ou sistemas de pensamento que realmente ressoem com sua verdade interior.

A educação e as viagens podem servir como importantes ferramentas de cura. O nativo pode encontrar significado em retornar aos estudos ou em se abrir para experiências de aprendizado que expandam sua visão de mundo. Viagens, especialmente aquelas que envolvem imersão em culturas diferentes, podem ajudar a curar antigas feridas relacionadas à exploração e à compreensão do mundo.

Outro aspecto importante é a aceitação de que o caminho espiritual ou filosófico não precisa ser perfeito ou imutável. O nativo deve se permitir flexibilidade e abertura para crescer e mudar suas crenças ao longo do tempo, sem sentir que precisa aderir rigidamente a um único sistema de pensamento.

Quíron retrógrado na casa 9 pode direcionar o nativo para profissões que envolvem ensino, filosofia, teologia, viagens e intercâmbio cultural, nas quais ele pode compartilhar seu conhecimento e ajudar os outros a expandirem seus horizontes. O nativo pode ser excelente professor, especialmente em áreas que envolvem questionamento filosófico ou espiritual, ajudando os outros a encontrarem sua própria verdade. Também pode ser conselheiro espiritual ou mentor, guiando as pessoas em sua jornada de autoconhecimento e exploração interior.

Profissões relacionadas a viagens, como guia turístico, escritor de viagens ou coordenador de intercâmbios culturais, também podem ser benéficas, permitindo que o nativo utilize suas experiências e conhecimentos para ajudar os outros a explorarem o mundo e suas diversas culturas. Além disso, ele pode encontrar satisfação em trabalhos que envolvam a defesa da liberdade de crença, a promoção de educação acessível ou a criação de programas educacionais inovadores, os quais encorajam o pensamento crítico e a descoberta pessoal.

Quíron retrógrado na casa 10

Feridas

Quíron retrógrado na casa 10 sugere que as feridas relacionadas a sucesso, carreira e responsabilidade social têm raízes em vidas passadas. Em encarnações anteriores, o nativo pode ter enfrentado fracassos em posições de liderança ou vivido situações em que sua reputação e sua posição social foram comprometidas. Talvez tenha ocupado uma posição de grande responsabilidade, mas, por alguma razão, não conseguiu corresponder às expectativas impostas por si mesmo ou pelos outros, levando a uma sensação de fracasso ou de inadequação profunda.

Essas experiências passadas podem se manifestar nesta vida como medo inconsciente de assumir posições de liderança ou tendência a escolher carreiras que não refletem sua verdadeira essência. O nativo pode sentir que, por mais que se esforce, nunca alcançará o nível de sucesso desejado, repetindo um padrão de autossabotagem que impede a realização plena de seu potencial.

Caminhos de cura

A cura para Quíron retrógrado na casa 10 passa pela reconexão com as lições de vidas passadas, especialmente aquelas relacionadas ao uso do poder, a responsabilidades e reputação. O nativo precisa se libertar do medo de falhar e reconhecer que a perfeição não é o objetivo. Em vez disso, o verdadeiro sucesso vem da autenticidade e da integridade, do alinhamento entre os valores pessoais e as ações no mundo.

Nesta vida, o nativo é chamado a redefinir o que significa sucesso, afastando-se dos padrões rígidos que podem ter sido internalizados em vidas passadas. A cura envolve a aceitação de que o fracasso é parte natural do crescimento e de que cada experiência, mesmo desafiadora, traz oportunidades de aprendizado e evolução espiritual.

Ao compreender que a responsabilidade e a liderança podem ser exercidas com compaixão e sabedoria, o nativo pode começar a transformar suas feridas em uma força poderosa para guiar e inspirar outras pessoas. A integração das lições cármicas pode permitir que ele utilize seu dom de cura para ajudar outros a encontrarem seu caminho no mundo profissional, oferecendo suporte onde, antes, ele próprio sentia carência.

Quíron retrógrado na casa 10 pode direcionar o nativo para profissões que envolvem orientação, mentoria e cura em contextos profissionais, onde ele pode usar sua experiência de vida para guiar outros em sua carreira. Isso pode incluir funções como consultor de carreira, *coach* de desenvolvimento pessoal, terapeuta ocupacional, conselheiro empresarial ou qualquer profissão que permita ao nativo auxiliar outros a superarem suas inseguranças e bloqueios profissionais.

Além disso, ele pode se sentir atraído por papéis de liderança em projetos humanitários ou de serviço comunitário, onde sua sensibilidade às questões cármicas pode ser canalizada para o bem maior. Profissões como conselheiro espiritual, terapeuta de desenvolvimento pessoal ou educador em liderança e gestão também são áreas em que ele pode trazer um impacto significativo, ajudando a alinhar o sucesso externo com a evolução espiritual e cármica.

Quíron retrógrado na casa 11

Feridas

Quíron retrógrado na casa 11 aponta para feridas profundas, com raízes em vidas passadas, relacionadas a amizades, grupos e ideais coletivos. Em encarnações anteriores, o nativo pode ter experimentado traições ou rejeições em ambientes sociais, ou talvez tenha se sentido excluído de grupos importantes ou incapaz de pertencer a uma comunidade.

É possível que ele tenha sido um líder espiritual ou revolucionário cujas ideias foram rejeitadas ou mal compreendidas, causando dor e isolamento.

Essas experiências passadas podem ressurgir nesta vida como um sentimento de desconfiança ou inadequação em situações sociais, medo da rejeição ou dificuldade em encontrar um grupo com o qual realmente se identifique. O nativo pode lutar com sentimentos de não pertencimento ou acreditar que suas ideias e visões não serão aceitas pelos outros.

Caminhos de cura

A cura para Quíron retrógrado na casa 11 envolve a reconexão com o verdadeiro propósito de suas interações sociais e a compreensão de que a aceitação por parte de grupos não define seu valor pessoal. O nativo precisa curar as feridas cármicas de rejeição, reconhecendo que sua verdadeira força reside na autenticidade e na coragem de seguir suas convicções, mesmo que isso signifique ser diferente dos outros.

Nesta vida, o nativo é chamado a encontrar seu próprio caminho em relação aos grupos e às amizades, escolhendo associações que ressoem verdadeiramente com seus valores e ideais. A cura se dá quando ele aprende a contribuir com suas ideias e talentos únicos sem medo de rejeição, percebendo que a verdadeira acolhida começa com a autoaceitação.

Ao abraçar seu papel como inovador ou alguém com visão única, o nativo pode transformar suas experiências cármicas em um dom, ajudando a guiar outros em sua jornada social e espiritual. A chave está em encontrar grupos ou comunidades que compartilhem de sua visão e que apoiem sua evolução, ao invés de tentar se encaixar em moldes que não refletem sua verdadeira essência.

Quíron retrógrado na casa 11 pode direcionar o nativo para profissões que envolvem trabalho comunitário, inovação social e liderança em grupos ou movimentos de transformação coletiva. Isso pode incluir carreiras como facilitador de grupos de apoio, ativista social, organizador comunitário, líder de movimentos sociais ou conselheiro de jovens.

Além disso, ele pode encontrar sua vocação em áreas que permitam o uso de suas ideias inovadoras para o bem comum, como em profissões ligadas a tecnologia, ciência e futurismo, onde sua visão única pode trazer grandes contribuições. Consultor de inovação, *coach* de desenvolvimento coletivo ou líder em organizações não governamentais também são funções benéficas, permitindo que o nativo utilize suas experiências de vida para guiar grupos e comunidades em direção a um futuro mais harmonioso e alinhado com valores elevados.

Quíron retrógrado na casa 12

Feridas

Quíron retrógrado na casa 12 aponta para feridas profundamente enraizadas na psique e na alma, muitas das quais têm origem em vidas passadas. Nessa posição, as dores estão frequentemente relacionadas a sentimentos de isolamento, sacrifício e perda de conexão com o divino ou com a própria espiritualidade. Em encarnações anteriores, o nativo pode ter vivido como místico, curador ou alguém profundamente envolvido em práticas espirituais ou esotéricas, mas que sofreu perseguição, traição ou abandono devido a essas crenças.

Essas experiências podem ter gerado um medo inconsciente de acessar ou expressar suas habilidades espirituais e intuitivas nesta vida. O nativo pode se sentir desconectado do mundo, com tendência a se isolar ou a se perder em sentimentos de culpa, vergonha ou arrependimento por eventos passados que ele não consegue compreender totalmente. Existe a possibilidade de carregar um sentimento profundo de inadequação espiritual, como se algo estivesse faltando ou estivesse errado consigo mesmo.

Caminhos de cura

A cura para Quíron retrógrado na casa 12 envolve a integração consciente das experiências passadas, especialmente aquelas ligadas ao sofrimento espiritual e emocional. O nativo é chamado a enfrentar e liberar medos inconscientes que o mantêm prisioneiro de suas feridas cármicas. Isso pode envolver trabalho de cura profunda, como terapias de regressão, meditação e práticas espirituais que ajudem a reconectar-se com seu eu superior e a compreender o propósito das suas experiências passadas.

Aceitar que o sofrimento faz parte da jornada espiritual e que ele pode ser transformado em sabedoria e compaixão é fundamental para a cura de Quíron retrógrado na casa 12. O nativo precisa reconhecer que, apesar das feridas e da sensação de isolamento, ele tem um profundo potencial para curar a si mesmo e aos outros, especialmente através de práticas espirituais e de serviço altruísta.

A chave para a cura é deixar de lado a culpa e o autojulgamento, começando a ver suas experiências como um caminho para a evolução espiritual. Ao se reconectar com sua espiritualidade, o nativo pode transformar suas feridas em fonte de força e inspiração, não apenas para si, mas também para aqueles ao seu redor.

Quíron retrógrado na casa 12 pode direcionar o nativo para profissões que envolvem cura espiritual, trabalho com populações marginalizadas ou em sofrimento e exploração das dimensões mais profundas da psique, como terapeuta espiritual, conselheiro de dependências e terapeuta holístico. O trabalho em hospitais, prisões e asilos, onde o nativo pode ajudar aqueles que estão em situações de extrema vulnerabilidade, é altamente indicado.

Além disso, ele pode encontrar sua vocação em práticas esotéricas ou místicas, como a astrologia, a meditação guiada ou o xamanismo. Profissões que envolvam trabalho com sonhos, regressão a vidas passadas ou qualquer forma de cura energética também são benéficas. Ao trabalhar nessas áreas, o nativo tem a oportunidade de transformar suas próprias feridas em fonte de cura para os outros, realizando sua missão cármica de serviço e compaixão.

Breve resumo de Quíron em cada signo e casa

Quíron em Áries
Feridas ligadas à identidade e à capacidade de se afirmar. O nativo pode sentir que não tem o direito de ser quem é, enfrentando desafios para se expressar assertivamente.

Quíron na casa 1
Indica problemas relacionados à autoimagem e à autoestima. O nativo pode sentir dificuldades para ficar confortável em sua própria pele, necessitando aprender a se valorizar e a se expressar com autenticidade.

***

Quíron em Touro
Feridas relacionadas à autoestima, ao autovalor e à segurança material. O nativo pode ter dificuldades para confiar no próprio valor e para se sentir digno de abundância.

Quíron na casa 2
Associa-se a problemas com finanças, recursos materiais e autoestima. O nativo pode lutar para se sentir seguro financeiramente ou para reconhecer seu próprio valor.

***

Quíron em Gêmeos
Dificuldades na comunicação e expressão. O nativo pode sentir que suas ideias são subestimadas ou que não é ouvido pelos outros.

Quíron na casa 3
Indica desafios para se comunicar de forma clara e eficaz. O nativo pode enfrentar problemas com irmãos, vizinhos ou colegas, sentindo-se incompreendido.

***

Quíron em Câncer

Feridas emocionais ligadas à família e ao passado. O nativo pode ter experimentado carências emocionais ou traumas relacionados ao lar.

Quíron na casa 4

Associado a questões familiares e de origem. O nativo pode carregar feridas do ambiente doméstico e lutar para encontrar segurança emocional.

* * *

Quíron em Leão

Problemas relacionados à autoexpressão e ao reconhecimento. O nativo pode ter dificuldade para brilhar ou para ser reconhecido por seus talentos.

Quíron na casa 5

Indica desafios na autoexpressão criativa, no romance e na relação com crianças. O nativo pode sentir que sua criatividade é bloqueada ou que seus esforços amorosos não são valorizados.

* * *

Quíron em Virgem

Feridas ligadas ao perfeccionismo e à autocrítica. O nativo pode sentir que nunca é bom o suficiente, especialmente em relação aos detalhes e à ordem.

Quíron na casa 6

Relaciona-se a problemas de saúde, rotina e trabalho. O nativo pode ser muito crítico consigo ou com os outros, lutando para alcançar um padrão de perfeição inatingível.

* * *

Quíron em Libra

Dificuldades em relacionamentos e parcerias. O nativo pode sentir que nunca consegue encontrar o equilíbrio ou ser verdadeiramente apreciado pelos outros.

Quíron na casa 7

Indica feridas em relacionamentos íntimos e parcerias. O nativo pode enfrentar desafios para encontrar harmonia e reciprocidade nas suas relações.

***

Quíron em Escorpião

Feridas profundas relacionadas a controle, poder e sexualidade. O nativo pode ter medo da vulnerabilidade e do abandono.

Quíron na casa 8

Associa-se a questões de poder, transformação e sexualidade. O nativo pode lutar com sentimentos de impotência ou medo da intimidade.

***

Quíron em Sagitário

Dificuldades ligadas a crenças, filosofias de vida e busca de sentido. O nativo pode sentir que sua visão de mundo é constantemente desafiada ou subestimada.

Quíron na casa 9

Indica problemas relacionados a viagens, educação superior e fé. O nativo pode lutar para encontrar seu propósito ou um sentido para a vida, buscando incessantemente por respostas.

***

Quíron em Capricórnio

Feridas relacionadas à ambição e ao sucesso. O nativo pode sentir que nunca atinge seus objetivos ou que não é valorizado pelo que realiza.

Quíron na casa 10

Relaciona-se a desafios na carreira e na imagem pública. O nativo pode sentir que nunca alcança o sucesso desejado ou que sua contribuição não é reconhecida.

***

Quíron em Aquário

Dificuldades em pertencer a grupos e aceitar a individualidade. O nativo pode se sentir alienado ou incapaz de se integrar plenamente em contextos sociais.

Quíron na casa 11

Associa-se a questões com amigos, grupos e esperanças para o futuro. O nativo pode se sentir excluído ou incompreendido em contextos sociais e comunitários.

***

Quíron em Peixes

Feridas relacionadas à espiritualidade e à conexão com o divino. O nativo pode sentir que nunca encontra paz ou que é continuamente absorvido pelas dores do mundo.

Quíron na casa 12

Indica desafios com saúde mental, espiritualidade e reclusão. O nativo pode sentir um forte desejo de escapar da realidade ou de se sacrificar pelos outros, muitas vezes em detrimento de si mesmo.

***

CAPÍTULO 6

Aspectos de Quíron com cada Planeta

Vamos recapitular: a posição de Quíron no mapa natal mostra onde está nossa ferida. A partir do momento que tomamos conhecimento disso, enfrentamos essa ferida e encaramos o problema, passamos a ter a capacidade de resolver a questão e nos curar.

Geralmente, essa cura vem quando ajudamos outras pessoas com problemas nessa área. Por exemplo: quem tem Quíron na casa 3 tem dificuldades de comunicação e locomoção, além de desafios com irmãos e temas relacionados à casa 3 ou a Gêmeos. Se o nativo se dedicar a outras pessoas que estão com esse tipo de problema, ele aprenderá o caminho para sua própria superação. Este é o mito de Quíron: quando ele cura os outros, sua ferida deixa de incomodar.

Quíron costuma ter destaque no mapa dos curadores: na casa 6, na casa 10, retrógrado ou em aspecto com outros planetas. Também confirma alguma questão importante presente no mapa, indicada por outras posições.

Em linhas gerais, quando Quíron faz aspectos com outros planetas no mapa natal, ele ilumina áreas de dor, cura e crescimento espiritual relacionadas às energias desses planetas. Quíron atua como um ponto sensível que revela onde o nativo pode sentir feridas profundas, mas também onde há um grande potencial para desenvolver sabedoria, empatia e capacidades curativas.

- Aspectos com o Sol: Quíron em aspecto com o Sol pode indicar uma ferida no senso de identidade ou na expressão pessoal. O nativo pode ter dúvidas sobre sua importância ou valor, mas há potencial para se tornar guia ou mentor.
- Aspectos com a Lua: quando Quíron toca a Lua, as feridas emocionais ligadas à maternidade, à segurança e ao lar podem ser intensificadas. No entanto, o nativo pode desenvolver grande capacidade de empatia e compreensão.
- Aspectos com Mercúrio: Quíron em aspecto com Mercúrio pode indicar dificuldades de comunicação ou de aprendizado. Pode haver uma sensação de não ser compreendido ou de não conseguir expressar plenamente as ideias, mas, com o tempo, o nativo pode se tornar um excelente conselheiro ou comunicador.
- Aspectos com Vênus: com Vênus, Quíron pode trazer feridas relacionadas ao amor, à autoestima e aos relacionamentos. O nativo pode ter experiências de rejeição ou traição, mas também possui a capacidade de entender profundamente o valor do amor e da beleza, ajudando os outros a curarem suas feridas nesse âmbito.
- Aspectos com Marte: Quíron em aspecto com Marte pode indicar feridas ligadas à assertividade, à ação e ao uso do poder pessoal. O nativo pode lutar com questões de agressividade ou iniciativa, mas pode desenvolver uma força interior que o torna um defensor da justiça ou um curador em situações de conflito.
- Aspectos com Júpiter: quando Quíron toca Júpiter, há uma ferida associada à fé, ao otimismo ou às crenças pessoais. O nativo pode questionar suas próprias crenças ou se sentir traído por elas, mas há grande potencial para expandir a sabedoria espiritual e ser fonte de inspiração para os outros.
- Aspectos com Saturno: Quíron em aspecto com Saturno pode intensificar as questões relacionadas a responsabilidade, estrutura e disciplina. O nativo pode se sentir sobrecarregado

por deveres ou por uma sensação de inadequação, mas também pode se tornar um mestre na superação de dificuldades e na construção de uma vida estável e significativa.

- Aspectos com Urano: com Urano, Quíron pode trazer feridas relacionadas à individualidade, à liberdade e à inovação. Pode haver um conflito entre o desejo de ser único e a dor de ser diferente, mas esse aspecto também pode indicar um curador revolucionário que quebra padrões e traz mudanças significativas.
- Aspectos com Netuno: Quíron em aspecto com Netuno pode indicar feridas espirituais ou ligadas à confusão e à desilusão. O nativo pode lutar com sentimentos de perda ou falta de direção, mas também possui uma conexão profunda com o inconsciente coletivo e pode ser um canal de cura espiritual para os outros.
- Aspectos com Plutão: Quíron em aspecto com Plutão pode trazer à tona feridas ligadas a poder, controle e transformações profundas. O nativo pode passar por crises intensas de renascimento e cura, emergindo delas com uma força transformadora e a capacidade de guiar os outros através de mudanças profundas.

Esses aspectos revelam onde o nativo pode sentir as maiores dores, mas também onde possui o maior potencial de se curar e ajudar os outros a se curarem. Por ser um astro que nos puxa para a cura e a elevação espiritual, seus aprendizados sempre são desafiadores, mesmo quando em aspectos positivos com outros planetas.

O aspecto mais forte é a conjunção. Quíron vai mostrar frustrações em relação aos temas dos planetas, as quais devem ser trabalhadas e curadas para que possamos integrar e viver o aspecto luminoso dos astros. Quíron mostra onde nossa alma quer brilhar, mas, por alguma razão, não conseguiu fazê-lo no passado (em vidas anteriores ou na infância). A frustração segue até que as feridas sejam encaradas com amor e compaixão.

A seguir, falaremos de todos com mais detalhes, um a um. Vamos começar com os aspectos de Quíron com ascendente e meio do céu.

Quíron em conjunção, quadratura, trígono ou sextil com o ascendente

Conjunção

A conjunção de Quíron com o ascendente indica que as feridas e os temas de cura que Quíron representa estão profundamente enraizados na identidade e na maneira como o nativo se apresenta ao mundo. Ele pode carregar uma sensação de vulnerabilidade ou inadequação que é visível para os outros, mas essa posição também dá um grande potencial para curar a si mesmo e aos outros através da autenticidade e da aceitação das próprias imperfeições. As dificuldades pessoais podem ser mais aparentes para o nativo e para quem o rodeia, mas a jornada de cura é muito significativa. Essa posição pode transformar o nativo em um guia ou mentor natural, alguém que, ao trabalhar suas próprias feridas, é capaz de ajudar os outros em sua jornada de autodescoberta.

Quadratura

A quadratura de Quíron com o ascendente sugere tensão e desafios entre a identidade externa do nativo e as feridas internas. Ele pode sentir um conflito entre o desejo de se expressar e as inseguranças profundamente enraizadas. Isso pode resultar em comportamentos que oscilam entre a retração e a autoafirmação excessiva, enquanto o nativo luta para encontrar um equilíbrio. No entanto, superar esses desafios pode levar a um grande crescimento pessoal, fortalecendo a capacidade de se conectar com os outros de maneira mais empática e autêntica. A cura pode vir através do reconhecimento das próprias vulnerabilidades e da aceitação de que elas fazem parte de quem se é.

Trígono

O trígono de Quíron com o ascendente indica uma harmonia natural entre as feridas internas do nativo e a forma como ele se expressa no mundo. Ele demonstra uma habilidade inata para transformar suas dores em sabedoria e orientação para os outros. Essa configuração facilita a integração das lições de Quíron, permitindo que o nativo use sua experiência pessoal como força de cura, tanto para si quanto para os demais. Há uma capacidade de se apresentar de maneira genuína e compassiva, com uma compreensão profunda dos desafios da vida. O nativo é visto pelos outros como alguém que irradia uma aura de cura e aceitação.

Sextil

O sextil de Quíron com o ascendente oferece oportunidades para o nativo usar suas experiências de dor e cura de maneira construtiva em sua vida diária e em suas interações sociais. Embora as feridas de Quíron possam não ser tão aparentes quanto na conjunção ou na quadratura, o nativo tem facilidade para aplicar as lições aprendidas e para apoiar os outros em sua jornada de cura. Há um fluxo natural entre o que ele aprendeu com suas experiências e como ele se apresenta ao mundo. Esse aspecto sugere que o nativo pode encontrar maneiras criativas e eficazes de usar suas habilidades curativas em sua vida e na vida daqueles ao seu redor, com um toque de inspiração e humanidade.

Esses aspectos de Quíron com o ascendente sublinham a importância da cura, da aceitação e do crescimento pessoal no desenvolvimento da identidade e na forma como o nativo se relaciona com o mundo ao redor.

Quíron em oposição ao ascendente (*ou conjunção com o descendente*)

Quando Quíron está em oposição ao ascendente, ele se posiciona no descendente, que é a cúspide da casa 7. Esse aspecto sugere que as feridas e desafios de Quíron estão fortemente relacionados aos relacionamentos interpessoais, às parcerias e à forma como o nativo se relaciona com os outros. Quíron no descendente pode indicar dificuldades para estabelecer relações íntimas e equilibradas, fazendo o nativo se sentir vulnerável, rejeitado ou incompreendido nos relacionamentos. Ele pode atrair parceiros que refletem suas próprias feridas, o que pode levar a um ciclo de cura ou, se não for reconhecido, de perpetuação da dor.

O desafio é aprender a curar essas feridas através dos relacionamentos, reconhecendo que as parcerias podem ser um espelho das próprias vulnerabilidades. A dor sentida nos relacionamentos pode, na verdade, ser uma oportunidade de crescimento e cura mútua. Ao trabalhar para desenvolver a aceitação e a compaixão, tanto para si mesmo quanto para os outros, o nativo pode transformar seus relacionamentos em fontes de apoio e cura.

Quíron em oposição ao ascendente

Ele deve aprender a equilibrar suas necessidades individuais com as necessidades dos outros, evitando a tendência a buscar validação externa para curar suas próprias dores.

Quíron em conjunção, quadratura, trígono ou sextil com o meio do céu

Conjunção

Quando Quíron está em conjunção com o meio do céu, as feridas e desafios que ele representa têm um impacto direto na carreira, na imagem pública e nas aspirações de vida do nativo. Esse aspecto pode indicar uma busca constante por propósito e significado na carreira, muitas vezes impulsionada por uma sensação de inadequação ou uma ferida relacionada a autoridade, sucesso ou reconhecimento público. O nativo pode ter profunda necessidade de curar e orientar os outros em seu campo de atuação, usando suas próprias experiências como um caminho de cura. Há uma sensibilidade aumentada em relação à aceitação e ao *status*, o que pode levar a uma carreira em áreas de cura, orientação ou trabalho social. A trajetória profissional pode ser marcada por desafios iniciais, mas com o potencial de uma realização profunda ao transformar a dor em sabedoria e serviço aos outros.

Quadratura

A quadratura entre Quíron e o meio do céu sugere um conflito entre as feridas internas e as ambições ou responsabilidades profissionais do nativo. Ele pode enfrentar obstáculos em sua carreira, sentindo que não consegue se realizar plenamente ou que está sempre lutando contra sentimentos de inadequação. Esse aspecto pode indicar uma tensão contínua entre o desejo de alcançar algo significativo e as inseguranças profundas que impedem essa realização. No entanto, essa luta pode levar a um crescimento importante, à medida que o nativo aprende a lidar com suas vulnerabilidades e a integrá-las em sua vida profissional. O caminho para o sucesso pode ser sinuoso, mas, ao confrontar esses desafios, o nativo pode desenvolver uma carreira em sintonia com suas necessidades de cura e o apoio aos outros.

Trígono

Com Quíron em trígono com o meio do céu, há uma harmonia natural entre as experiências de dor e cura do nativo e sua trajetória profissional. Esse aspecto facilita o uso das lições aprendidas com Quíron de maneira construtiva na carreira, permitindo que o nativo se destaque em áreas onde a cura, o aconselhamento ou o serviço aos outros sejam centrais. O nativo pode ser visto como alguém que traz uma compreensão profunda e uma abordagem compassiva para seu trabalho, atraindo respeito e reconhecimento pela sua capacidade de transformar desafios pessoais em força profissional. A carreira pode se desenvolver de maneira fluida, com o nativo encontrando oportunidades para crescer e ajudar os outros ao longo do caminho.

Sextil

O sextil entre Quíron e o meio do céu oferece oportunidades para o nativo integrar suas experiências de dor e cura à vida profissional de maneira criativa e eficaz. Embora as feridas de Quíron possam não ser tão evidentes, o nativo tem uma habilidade natural para aplicar suas lições em seu trabalho e em sua imagem pública. Esse aspecto sugere que ele pode encontrar maneiras de usar suas habilidades curativas na carreira, talvez através de papéis que envolvam orientação, cura ou suporte emocional. O sextil facilita a expressão dessas qualidades, permitindo que o nativo contribua positivamente com o ambiente de trabalho e com a sociedade, sem sentir o peso das feridas de Quíron de maneira tão intensa.

Esses aspectos de Quíron com o meio do céu destacam a importância da cura e da aceitação na carreira e na imagem pública do nativo. Cada aspecto oferece uma perspectiva única sobre como as experiências de Quíron podem ser integradas de forma produtiva na vida profissional, proporcionando tanto desafios quanto oportunidades para o crescimento pessoal e profissional.

Quíron em oposição ao meio do céu *(ou conjunção com o fundo do céu)*

Quando Quíron está em oposição ao meio do céu, ele se posiciona no fundo do céu, que é a cúspide da casa 4. Esse aspecto sugere que as feridas de Quíron estão profundamente enraizadas no ambiente familiar e nas questões relacionadas à segurança emocional, às raízes e ao lar. O nativo pode carregar feridas relacionadas à infância, à relação com os pais (particularmente com a figura materna ou com a dinâmica do lar) ou a um sentimento de falta de pertencimento.

Quíron no fundo do céu pode indicar que o nativo sente uma dor oculta relacionada à sua base emocional, que pode se manifestar como uma dificuldade para se sentir seguro ou para criar um lar estável. Essas feridas podem vir à tona nas relações familiares ou na busca por segurança e estabilidade emocional. No entanto, esse posicionamento também oferece uma oportunidade para o nativo curar suas feridas através da reconciliação com o passado e da criação de um ambiente doméstico que promova a cura e o bem-estar emocional.

Assim, o foco está na cura das feridas relacionadas ao lar e à família. Há um conflito entre a vida pública e a vida privada, em que as questões não resolvidas do passado podem interferir no progresso profissional ou na construção de uma carreira. O nativo precisa integrar essas duas áreas, reconhecendo que a cura pessoal e a aceitação do passado são fundamentais para alcançar sucesso e realização no mundo exterior.

Aspectos de Quíron com a Lua

Quíron em conjunção com a Lua

Quando Quíron está em conjunção com a Lua no mapa natal, há uma forte ligação entre as feridas emocionais e as necessidades instintivas do nativo. A relação com a mãe pode ter sido particularmente desafiadora, com sentimentos de rejeição, abandono ou insatisfação emocional profundamente enraizados. O nativo pode ter assumido responsabilidades maternas desde cedo, muitas vezes antes de estar emocionalmente preparado para isso, o que pode ter deixado uma marca duradoura em sua psique. A tendência é que se torne extremamente sensível às demandas emocionais dos outros, mas negligencie suas próprias necessidades. Essa configuração pode levar a uma busca incessante por validação emocional e a um desejo profundo de ser necessário, frequentemente resultando em um papel de cuidador excessivamente zeloso.

Quíron em oposição à Lua

A oposição entre Quíron e a Lua sugere um conflito contínuo entre as necessidades emocionais do nativo e as feridas que carrega. Pode haver uma sensação constante de que suas demandas emocionais não são satisfeitas, muitas vezes projetando-as em outras pessoas, especialmente em figuras maternas ou em relacionamentos íntimos. Ele pode atrair pessoas que precisam de cuidados, refletindo seu próprio desejo não realizado de ser nutrido. No entanto, esse aspecto também oferece a oportunidade de cura profunda, à medida que o nativo aprende a equilibrar suas próprias carências com as dos outros, desenvolvendo uma compreensão mais compassiva e menos dependente dos laços emocionais.

Quíron em quadratura com a Lua

A quadratura entre Quíron e a Lua indica um intenso conflito interno relacionado às feridas emocionais. O nativo pode sentir que há uma tensão constante entre as necessidades emocionais — suas e dos outros — e a capacidade de supri-las. Esse aspecto pode se manifestar em comportamentos autossabotadores, nos quais o nativo tenta cuidar dos outros para evitar enfrentar suas próprias feridas emocionais. A pressão interna para se proteger das mágoas pode levar a reações emocionais exageradas, dificultando o estabelecimento de relacionamentos saudáveis e equilibrados. No entanto, ao confrontar essas tensões e trabalhar no desenvolvimento de maior autocompaixão, o nativo pode começar a curar as feridas profundas relacionadas à sua infância e ao relacionamento com a figura materna.

Quíron em trígono com a Lua

O trígono entre Quíron e a Lua sugere uma capacidade natural de transformar feridas emocionais em sabedoria e compreensão. O nativo tem uma empatia profunda e intuitiva, sendo capaz de sentir e entender as dores dos outros, muitas vezes oferecendo suporte emocional curativo. Esse aspecto facilita o processo de cura, tanto para o nativo quanto para aqueles ao seu redor, permitindo que as experiências emocionais difíceis sejam usadas para crescimento pessoal e espiritual. A conexão com a figura materna, apesar de poder ter sido desafiadora, é algo que o nativo aprende a integrar de maneira positiva, desenvolvendo uma relação saudável com suas próprias emoções e com o ato de cuidar dos outros.

Quíron em sextil com a Lua

O sextil entre Quíron e a Lua oferece uma oportunidade harmoniosa para a cura emocional. O nativo possui uma sensibilidade acentuada às necessidades emocionais dos outros e pode ser um excelente conselheiro ou cuidador. Esse aspecto sugere que, embora haja feridas emocionais relacionadas à infância e à figura materna, o nativo encontra formas construtivas de trabalhar essas questões, desenvolvendo uma compreensão emocional profunda e uma capacidade natural de suportar e nutrir os outros. O sextil facilita o crescimento pessoal e a cura, permitindo que o nativo use suas experiências emocionais de maneira positiva e edificante, tanto para si quanto para os outros.

Aspectos de Quíron com o Sol

Quíron em conjunção com o Sol

Quando Quíron está em conjunção com o Sol no mapa natal, a identidade do nativo está profundamente ligada a feridas e inseguranças. O nativo pode sentir que nunca é suficientemente bom ou que, por mais que se esforce, não consegue brilhar ou se destacar como gostaria. Essa ferida pode ter suas raízes em experiências na infância, especialmente advindas do relacionamento com o pai ou figuras de autoridade, quando o nativo pode ter sentido que não era valorizado ou que precisava se conformar às expectativas dos outros para ser aceito. Esse aspecto, porém, também oferece uma grande oportunidade de cura pessoal e de desenvolvimento de uma identidade mais autêntica e compassiva. O nativo pode descobrir que, ao aceitar suas imperfeições e trabalhar para curar suas feridas, ele desenvolve um brilho interno que é muito mais profundo e duradouro do que qualquer forma externa de reconhecimento.

Quíron em oposição ao Sol

A oposição entre Quíron e o Sol sugere um conflito interno significativo relacionado à identidade e ao propósito de vida. O nativo pode sentir que há uma divisão entre o que ele sente que é chamado a fazer e as feridas ou inseguranças que carrega. Essa oposição pode se manifestar como uma luta constante para encontrar equilíbrio entre as necessidades pessoais e a dor emocional que o impede de se expressar plenamente. Há uma tendência a projetar essas feridas em outras pessoas, especialmente em figuras paternas ou autoridades, o que pode levar a relacionamentos tensos e a dificuldades para se afirmar. No entanto, essa configuração também oferece a chance de um crescimento significativo, à medida que o nativo aprende a integrar suas feridas com sua identidade, utilizando-as como fonte de força e sabedoria.

Quíron em quadratura com o Sol

A quadratura entre Quíron e o Sol indica uma tensão interna entre a vontade de se expressar e a dor emocional que bloqueia essa expressão. O nativo pode sentir uma constante frustração com suas próprias realizações, acreditando que nunca é suficiente ou que está sempre sendo criticado ou julgado pelos outros. Esse aspecto pode criar uma sensação de alienação ou inadequação, onde o nativo luta para se encontrar ou para se sentir confortável em sua própria pele. No entanto, ao enfrentar esses desafios e trabalhar conscientemente para curar suas feridas, ele pode descobrir um caminho único para expressar sua identidade, o qual é, ao mesmo tempo, autêntico e profundamente transformador.

Quíron em trígono com o Sol

O trígono entre Quíron e o Sol sugere uma harmonia natural entre a identidade do nativo e suas feridas emocionais. Ele é capaz de transformar suas experiências dolorosas em uma fonte de sabedoria e compreensão, tanto para si quanto para os outros. Há uma capacidade inata de liderar e inspirar através do exemplo, mostrando como é possível superar dificuldades e se tornar uma pessoa mais completa e realizada. Esse aspecto facilita o processo de cura, permitindo que o nativo encontre maneiras criativas e eficazes de expressar sua identidade, mesmo em face das adversidades. A autoconfiança e a capacidade de autoafirmação são fortalecidas por uma compreensão profunda das próprias limitações e feridas, o que o torna um líder compassivo e eficaz.

Quíron em sextil com o Sol

O sextil entre Quíron e o Sol oferece uma oportunidade harmoniosa para integrar a identidade do nativo às suas experiências de dor e cura. Ele tem uma capacidade natural de trabalhar com suas feridas de maneira positiva, usando-as como trampolim para o crescimento pessoal e espiritual. Esse aspecto sugere que o nativo é capaz de encontrar formas criativas de expressar sua identidade, que são tanto autênticas quanto curativas. A presença de Quíron em sextil com o Sol pode indicar uma jornada de autodescoberta, onde o nativo aprende a brilhar de maneira única e genuína, atraindo outros com sua sabedoria e compaixão.

Aspectos de Quíron com Mercúrio

Quíron em conjunção com Mercúrio

Quando Quíron está em conjunção com Mercúrio, há uma ligação direta entre as feridas emocionais e a maneira como o nativo se comunica e processa informações. Ele pode ter enfrentado dificuldades na escola ou em outras situações de aprendizado, resultando em uma profunda insegurança sobre sua capacidade de se expressar claramente. Há uma tendência a duvidar de suas próprias ideias e a se autocensurar, especialmente em situações nas quais a clareza e a precisão são necessárias. No entanto, essa conjunção também oferece uma oportunidade para transformar tais inseguranças em uma fonte de força. O nativo pode desenvolver uma capacidade única de perceber e expressar verdades ocultas, bem como ajudar os outros a esclarecerem seus pensamentos e sentimentos.

Quíron em oposição a Mercúrio

A oposição entre Quíron e Mercúrio cria uma tensão entre a comunicação racional e as feridas emocionais do nativo. Pode haver uma luta interna constante entre o desejo de se expressar e o medo de ser mal interpretado ou rejeitado. Esse aspecto pode resultar em dificuldades de comunicação, pois o nativo se sente incapaz de expressar seus verdadeiros sentimentos ou de articular seus pensamentos de maneira clara. No entanto, ao trabalhar para integrar essas duas partes de si mesmo, ele pode aprender a usar a comunicação como ferramenta poderosa de cura, tanto para si quanto para os outros.

Quíron em quadratura com Mercúrio

A quadratura entre Quíron e Mercúrio indica uma forte tensão interna que afeta a maneira como o nativo se comunica e processa informações. Essa tensão pode se manifestar como dificuldade para expressar pensamentos e sentimentos, medo de ser incompreendido ou criticado, ou sensação de inadequação em ambientes intelectuais. O nativo pode ter um senso de humor cáustico ou uma tendência a usar a comunicação para se proteger, criando uma barreira contra a dor emocional. No entanto, ao enfrentar esses desafios, ele pode desenvolver uma profundidade de compreensão e uma habilidade única de comunicar verdades complexas de maneira acessível e significativa.

Quíron em trígono com Mercúrio

O trígono entre Quíron e Mercúrio sugere uma harmonia natural entre a mente do nativo e suas feridas emocionais. Ele possui uma habilidade inata para transformar suas experiências dolorosas em uma comunicação eficaz e curativa. Há uma facilidade em perceber os pensamentos e sentimentos alheios, o que pode torná-lo um conselheiro ou mediador eficaz. Esse aspecto também indica um talento para expressar ideias de maneira original e perspicaz, ajudando os outros a verem as coisas sob uma nova luz. A comunicação torna-se uma ferramenta poderosa de cura, tanto pessoal quanto coletiva.

Quíron em sextil com Mercúrio

O sextil entre Quíron e Mercúrio oferece uma oportunidade harmoniosa para o nativo integrar suas experiências de dor à sua capacidade de comunicação. Esse aspecto sugere que ele pode usar suas palavras e ideias para curar a si mesmo e aos outros, promovendo uma compreensão mais profunda das emoções e experiências humanas. O nativo tem um talento especial para ver através das aparências e expressar verdades que outros podem achar difíceis de articular. A comunicação é fluida e intuitiva, permitindo que ele toque os outros de maneira profunda e significativa.

Aspectos de Quíron com Vênus

Quíron em conjunção com Vênus

Quando Quíron está em conjunção com Vênus no mapa natal, há uma profunda conexão entre as feridas emocionais e a maneira como o indivíduo percebe e expressa amor, beleza e valores pessoais. Essa configuração indica uma sensibilidade acentuada à harmonia e à estética, permitindo que o nativo perceba a beleza em lugares e situações que outros podem ignorar. Pode haver uma tendência a se envolver em relacionamentos intensos e transformadores, buscando conexões que promovam crescimento pessoal e inspiração artística. No entanto, essas relações também podem trazer à tona dores profundas e desafios relacionados à autoestima e ao reconhecimento do próprio valor. O nativo pode sacrificar seus valores e necessidades em prol do outro, buscando incessantemente uma harmonia idealizada que pode ser difícil de alcançar. Trabalhar na valorização própria e no reconhecimento de seus talentos únicos é essencial para a cura e o equilíbrio nessas áreas da vida.

Quíron em oposição a Vênus

A oposição entre Quíron e Vênus sugere um conflito entre os desejos de amor e harmonia e as feridas emocionais profundas do indivíduo. Pode haver uma sensação de distância ou desconexão nas relações, com o nativo frequentemente atraindo parceiros que refletem suas próprias inseguranças e dores não resolvidas. Essa dinâmica pode resultar em padrões de relacionamento nos quais ele busca constantemente aprovação e validação externas, muitas vezes à custa de seu próprio bem-estar emocional. Há também uma tendência a idealizar o amor e os relacionamentos, levando a decepções e sentimentos de rejeição quando a realidade não corresponde às expectativas elevadas. A chave para a cura reside em aprender a estabelecer limites saudáveis, reconhecer e honrar os próprios valores e desenvolver um senso sólido de autoestima, independentemente da aprovação dos outros.

Quíron em quadratura com Vênus

A quadratura entre Quíron e Vênus indica tensão e desafios significativos na área dos relacionamentos e do amor-próprio. O nativo pode enfrentar conflitos internos relacionados à autovalorização e à capacidade de formar conexões harmoniosas com os outros. Experiências passadas de rejeição ou traição podem levar a medos profundos de intimidade e vulnerabilidade, manifestando-se como comportamentos defensivos ou padrões repetitivos de uniões insatisfatórias. Há também a possibilidade de conflitos entre o desejo de harmonia e a realidade das interações humanas, levando a frustrações e decepções. Esse aspecto convida o indivíduo a confrontar e trabalhar através dessas feridas, desenvolvendo uma compreensão mais profunda de si mesmo e aprendendo a criar vínculos mais equilibrados e satisfatórios, baseados em autenticidade e respeito mútuo.

Quíron em trígono com Vênus

O trígono entre Quíron e Vênus proporciona fluidez e harmonia natural na integração das experiências de dor emocional com a expressão de amor, beleza e valores pessoais. O nativo possui uma capacidade inata de transformar feridas e desafios relacionais em sabedoria e compaixão, tanto por si mesmo quanto pelos outros. Essa configuração favorece talentos artísticos e criativos, permitindo que ele canalize suas experiências emocionais para expressões estéticas profundas e curativas. Nos relacionamentos, há uma facilidade para compreender e apoiar os outros em seu processo de cura, criando conexões profundas e significativas. Esse aspecto sugere potencial elevado para desenvolver autoestima saudável e vínculos equilibrados, onde a vulnerabilidade é vista como uma força e uma fonte de conexão autêntica.

Quíron em sextil com Vênus

O sextil entre Quíron e Vênus indica oportunidades positivas de crescimento e cura nas áreas do amor, dos relacionamentos e da autoapreciação. O nativo tem a capacidade de reconhecer e valorizar a beleza nas imperfeições, tanto em si mesmo quanto nos outros, promovendo relacionamentos baseados em aceitação e compreensão mútua. Há abertura para aprender através das interações e experiências amorosas, utilizando desafios e dores passadas como catalisadores para desenvolvimento pessoal e enriquecimento emocional. Esse aspecto também favorece habilidades diplomáticas e mediadoras, permitindo que o indivíduo promova harmonia e resolução de conflitos nos ambientes em que atua. Cultivar e expressar os próprios valores e talentos artísticos contribui significativamente para o senso de realização e bem-estar, tanto no âmbito pessoal quanto nos relacionamentos interpessoais.

Aspectos de Quíron com Marte

Quíron em conjunção com Marte

Quando Quíron está em conjunção com Marte no mapa natal, há uma profunda ligação entre as feridas emocionais e a maneira como o indivíduo expressa assertividade, desejo de conquista e ação. Essa configuração pode indicar que ele experimentou, desde cedo, dificuldades para se afirmar ou lidar com a própria raiva e agressividade. Pode haver sensação de impotência ou medo de confrontos, o que pode levar o nativo a suprimir sua assertividade e ação direta ou, por outro lado, a agir de maneira impulsiva e descontrolada. Essa conjunção exige que ele aprenda a integrar de forma saudável a energia marciana, utilizando-a para defender seus interesses e tomar iniciativas sem medo de rejeição ou fracasso. A cura vem do desenvolvimento da autoconfiança e da habilidade de canalizar a energia de Marte de maneira construtiva, seja através de atividades físicas, de liderança ou de meditação sobre o poder interior.

Quíron em oposição a Marte

A oposição entre Quíron e Marte sugere um conflito entre o desejo de agir e se afirmar e as feridas emocionais relacionadas a experiências de agressão ou impotência. O nativo pode oscilar entre a passividade e a agressividade, sentindo dificuldade para encontrar um equilíbrio saudável na expressão da raiva e do poder pessoal. Esse aspecto pode se manifestar como um medo de entrar em confrontos ou de afirmar seus próprios desejos, ou, inversamente, como uma tendência a atrair ou provocar situações de conflito. O desafio é aprender a lidar com a raiva e a assertividade de forma consciente e equilibrada, reconhecendo que a verdadeira força vem da capacidade de se manter firme em suas convicções sem necessidade de dominar ou ser dominado. Trabalhar com artes marciais, esportes ou outras formas de atividade física pode ajudar a integrar essa energia de maneira positiva.

Quíron em quadratura com Marte

A quadratura entre Quíron e Marte indica uma tensão interna significativa entre a necessidade de agir e se afirmar e as dores emocionais subjacentes que impedem essa expressão plena. O nativo pode lutar com sentimentos de inadequação ou fracasso em suas tentativas de conquistar o que deseja, levando a padrões de comportamento autossabotadores ou a uma raiva mal direcionada. Esse aspecto pode criar uma dinâmica em que ele se sente constantemente em conflito com suas próprias ações, ora agindo de forma excessivamente agressiva, ora se retraindo por medo de causar dano ou rejeição. A cura exige que ele enfrente suas feridas relacionadas ao poder pessoal e aprenda a expressar sua assertividade de maneira que respeite tanto suas próprias necessidades quanto as dos outros. Trabalhar com técnicas de autoconhecimento e desenvolvimento da confiança é essencial para superar os desafios apresentados por essa quadratura.

Quíron em trígono com Marte

O trígono entre Quíron e Marte sugere uma harmonia natural entre a energia de ação e assertividade e a capacidade de curar feridas emocionais relacionadas à expressão pessoal. O nativo tem a habilidade de usar sua força e iniciativa para ajudar os outros a superarem suas dificuldades, enquanto também trabalha em suas próprias questões de autoafirmação. Esse aspecto facilita a canalização da energia marciana de forma construtiva e positiva, permitindo que o indivíduo se torne um líder natural, alguém que inspira e motiva através de seu exemplo.

A capacidade de agir com confiança e determinação é acentuada, e o nativo pode encontrar satisfação em atividades que envolvem a defesa de causas, a liderança em projetos ou o envolvimento em atividades físicas que promovam a saúde e o bem-estar.

Quíron em sextil com Marte

O sextil entre Quíron e Marte indica oportunidades positivas para usar a assertividade e a ação como ferramentas de cura, tanto para si quanto para os outros. O nativo tem a capacidade de identificar áreas de sua vida onde a energia de Marte pode ser aplicada para superar dificuldades e avançar em direção a seus objetivos. Há uma facilidade em trabalhar com conflitos de maneira construtiva, utilizando o poder pessoal de forma equilibrada e compassiva. Esse aspecto sugere que, ao longo da vida, o indivíduo pode desenvolver habilidades de mediação, liderança ou aconselhamento, por meio das quais sua experiência com desafios pessoais é transformada em sabedoria prática. O sextil oferece a possibilidade de integrar a energia de Marte de maneira que apoie o crescimento pessoal e promova o sucesso em empreendimentos que exigem coragem e determinação.

Aspectos de Quíron com Júpiter

Quíron em conjunção com Júpiter

Quando Quíron está em conjunção com Júpiter, há uma forte conexão entre as feridas emocionais do nativo e suas crenças, filosofia de vida e aspirações. Ele pode ter um profundo desejo de expandir seus horizontes, buscar a verdade e encontrar um sentido maior para a vida. No entanto, esse aspecto também pode indicar que as grandes expectativas e o otimismo natural do nativo foram, em algum momento, esmagados por experiências dolorosas, levando a crises de fé ou a uma busca incessante por respostas que parecem sempre fora de alcance. A cura para essa conjunção reside em aprender a integrar as lições das experiências dolorosas a uma visão de vida mais ampla e compreensiva. O nativo pode se tornar um sábio ou guia espiritual, compartilhando as lições que aprendeu através de suas próprias lutas.

Quíron em oposição a Júpiter

A oposição entre Quíron e Júpiter sugere um conflito entre a expansão e o otimismo de Júpiter e as feridas profundas simbolizadas por Quíron. O nativo pode sentir que, por mais que se esforce para expandir seus horizontes e alcançar grandes coisas, algo sempre o impede de atingir seu pleno potencial. Esse aspecto pode levar a uma sensação de frustração constante e a uma tendência a oscilar entre extremos de otimismo e pessimismo. Para curar essa ferida, é essencial que o nativo aprenda a reconhecer e aceitar suas limitações, entendendo que o crescimento real vem da integração dos altos e baixos da vida. O desenvolvimento de uma filosofia de vida que inclua a aceitação das imperfeições pode ser profundamente curador.

Quíron em quadratura com Júpiter

A quadratura entre Quíron e Júpiter indica uma tensão entre o desejo de expansão e os obstáculos internos que o nativo enfrenta. Ele pode lutar para encontrar sentido e propósito na vida, sentindo que suas aspirações são constantemente frustradas por questões emocionais não resolvidas. Pode haver uma tendência a exagerar nas expectativas, o que leva a decepções quando a realidade não corresponde às esperanças. A cura para essa quadratura vem através do reconhecimento dos próprios limites e da compreensão de que o crescimento espiritual e pessoal ocorre, muitas vezes, através de desafios e dificuldades. Ao encontrar um equilíbrio entre o idealismo de Júpiter e a realidade de Quíron, o nativo pode transformar suas lutas em sabedoria e inspiração para os outros.

Quíron em trígono com Júpiter

O trígono entre Quíron e Júpiter sugere uma harmonização entre o desejo de expansão e crescimento e a capacidade de curar feridas emocionais profundas. O nativo tem um talento natural para transformar suas experiências dolorosas em sabedoria prática, que pode ser compartilhada com os outros. Esse aspecto indica uma capacidade inata de encontrar significado em situações difíceis e de inspirar os outros a fazerem o mesmo. O nativo pode ser atraído por estudos filosóficos, religiosos ou espirituais, nos quais pode aplicar suas experiências de vida para ajudar os outros a encontrarem sentido e propósito. Esse é um aspecto que facilita o desenvolvimento pessoal e a capacidade de guiar os outros em sua jornada espiritual.

Quíron em sextil com Júpiter

O sextil entre Quíron e Júpiter oferece oportunidades para integrar as lições das feridas emocionais a uma visão de vida mais ampla e otimista. O nativo tem a capacidade de usar suas experiências de dor como trampolim para o crescimento espiritual e para o desenvolvimento de uma filosofia de vida que incorpore tanto a luz quanto a sombra da existência. Esse aspecto sugere que, ao longo da vida, ele encontrará maneiras de usar suas experiências para ensinar e inspirar os outros, talvez através do ensino, da escrita ou do trabalho comunitário. A cura ocorre quando ele aprende a equilibrar seu desejo de expansão com a necessidade de introspecção e autocompreensão.

Aspectos de Quíron com Saturno

Quíron em conjunção com Saturno

Quando Quíron está em conjunção com Saturno, o nativo pode carregar sensações profundas de inadequação e medo de fracasso, especialmente em áreas da vida que envolvem responsabilidade e autoridade. Essa conjunção frequentemente indica uma infância marcada por exigências rígidas ou falta de apoio emocional, muitas vezes relacionadas à figura paterna. O nativo pode ter sido forçado a amadurecer cedo demais ou a carregar um fardo de responsabilidades que se sentiu incapaz de suportar. Como resultado, pode desenvolver autocrítica severa e aversão ao risco, preferindo se manter dentro de zonas seguras para evitar a possibilidade de falhar.

Ele deve aprender a ser gentil consigo mesmo, reconhecendo que ninguém é perfeito e que falhas fazem parte do crescimento. A chave para a cura está na aceitação das próprias limitações e na busca de equilíbrio entre o que ele espera de si mesmo e o que é realisticamente possível. Essa conjunção também pode proporcionar uma oportunidade para transformar a dor em sabedoria, ajudando o nativo a se tornar uma fonte de apoio e estrutura para os outros.

Quíron em oposição a Saturno

Na oposição entre Quíron e Saturno, o nativo pode se sentir constantemente dividido entre a necessidade de segurança e estabilidade e a dor causada por sentimentos de rejeição ou inadequação. Esse aspecto sugere um conflito interno significativo, onde o nativo pode sentir que suas feridas emocionais estão em desacordo com as expectativas de figuras de autoridade ou com as responsabilidades que assumiu. Pode haver uma sensação de que nunca está à altura do que é exigido, levando a uma frustração constante e a uma luta para encontrar um sentido de autovalor.

A oposição pede ao nativo que aprenda a equilibrar as necessidades internas com as demandas externas. A cura começa com a aceitação de que a vulnerabilidade e a força não são mutuamente exclusivas. O desafio é integrar essas duas partes de si mesmo, reconhecendo que é possível ser firme e, ao mesmo tempo, compassivo consigo. Essa integração pode levar a uma nova compreensão do que significa ser responsável, não apenas pelos outros, mas também por si próprio.

Quíron em quadratura com Saturno

A quadratura entre Quíron e Saturno indica uma tensão significativa entre a dor emocional e as exigências da vida prática. Esse aspecto sugere que o nativo pode enfrentar desafios constantes ao tentar conciliar suas feridas internas com as responsabilidades e expectativas externas. Há uma sensação de que a vida é uma luta constante, onde o sucesso e a realização parecem sempre fora de alcance, devido a uma profunda insegurança e medo do fracasso.

O nativo pode se sentir preso em um ciclo de autocrítica, onde qualquer erro ou falha é visto como uma confirmação de sua inadequação. A quadratura exige trabalho árduo para superar essas barreiras internas, e a cura vem através da prática da autocompaixão e do desenvolvimento de uma abordagem mais flexível e adaptável. O nativo precisa aprender a valorizar suas realizações, por menores que sejam, e a reconhecer que o progresso é um processo gradual. Esse aspecto também pode trazer uma força interior importante, que se manifesta quando o indivíduo começa a abraçar suas vulnerabilidades como parte de sua jornada pessoal.

Quíron em trígono com Saturno

Quando Quíron e Saturno estão em trígono, há um fluxo mais harmonioso entre as lições de vida e as feridas emocionais. Esse aspecto sugere que o nativo tem uma capacidade natural de integrar suas experiências difíceis, de maneira a fortalecer seu caráter e resiliência. O trígono proporciona uma base sólida para a cura, onde a disciplina e a estrutura de Saturno são usadas de forma construtiva para lidar com as vulnerabilidades trazidas por Quíron.

O nativo pode descobrir que suas experiências passadas, por mais dolorosas que tenham sido, agora servem como fonte de sabedoria e orientação. Há uma aceitação mais fácil das limitações e um entendimento de que elas podem ser transformadas em forças. O trígono entre Quíron e Saturno também sugere que o nativo pode se tornar uma fonte de apoio e orientação para os outros, ajudando-os a encontrar um caminho de cura através de suas experiências. Esse aspecto promove uma abordagem madura e compassiva com a vida, na qual ele encontra segurança e autoconfiança ao enfrentar desafios.

Quíron em sextil com Saturno

O sextil entre Quíron e Saturno oferece oportunidades para o nativo trabalhar de forma produtiva e equilibrada com suas feridas emocionais. Esse aspecto sugere que, embora os desafios estejam presentes, ele possui uma disposição natural para aprender e crescer a partir das experiências difíceis. O sextil cria uma ponte entre a dor e a cura, permitindo que se utilizem as lições de vida para construir uma base mais forte e segura.

Com o sextil, ele pode encontrar apoio em figuras de autoridade ou em sua própria capacidade de estruturar e organizar sua vida, de maneira que promova a cura. Há uma abertura para aceitar as limitações e usá-las como ferramentas de crescimento pessoal. A cura com esse aspecto vem através da paciência e da disposição para trabalhar dentro dos limites estabelecidos, sem perder de vista as metas de longo prazo. O sextil sugere que, ao aceitar as dificuldades e usá-las como catalisadores para a mudança, o nativo pode alcançar um senso mais profundo de realização e autoaceitação.

Aspectos de Quíron com Urano

Quíron em conjunção com Urano

A conjunção entre Quíron e Urano pode trazer uma intensa necessidade de liberdade pessoal e de ruptura com padrões convencionais. O nativo tende a sentir que sua própria identidade é incomum ou excêntrica, o que pode ser tanto fonte de grande força e originalidade quanto de profunda dor, caso a diferença seja rejeitada pelos outros. Esse aspecto pode conferir grande potencial para a cura inovadora, tanto em si mesmo quanto nos outros, através de métodos não convencionais. No entanto, há também o risco de afastamento emocional, pois a necessidade de liberdade pode levar a uma desconexão das emoções e do corpo.

Quíron em oposição a Urano

A oposição entre Quíron e Urano pode indicar uma intensa luta interna entre a necessidade de pertencimento e a compulsão por individualidade. Esse aspecto reflete a história mitológica de Quíron, que foi rejeitado pela mãe por ser diferente. O nativo pode sentir que é profundamente diferente ou estranho e, por isso, teme ser excluído ou incompreendido. Isso pode levar ao comportamento de rebelião ou ao isolamento, quando ele se afasta dos outros para evitar a dor da rejeição.

É comum que o nativo sinta que não se encaixa no sistema social tradicional e, por isso, busque grupos ou causas que reflitam sua visão única de mundo. A dor de Quíron nessa posição está ligada à ferida da rejeição por ser diferente, que pode ter raízes em experiências de infância nas quais ele se sentiu excluído ou marginalizado em função de suas ideias ou de seus comportamentos incomuns.

A cura para esse aspecto passa pelo reconhecimento e pela aceitação da própria individualidade. O nativo precisa aprender a integrar sua originalidade ao desejo de se conectar com os outros, sem a necessidade de se conformar ou de se isolar completamente. A aceitação de sua própria diferença e a percepção de que ela pode ser uma força transformadora é crucial para a cura.

Quíron em quadratura com Urano

A quadratura entre Quíron e Urano pode criar uma tensão constante entre o desejo de liberdade e a dor da exclusão. O nativo pode se sentir compelido a desafiar normas sociais, o que pode gerar conflitos e situações de rejeição. Essa tensão pode ser difícil de suportar, levando a crises de identidade e a um comportamento errático. No entanto, essa mesma tensão pode ser uma poderosa força de transformação, tanto para o nativo quanto para aqueles ao seu redor, especialmente se ele aprender a canalizar essa energia para formas construtivas de expressão pessoal e inovação.

Quíron em trígono com Urano

O trígono entre Quíron e Urano sugere uma integração harmoniosa entre a individualidade e a cura. O nativo pode encontrar maneiras inovadoras de lidar com a dor e de ajudar os outros a fazerem o mesmo. Há uma capacidade natural de aceitar e até mesmo celebrar as diferenças, tanto em si mesmo quanto nos demais. Esse aspecto pode indicar um curador ou professor que usa métodos não convencionais para ajudar as pessoas a se libertarem de velhos padrões e a encontrarem sua própria identidade única.

Quíron em sextil com Urano

O sextil entre Quíron e Urano oferece oportunidades para o nativo utilizar sua originalidade de maneira construtiva e curativa. Esse aspecto facilita a aceitação das próprias excentricidades e a aplicação dessas qualidades para ajudar os outros a se libertarem de suas limitações. O nativo pode sentir um forte impulso para inovar em áreas de cura, tanto física quanto emocionalmente, e pode se destacar em campos que exigem uma abordagem não convencional.

Aspectos de Quíron com Netuno

Quíron em conjunção com Netuno

A conjunção de Quíron com Netuno pode trazer uma sensibilidade espiritual extremamente acentuada. O nativo pode ter fácil acesso ao mundo dos sonhos, da imaginação e da fantasia. Há uma tendência a misturar realidade com imaginação, tornando difícil para o indivíduo distinguir entre o que é real e o que é fantasioso. Isso pode levar a desafios na vida prática, onde o nativo pode sentir que seus desejos e aspirações espirituais não se concretizam como imaginado. A cura para esse aspecto reside em encontrar formas de canalizar essa rica imaginação para expressões criativas como a arte, o cinema ou a escrita, onde a fusão entre o real e o imaginário pode ser celebrada e não reprimida.

Quíron em oposição a Netuno

A oposição entre Quíron e Netuno pode criar uma sensação de profunda desconexão entre o mundo espiritual e o mundo material. O nativo pode lutar para equilibrar suas aspirações espirituais com as exigências práticas da vida cotidiana. Há uma tendência a idealizar situações e pessoas, o que pode levar a grandes decepções. O indivíduo pode oscilar entre se sentir uma vítima das circunstâncias ou mergulhar em comportamentos escapistas, como o uso de drogas ou a imersão em fantasias. A cura para esse aspecto envolve a aceitação das limitações da realidade material e a busca por formas de incorporar suas aspirações espirituais de maneira prática e realizável.

Quíron em quadratura com Netuno

A quadratura entre Quíron e Netuno pode gerar uma tensão constante entre a necessidade de cura espiritual e as ilusões ou enganos que o nativo pode nutrir. Esse aspecto pode indicar uma tendência a ser enganado por outros ou a se enganar, especialmente em questões espirituais ou emocionais. O desafio, aqui, é aprender a discriminar entre o que é verdadeiramente curador e o que é ilusório. A cura pode vir através da prática da autorreflexão e do desenvolvimento de uma visão mais clara e realista do mundo e de si mesmo.

Quíron em trígono com Netuno

O trígono entre Quíron e Netuno sugere uma capacidade natural de integrar as dimensões espirituais e materiais da vida. O nativo pode ter uma habilidade especial para curar através de métodos espirituais ou criativos, como a meditação, a arte ou a música. Há uma sensibilidade refinada e uma compaixão profunda que permite entender e aliviar o sofrimento alheio. Esse aspecto também pode indicar uma conexão intuitiva com o inconsciente coletivo, permitindo ao nativo ser um canal de cura espiritual para os outros.

Quíron em sextil com Netuno

O sextil entre Quíron e Netuno oferece oportunidades para o nativo usar sua sensibilidade espiritual de maneira construtiva. Esse aspecto sugere que ele pode facilmente conectar-se com a energia espiritual ou criativa e aplicá-la em sua vida diária. A cura pode ser alcançada através do serviço aos outros, especialmente em contextos onde a imaginação, a intuição e a compaixão são valorizadas. O nativo pode encontrar grande satisfação em atividades que envolvam cura, aconselhamento espiritual ou a criação de arte que inspire e eleve os outros.

Aspectos de Quíron com Plutão

O aspecto entre Quíron e Plutão no mapa natal revela uma intensa jornada de transformação, poder e cura profunda. Plutão rege a morte, a regeneração, o poder oculto e, quando se encontra com Quíron, o curador ferido, há uma dinâmica poderosa de enfrentamento das sombras internas, dos traumas passados e das dores mais profundas. Esse aspecto indica uma habilidade de atravessar as crises mais desafiadoras, emergindo transformado do outro lado, com uma compreensão mais profunda das leis da vida e da morte. No entanto, antes que essa transformação ocorra, o nativo pode enfrentar lutas internas significativas, especialmente relacionadas ao poder e à vulnerabilidade.

Quíron em conjunção com Plutão

A conjunção entre Quíron e Plutão no mapa natal intensifica a necessidade de enfrentar e transformar as partes mais sombrias do ser. O nativo pode ser atraído por situações intensas e extremas que revelam a profundidade de suas emoções e traumas. Há uma propensão a enfrentar experiências de perda, crises emocionais e situações de poder que exigem uma regeneração constante. Essa configuração pode indicar uma habilidade natural para lidar com questões de vida e morte, podendo se tornar um poderoso curador, especialmente em áreas que envolvem traumas profundos e experiências transformadoras. A cura pessoal, no entanto, exige que o nativo enfrente seus próprios demônios internos e aprenda a utilizar o poder de forma construtiva.

Quíron em oposição a Plutão

A oposição entre Quíron e Plutão pode criar uma tensão entre o desejo de transformação e a resistência ao enfrentamento das partes mais sombrias da psique. O nativo pode sentir que as forças externas estão constantemente desafiando sua segurança e seu poder pessoal, o que pode levar a crises profundas e períodos de grande sofrimento emocional. Esses desafios são oportunidades de crescimento e cura, mas exigem que o nativo se comprometa a confrontar e integrar essas forças dentro de si. Há uma necessidade de se reconciliar com as próprias sombras e de transformar os relacionamentos de poder que podem ter sido destrutivos. A cura vem através da aceitação do próprio poder e da responsabilidade que ele traz.

Quíron em quadratura com Plutão

A quadratura entre Quíron e Plutão cria uma tensão que exige transformação, contra a qual pode existir forte resistência. O nativo pode lutar contra a necessidade de mudar, causando crises prolongadas e sentimentos de impotência. Essa configuração sugere uma batalha interna entre o desejo de manter o controle e a necessidade de liberar o que já não serve. Para superar essa tensão, é necessário aceitar que a transformação é inevitável e que resistir a ela só prolongará o sofrimento. A cura envolve a capacidade de renascer das próprias cinzas, permitindo que o velho morra para que o novo possa surgir.

Quíron em trígono com Plutão

O trígono entre Quíron e Plutão oferece uma oportunidade harmoniosa de transformação e cura. O nativo pode ter uma compreensão intuitiva das forças de destruição e regeneração, usando essa sabedoria para ajudar a si mesmo e aos outros. Esse aspecto sugere uma habilidade natural para lidar com crises e emergir delas mais forte e mais consciente. Há uma fluidez na maneira como o nativo lida com questões de poder e transformação, permitindo que a cura ocorra de forma mais suave e integrada. A sabedoria adquirida através dessas experiências pode ser compartilhada, tornando o nativo um poderoso guia na jornada de cura e transformação de outras pessoas.

Quíron em sextil com Plutão

O sextil entre Quíron e Plutão indica uma oportunidade de transformação que pode ser aproveitada de forma construtiva e equilibrada. O nativo tem a capacidade de trabalhar com as energias de cura de maneira que beneficie tanto a si mesmo quanto aos outros. Esse aspecto sugere que ele pode encontrar caminhos práticos para transformar suas feridas e usar seu poder de forma responsável. Há uma facilidade em integrar as lições aprendidas através de crises e em aplicar essa sabedoria na vida cotidiana. A cura se manifesta de forma produtiva, permitindo que o nativo ajude os outros a atravessarem sua jornada de transformação.

Aspectos de Quíron com Lilith

Uma aliança entre a ferida e a sombra

Quíron simboliza as feridas mais profundas, trazendo vulnerabilidades que, embora dolorosas, podem nos direcionar ao nosso propósito de cura e ao entendimento de nossos desafios.

Lilith representa uma energia reprimida ou marginalizada, frequentemente relacionada ao poder pessoal, à autonomia e à aceitação de aspectos que a sociedade ou o próprio indivíduo consideram tabus.

Dessa forma, aspectos entre Quíron e Lilith refletem a potencial integração dessas duas energias, mostrando caminhos de cura que passam pela aceitação e pela liberação das partes reprimidas da psique.

Conjunção Quíron-Lilith: a ferida que busca aceitação

A conjunção indica que a ferida representada por Quíron se entrelaça com as qualidades de Lilith, criando uma fusão entre a dor da rejeição e a busca de cura. O indivíduo que tem essa conjunção pode sentir a necessidade de encarar e integrar partes suas que foram reprimidas, tanto pela sociedade quanto por si mesmo.

Caminhos de cura: o processo de cura envolve a aceitação das facetas reprimidas, reconhecendo-as como partes importantes da identidade. Essa integração permite uma cura mais profunda, onde a pessoa se torna fonte de inspiração e aceitação para os outros.

Oposição Quíron-Lilith: a tensão entre a ferida e a sombra

A oposição traz uma dinâmica de conflito, na qual a ferida de Quíron está em desacordo com as qualidades rejeitadas de Lilith. Esse aspecto pode gerar uma sensação de divisão interna, onde a pessoa oscila entre a aceitação de suas vulnerabilidades e o medo de expressá-las. A oposição Quíron-Lilith exige que o indivíduo encontre um equilíbrio entre acolher essas qualidades reprimidas e curar a dor associada a elas.

Caminhos de cura: a chave para superar essa tensão está em aceitar o conflito como parte da jornada. Buscar apoio terapêutico ou práticas que promovam autocompaixão pode facilitar a aceitação desses aspectos, criando um espaço seguro para curar e expressar a própria vulnerabilidade.

Quadratura Quíron-Lilith: confronto e crescimento através da sombra

A quadratura sugere um desafio contínuo, onde a dor de Quíron e a energia rejeitada de Lilith se chocam, gerando uma necessidade de transformação. Essa tensão pode levar a crises de identidade, autossabotagem ou sentimentos de inadequação, mas também oferece um potencial imenso de crescimento, pois a pessoa é constantemente instigada a confrontar suas sombras.

Caminhos de cura: o processo de cura para quem possui a quadratura entre Quíron e Lilith envolve o reconhecimento das próprias limitações e a exploração profunda da dor emocional. É importante buscar formas saudáveis de integrar a energia de Lilith, seja por meio da criatividade, do autoconhecimento ou do desenvolvimento espiritual.

Trígono e sextil Quíron-Lilith: integração harmoniosa entre a vulnerabilidade e a aceitação da sombra

Trígonos e sextis indicam uma integração mais fluida, onde a ferida de Quíron e as qualidades reprimidas de Lilith se complementam e se apoiam. A pessoa é capaz de reconhecer sua dor e aceitar seus impulsos reprimidos com mais facilidade, sem a mesma resistência que os aspectos desafiadores trazem.

Caminhos de cura: com esses aspectos, a pessoa pode expressar suas vulnerabilidades de forma positiva, integrando questões reprimidas como fontes de força e autenticidade. Essa dinâmica oferece um potencial curativo tanto para o indivíduo quanto para os que estão ao seu redor, permitindo que ele se torne um exemplo de autocompaixão e aceitação da própria essência.

Veja, no capítulo 10, um exemplo da conjunção Quíron-Lilith no mapa de Mahatma Gandhi. Ela representa o profundo impacto de sua ferida pessoal, que ele transformou em fonte de força e liderança pacífica. Gandhi canalizou sua dor e vulnerabilidade para uma luta não violenta pela liberdade da Índia, fazendo da aceitação de sua própria dor uma parte essencial de sua liderança.

CAPÍTULO 7

Retorno e Trânsitos de Quíron

O retorno de Quíron: um marco de cura e transformação

O retorno de Quíron aos 50-51 anos marca um período crucial de transformação e cura profunda na vida das pessoas. Esse ciclo é parte de uma série de importantes trânsitos planetários que começam na década dos 40 anos, quando o indivíduo enfrenta diversos desafios de crescimento e autoconhecimento. Durante esse período, os trânsitos de Urano, Netuno, Saturno e Plutão criam condições para profundas mudanças internas e externas, preparando o terreno para o retorno de Quíron, que atua como uma chave para a cura e a transmutação pessoal.

Quíron, conhecido como o curador ferido, representa as áreas do mapa natal onde sentimos dor, medo e feridas que parecem difíceis de curar. Durante o seu retorno, essas feridas são reexaminadas e o indivíduo é desafiado a confrontar e curar essas dores profundamente enraizadas. O retorno de Quíron não é apenas sobre enfrentar o passado, mas também sobre integrar essas experiências dolorosas em um novo entendimento de si mesmo. Isso permite que o indivíduo evolua espiritualmente, transformando suas feridas em sabedoria e capacidade de cura, tanto para si quanto para os outros.

Quíron: a ponte entre Saturno e Urano

A órbita excêntrica de Quíron, que oscila entre Saturno (o planeta das limitações e responsabilidades) e Urano (o planeta da liberdade e inovação), simboliza a necessidade de encontrar equilíbrio entre essas duas energias. O retorno de Quíron pode ser visto como uma oportunidade para integrar as lições aprendidas com Saturno, como disciplina e estrutura, às inovações e à liberdade de Urano. Essa integração é crucial para o amadurecimento espiritual e a evolução da consciência.

A cura espiritual e o redirecionamento da vida

O retorno de Quíron desafia o indivíduo a reavaliar suas prioridades, muitas vezes levando a um redirecionamento de vida. A atenção se volta mais para o mundo interior e para o desenvolvimento da consciência. Isso pode significar uma mudança nas metas de vida, um novo foco em questões espirituais ou o início de um caminho de cura, tanto pessoal quanto coletiva.

A importância dos aspectos de Quíron

Durante o retorno de Quíron, é fundamental analisar o signo e a casa em que ele está posicionado no mapa natal, bem como os aspectos que ele faz com outros planetas. Esses detalhes fornecem pistas valiosas sobre as áreas específicas da vida onde a cura é necessária e como ela pode ser alcançada. Quíron oferece uma oportunidade para que o indivíduo transforme suas feridas em fontes de sabedoria, contribuindo para a sua realização como ser humano.

Conclusão

O retorno de Quíron aos 50-51 anos é um período de profunda introspecção e cura. Ele desafia o indivíduo a enfrentar e integrar suas feridas, permitindo uma transformação que leva a mais sabedoria e compreensão espiritual. É um momento em que as pessoas são chamadas a redirecionar sua vida, focando no amadurecimento e no desenvolvimento de sua consciência, preparando-se para uma fase de vida mais plena e integrada.

É óbvio que, para crescer espiritualmente, é preciso curar as feridas da alma, e o retorno de Quíron coloca isso em xeque. Por isso, devemos analisar com cuidado a casa, o signo em que está, os aspectos com demais planetas... tudo isso traz pistas importantes sobre o que deve ser curado para a realização do indivíduo como ser humano.

Quíron pelo meu querido mestre António Rosa

Aprendi muito com o mestre António Rosa, que, em seu blog Cova do Urso, publicou um artigo profundo intitulado *Quíron e a iniciação da alma — e a crise dos 50 anos*[1], no qual ele aborda Quíron como um agente de profunda transformação espiritual, enfatizando sua importância no desenvolvimento da alma humana. A seguir, abordo resumidamente os principais tópicos desse texto.

Quíron e a iniciação da alma

Quíron, descoberto em 1977 por Charles Kowal, é um pequeno astro cuja órbita irregular se encontra entre Saturno e Urano. Seu ciclo completo pelo zodíaco dura cerca de cinquenta anos, e sua permanência em cada signo varia de um ano e meio em Libra a quase nove anos em Áries. Quíron é considerado um ponto-chave na astrologia, representando feridas que, embora dolorosas, oferecem oportunidades de crescimento e cura espiritual.

A ferida e a frustração

Quíron ensina sobre as feridas que carregamos — sejam elas físicas, emocionais, mentais ou espirituais — e a inevitabilidade do sacrifício que elas impõem em nossa vida. Essas dores, muitas vezes insolúveis, nos forçam a confrontar nossas fragilidades, desajustes e incoerências, mostrando-nos que fugir ou lutar contra nossa realidade mais básica é inútil.

---

1. Disponível em https://cova-do-urso.blogspot.com/2010/09/quiron-e-iniciacao-da-alma-crise-dos-50.html

A dor de Quíron é compulsiva e constante, impossibilitando que nos afastemos do caminho traçado para nossa evolução espiritual. Essa dor não é facilmente esquecida, porque costuma não ter explicação lógica ou justificação aparente. Quíron, portanto, não é apenas um símbolo de sofrimento, mas de mestria das energias humanas.

O caminho espiritual de Quíron

António Rosa também traz uma visão espiritual de Quíron, vendo-o como o astro que nos guia nessa direção. Ele sugere que sua posição no mapa natal indica onde nos sentimos mais frustrados, onde nossa missão espiritual parece irrealizável no mundo material. Ele representa a frustração de não estarmos em sintonia com o que nossa alma realmente deseja, o que nos leva a viver de forma desajustada ou insatisfeita.

Quíron nos obriga a ser autênticos, a seguir o chamado de nossa alma; quando não o fazemos, sentimos a frustração que ele simboliza. Ele é o planeta que nos ensina *como fazer*, mostrando que nossas escolhas passadas muitas vezes foram baseadas em motivações erradas, como seguir uma carreira por dinheiro e não por paixão.

A missão de Quíron

Quíron nos lembra constantemente de que não somos nosso corpo: somos nossa alma temporariamente em nosso corpo. Ele nos guia na busca por uma vida mais alinhada com nossa verdadeira essência espiritual, desafiando-nos a curar nossas feridas e a encontrar nosso caminho no mundo, não através da matéria, mas através da realização de nossa missão espiritual.

A crise dos 50 anos

A crise dos 50 anos, marcada pelo retorno de Quíron, é um momento de profunda reflexão e transformação. Nesse período, as feridas que carregamos ao longo da vida vêm à tona, exigindo cura e integração. É uma oportunidade de redirecionamento, de alinhar nossa vida material com nossa missão espiritual e de finalmente atender ao chamado de nossa alma.

Quíron, nesse retorno, atua como iniciador, levando-nos a uma compreensão mais profunda de quem realmente somos e de qual é nosso verdadeiro propósito. Ele nos desafia a deixar de lado as distrações materiais e a focar naquilo que realmente importa: o desenvolvimento espiritual e a realização de nossa verdadeira essência.

Essa visão de Quíron, apresentada por António Rosa, reforça a compreensão de que a cura das nossas feridas não é apenas um processo de alívio da dor, mas um caminho para a transformação e a evolução espiritual. Quíron nos guia para além do sofrimento, mostrando-nos como transcender nossas limitações e nos conectar com nosso verdadeiro eu.

Quíron e a Kundalini

António Rosa também relaciona Quíron à energia Kundalini, uma força espiritual poderosa que reside na base da coluna vertebral e que, quando desperta, pode levar a uma transformação espiritual profunda. Ele explica que o movimento de Quíron em nosso mapa natal pode influenciar a ativação dessa energia, especialmente durante a primeira quadratura de Quíron, que pode ocorrer em qualquer momento entre os 5 e os 24 anos.

A Kundalini, quando não compreendida ou canalizada corretamente, pode causar agitação e distúrbios, especialmente em crianças e adolescentes. António alerta para a importância de reconhecer os sinais dessa energia em nossos filhos e ajudá-los a lidar com ela de maneira saudável e construtiva.

A primeira quadratura de Quíron

A primeira quadratura de Quíron, que pode ocorrer em diferentes momentos da vida, é um ponto crítico de iniciação espiritual. Quanto mais cedo essa quadratura ocorre, mais fluida tende a ser a vida futura, pois a energia Kundalini tem a oportunidade de se manifestar e integrar de maneira saudável. António enfatiza a responsabilidade dos pais em reconhecer e apoiar seus filhos durante essa fase, ajudando-os a compreender e canalizar essa energia.

Diferenciação de Quíron, Plutão e Saturno

António Rosa também esclarece as diferenças entre Quíron, Plutão e Saturno, três planetas que podem causar sofrimento, mas que têm objetivos distintos. Saturno nos ensina através da aprendizagem e da correção; Plutão nos conduz a uma transformação profunda e a uma tomada de consciência; enquanto Quíron nos impulsiona a agir, nos desafiando a fazer o que precisa ser feito para nossa evolução espiritual.

Trânsitos de Quíron pelas casas

Antes de analisar os trânsitos de Quíron por cada casa, é importante esclarecer que os sentimos mais intensamente quando ele passa pela cúspide de uma casa ou quando toca algum planeta localizado ali. Esses momentos tendem a ativar temas profundos relacionados à cura, à dor e ao crescimento pessoal nos assuntos relacionados à casa e ao planeta.

Além disso, outros planetas em trânsito também podem ativar Quíron, seja no mapa natal ou no momento presente. Isso pode acontecer, por exemplo, com o trânsito de Marte, que, ao tocar em Quíron, pode trazer à tona questões latentes ligadas a ações e confrontos; ou durante um eclipse, que amplifica a energia do ponto ativado.

É válido ressaltar que, quando Quíron em trânsito é ativado por outro planeta, ele responde não só no nível da sua posição atual, mas também pode ressoar com Quíron natal, criando um diálogo entre as feridas e padrões herdados e as novas experiências e desafios que surgem no presente. Isso amplifica as possibilidades de cura, transformação e autoconhecimento, tornando esses períodos especialmente importantes para o desenvolvimento espiritual e pessoal.

Essa interação pode ser vista como um diálogo entre o Quíron que carrega feridas e padrões de vida (natal) e o Quíron que está ativando novas experiências e desafios no presente (em trânsito). Quando ambos são ativados simultaneamente, a oportunidade de cura e transformação pode ser ampliada, proporcionando momentos de grande aprendizado e crescimento.

Essa perspectiva abre novas possibilidades de interpretação, permitindo uma abordagem mais rica e complexa das energias quironianas em um mapa. Isso pode ajudar tanto em análises pessoais quanto em aconselhamento astrológico, oferecendo ao consulente uma visão mais abrangente e integrada de como esses temas estão se manifestando em sua vida.

Agora, vamos analisar Quíron passando por cada uma das casas. Atenção especial para os trânsitos pelo ascendente e pelo meio do céu, que podem ser momentos de profundas mudanças e crescimento pessoal.

Quíron em trânsito pelo ascendente e casa 1

Quando Quíron transita pelo ascendente, o impacto é sentido diretamente na sua identidade e no modo como você se apresenta ao mundo. Esse trânsito pode trazer à tona feridas antigas relacionadas à autoimagem, à autoconfiança e ao modo como você se vê em relação aos outros.

Possíveis experiências durante o trânsito

- **Confronto com vulnerabilidades:** pode expor vulnerabilidades que você, talvez, tenha tentado esconder ou ignorar. É um período em que você pode se sentir particularmente sensível às críticas e ao julgamento alheio.
- **Redefinição da identidade:** Quíron no ascendente pode levar a uma reavaliação de quem você é e do que representa. Pode ser um momento de buscar autenticidade e de se libertar de máscaras ou papéis que não servem mais ao seu verdadeiro eu.
- **Desenvolvimento de empatia:** essa exposição às suas próprias feridas pode aumentar sua compreensão e empatia pelos outros. Você pode se tornar mais consciente das dores e dos desafios que outras pessoas enfrentam, o que pode fortalecer suas habilidades de cura, especialmente em contextos em que ajuda os outros a aceitarem e integrarem suas dores.

Caminhos de cura

- **Autoaceitação e autenticidade:** aprender a se aceitar com todas as suas imperfeições é fundamental durante esse trânsito. Isso envolve reconhecer as partes de si que você normalmente evita e trabalhar para integrá-las à sua identidade.

- **Transformação pessoal:** use esse período para transformar sua dor em sabedoria. Ao enfrentar suas feridas, você pode emergir com uma compreensão mais profunda de si mesmo e com uma identidade mais autêntica.
- **Apoio terapêutico:** pode ser um bom momento para buscar terapia ou aconselhamento, para que você possa explorar essas questões em profundidade e trabalhar em sua cura pessoal.

Quíron em trânsito pela casa 2

Quando Quíron transita pela casa 2, o foco recai sobre as questões de valor pessoal, autoestima e segurança financeira. Esse trânsito pode revelar feridas ligadas à maneira como você se valoriza e ao seu relacionamento com os bens materiais.

Possíveis experiências durante o trânsito

- **Desafios financeiros:** você pode enfrentar dificuldades financeiras inesperadas ou revisitar padrões de gastos e ganhos que refletem inseguranças profundas. Esses desafios financeiros podem ser oportunidades para explorar como sua autoestima está conectada ao dinheiro e aos bens materiais.
- **Autoestima e autovalor:** esse trânsito pode trazer à superfície sentimentos de não merecimento ou dúvidas sobre seu próprio valor. Talvez você perceba que tem subestimado suas habilidades ou que tem dificuldades para reconhecer o valor do que possui, tanto material quanto emocionalmente.
- **Reavaliação de prioridades:** pode surgir a necessidade de reavaliar o que realmente importa para você. Isso pode levar a uma mudança no que você considera valioso, movendo o foco de bens materiais para recursos internos, como talentos e capacidades.

Caminhos de cura

- **Desenvolvimento de autoestima:** trabalhar para reconhecer e valorizar suas próprias qualidades é fundamental durante esse trânsito. Isso pode envolver práticas de autoaceitação e a construção de uma relação mais saudável com suas finanças e posses.

- **Consciência financeira:** use esse período para desenvolver maior consciência sobre suas finanças. Aprender a gerir melhor o dinheiro pode não só melhorar sua segurança financeira, mas também fortalecer sua autoestima.
- **Transformação de valores:** esse trânsito oferece a oportunidade de redefinir o que significa valor para você. Pode ser um momento de alinhar seus valores internos com suas ações externas, integrando uma nova percepção de abundância que vai além do material.

Quíron em trânsito pela casa 3

Quando Quíron transita pela casa 3, as áreas de comunicação, aprendizado, relações com irmãos e ambiente próximo entram em foco. Esse trânsito pode revelar feridas relacionadas à maneira como você se expressa, à forma como comunica suas ideias ou a dificuldades no relacionamento com irmãos e vizinhos.

Possíveis experiências durante o trânsito

- **Desafios na comunicação:** você pode se deparar com situações em que sente que não é ouvido ou compreendido. Pode haver uma sensação de frustração ao tentar expressar suas ideias ou sentimentos, levando a inseguranças sobre sua capacidade de se comunicar de forma eficaz.
- **Tensões em relacionamentos próximos:** esse trânsito pode destacar questões não resolvidas com irmãos, vizinhos ou colegas. Antigas feridas podem emergir, relacionadas a conflitos passados ou a uma sensação de desconexão com essas pessoas.
- **Reavaliação de pensamentos e ideias:** pode ser um período em que você questiona suas próprias crenças e padrões de pensamento. Isso pode levar a uma mudança significativa na maneira como você vê o mundo e interage com ele.

Caminhos de cura

- **Desenvolvimento de habilidades de comunicação:** aproveite esse trânsito para trabalhar na melhoria de suas habilidades comunicativas. Isso pode incluir aprender a ouvir ativamente, praticar a expressão clara de suas ideias e sentimentos e encontrar formas de superar barreiras nesse sentido.
- **Resolução de conflitos:** se há conflitos antigos ou tensões com irmãos ou vizinhos, este é um bom momento para abordá-los de forma curativa. Buscar reconciliação e entendimento pode trazer alívio e restaurar a harmonia nessas relações.
- **Exploração criativa:** considerar formas alternativas de expressão, como a escrita, a arte ou a música, pode ser uma maneira eficaz de processar e curar as feridas associadas a esse trânsito. Encontrar uma saída criativa pode facilitar a comunicação de sentimentos profundos que são difíceis de expressar verbalmente.

Quíron em trânsito no fundo do céu – casa 4

Quando Quíron transita pela casa 4, questões relacionadas à família, ao lar, às raízes e à segurança emocional vêm à tona. Esse trânsito pode trazer à superfície feridas ligadas à infância, à relação com os pais ou ao sentimento de pertencer a algum lugar.

Possíveis experiências durante o trânsito

- **Revelação de feridas familiares:** esse trânsito pode expor feridas antigas relacionadas à família ou ao ambiente doméstico. Isso pode incluir ressentimentos não resolvidos com os pais ou questões não curadas da infância que influenciam sua sensação de segurança e pertencimento.
- **Busca por raízes e identidade:** pode surgir uma necessidade intensa de compreender melhor suas raízes e de se conectar com suas origens. Você pode sentir desejo de investigar a história da família ou explorar o significado mais profundo do que é lar para você.

- **Desafios para se sentir seguro:** pode haver uma sensação de vulnerabilidade no que diz respeito ao seu espaço doméstico ou à sua segurança emocional. Questões relacionadas à estabilidade do lar ou à necessidade de criar um espaço seguro para si mesmo podem surgir.

Caminhos de cura

- **Trabalho de cura familiar:** esse trânsito é um momento propício para trabalhar na cura de feridas familiares. Isso pode envolver o perdão, tanto de si mesmo quanto dos membros da família, e a liberação de padrões emocionais herdados que não servem mais a você.
- **Criação de um lar seguro:** use esse período para construir ou transformar seu lar em um espaço que realmente nutre sua alma. Isso pode incluir mudanças físicas no ambiente ou o estabelecimento de limites saudáveis dentro do lar.
- **Exploração emocional:** mergulhar nas emoções associadas à infância e ao relacionamento com os pais pode ser um caminho para a cura. Terapia, constelação familiar ou práticas de autocuidado emocional podem ajudar a processar e integrar essas experiências.

Esse trânsito pode ser desafiador, mas também oferece uma oportunidade significativa para criar uma base emocional mais sólida e para curar feridas profundas que afetam sua sensação de segurança e pertencimento.

Quíron em trânsito pela casa 5

Quando Quíron transita pela casa 5, questões relacionadas à criatividade, à autoexpressão, a romance e filhos entram em foco. Esse trânsito pode trazer à tona feridas ligadas à sua capacidade de se expressar criativamente, de vivenciar o prazer e de lidar com questões de autoestima.

Possíveis experiências durante o trânsito

- **Insegurança criativa:** esse trânsito pode destacar inseguranças ou bloqueios em relação à sua criatividade. Você pode sentir que sua expressão criativa não é suficiente ou que não está sendo valorizada pelos outros, o que pode levar a uma crise de confiança em suas habilidades.
- **Desafios nos relacionamentos românticos:** as feridas em torno do romance e do amor podem se tornar evidentes. Você pode reviver experiências de rejeição ou de falta de reciprocidade em relacionamentos amorosos, o que pode desencadear uma reavaliação do que você realmente busca em um parceiro.
- **Questões com filhos:** se você tem filhos, esse trânsito pode trazer à tona preocupações ou desafios em sua relação com eles. Pode haver uma necessidade de curar feridas antigas relacionadas à sua própria infância, que agora se refletem na maneira como você cria seus filhos.

Caminhos de cura

- **Reconexão com a criatividade:** use esse período para explorar e curar bloqueios criativos. Encontre novas maneiras de se expressar artisticamente ou redescubra antigos talentos que podem ter sido negligenciados. A chave é se libertar das expectativas externas e se concentrar na alegria pura da criação.
- **Autoaceitação e amor-próprio:** trabalhe na cura das feridas em torno do amor e dos relacionamentos, começando pelo amor-próprio. Isso envolve aceitar a si mesmo completamente, com todas as suas imperfeições, e reconhecer que você é digno de amor e alegria.
- **Harmonia com os filhos:** se houver desafios relacionados aos filhos, este é um bom momento para trabalhar na construção de um relacionamento mais saudável e aberto. Isso pode incluir terapia familiar, diálogos sinceros e a criação de um ambiente onde a expressão emocional é incentivada e respeitada.

Quíron em trânsito pela casa 5 oferece uma oportunidade poderosa para curar feridas que limitam sua capacidade de se expressar plenamente e de experimentar a alegria na vida. Ao trabalhar nessas áreas, você pode emergir com uma nova apreciação por si mesmo e pelo poder transformador da criatividade e do amor.

Quíron em trânsito pela casa 6

Quando Quíron transita pela casa 6, o foco recai sobre o trabalho, a saúde e os hábitos diários. Esse trânsito pode trazer à tona feridas relacionadas à sua capacidade de servir, cuidar de si mesmo e equilibrar as demandas da vida cotidiana.

Possíveis experiências durante o trânsito

- **Desafios na saúde:** esse trânsito pode destacar questões de saúde, tanto física quanto mental. Pode haver uma necessidade de enfrentar hábitos prejudiciais que foram negligenciados e de abordar doenças ou condições crônicas que refletem feridas emocionais profundas.
- **Insatisfação no trabalho:** você pode se sentir insatisfeito ou subvalorizado em seu ambiente de trabalho. Quíron pode revelar uma desconexão entre o que faz profissionalmente e o que realmente importa para você, levando a uma reavaliação de sua carreira e propósito.
- **Excesso de perfeccionismo:** esse período pode aumentar o perfeccionismo, quando você se sente compelido a atender a padrões impossíveis, tanto para si quanto para os outros. Isso pode levar a estresse, exaustão e sensação constante de inadequação.

Caminhos de cura

- **Cuidado com a saúde integral:** esse trânsito é um chamado para priorizar sua saúde e seu bem-estar. Isso pode incluir mudanças na dieta, na rotina de exercícios ou no manejo do estresse. É importante abordar a saúde de forma holística, considerando o corpo, a mente e o espírito.

- **Busca por propósito no trabalho:** se o trabalho se tornou uma fonte de frustração, use esse período para refletir sobre o que realmente lhe traz satisfação. Pode ser necessário fazer ajustes em sua carreira, buscando um equilíbrio maior entre suas necessidades pessoais e profissionais.
- **Aceitação e equilíbrio:** aprender a aceitar que você não precisa ser perfeito é crucial. Trabalhe para reduzir as expectativas irrealistas que você impõe a si mesmo. Encontre um equilíbrio entre servir aos outros e cuidar de suas próprias necessidades, reconhecendo que ambos são igualmente importantes.

Quíron em trânsito pela casa 6 oferece uma oportunidade para transformar sua relação com o trabalho e a saúde, promovendo um estilo de vida mais equilibrado e gratificante. Ao cuidar de si mesmo e encontrar um propósito mais alinhado com suas verdadeiras paixões, você pode curar feridas profundas e viver com mais harmonia.

Quíron em trânsito pela casa 7

Quando Quíron transita pela casa 7, o foco é direcionado para os relacionamentos, as parcerias e a maneira como você interage com os outros. Esse trânsito pode trazer à superfície feridas relacionadas ao compromisso, à confiança e à harmonia nas suas conexões íntimas.

Possíveis experiências durante o trânsito

- **Feridas nos relacionamentos:** esse trânsito pode expor dificuldades nos relacionamentos, revelando sentimentos de rejeição, abandono ou traição. Podem surgir crises em parcerias, levando você a confrontar medos e inseguranças relacionados ao amor e ao compromisso.
- **Busca de aceitação:** pode haver desejo profundo de ser aceito e amado, mas, ao mesmo tempo, medo de se abrir completamente e ficar vulnerável. Isso pode criar uma dinâmica de proximidade e distância, onde você oscila entre a necessidade de intimidade e o medo de ser ferido.

- **Reflexão sobre parcerias:** você pode começar a questionar o equilíbrio de poder e a reciprocidade em suas relações. Esse período pode revelar onde você está dando demais ou recebendo de menos, ou onde pode estar permitindo que suas próprias feridas afetem a dinâmica do relacionamento.

Caminhos de cura

- **Autoaceitação e autovalorização:** a cura durante esse trânsito começa com a aceitação de si mesmo e o reconhecimento de seu valor. Trabalhe para desenvolver uma base sólida de autoestima, que não dependa exclusivamente da aprovação ou do amor dos outros.
- **Relacionamentos autênticos:** use esse período para cultivar relacionamentos verdadeiros e equilibrados. Isso pode significar estabelecer limites mais claros, comunicar suas necessidades de forma honesta e estar disposto a deixar para trás conexões prejudiciais ou unilaterais.
- **Cura através da parceria:** embora os relacionamentos possam ser um campo de desafios durante esse trânsito, eles também oferecem a maior oportunidade de cura. Ao enfrentar seus medos e vulnerabilidades em parceria com o outro, você pode transformar essas feridas em pontos de crescimento e fortalecimento mútuo.

Quíron em trânsito pela casa 7 oferece uma chance poderosa de curar e transformar suas relações íntimas. Ao abordar suas feridas e trabalhar em prol de conexões mais saudáveis e equilibradas, você pode criar um novo modelo de relacionamento, baseado na autenticidade e no amor verdadeiro.

Quíron em trânsito pela casa 8

Quando Quíron transita pela casa 8, o foco é direcionado para questões profundas de transformação, intimidade, poder pessoal e compartilhamento de recursos. Esse trânsito pode trazer à tona feridas relacionadas ao controle, à vulnerabilidade, à sexualidade e à morte, tanto literal quanto simbólica.

Possíveis experiências durante o trânsito

- **Confronto com medos profundos:** esse trânsito pode expor medos e ansiedades relacionados à perda, ao abandono ou à vulnerabilidade emocional e física. Você pode se deparar com situações que o obrigam a enfrentar sua relação com o poder, seja ele pessoal, financeiro ou emocional.
- **Transformação e renascimento:** Quíron na casa 8 pode atuar como um catalisador para processos de transformação profunda. Pode haver uma necessidade de morrer para antigas versões de si mesmo ou de sua vida, abrindo caminho para um renascimento mais alinhado com sua verdadeira essência.
- **Desafios na intimidade:** questões de confiança, controle e entrega podem surgir em relacionamentos íntimos. Você pode ser levado a explorar as dinâmicas de poder em suas conexões mais profundas, percebendo onde feridas antigas estão influenciando a forma como você se relaciona com os outros.

Caminhos de cura

- **Aceitação da vulnerabilidade:** a cura durante esse trânsito envolve aceitar e abraçar sua vulnerabilidade, reconhecendo que a força verdadeira vem da disposição em ser aberto e autêntico, mesmo quando isso significa arriscar ser ferido.
- **Transformação pessoal:** esse é um período poderoso para a transformação interior. Aproveite a oportunidade para liberar o que não serve mais e para reestruturar sua vida de maneira que esteja mais sintonizada com seu crescimento espiritual e emocional.
- **Empoderamento através da cura:** use as experiências e desafios desse trânsito para desenvolver um novo senso de poder pessoal. Ao trabalhar para curar suas feridas, você pode emergir com uma compreensão mais profunda de si mesmo e de suas capacidades, especialmente em relação à intimidade e ao compartilhamento de recursos.

Quíron em trânsito pela casa 8 oferece a oportunidade de cura profunda e transformação, ajudando-o a superar medos e a desenvolver um novo senso de poder pessoal. Ao enfrentar e integrar as lições desse período, você pode emergir mais forte, mais sábio e mais conectado com sua real essência.

Quíron em trânsito pela casa 9

Quando Quíron transita pela casa 9, o foco recai sobre questões relacionadas a sua filosofia de vida, crenças, espiritualidade, educação superior, viagens e busca por significado. Esse trânsito pode trazer à tona feridas relacionadas a dogmas, convicções e à maneira como você se conecta com o mundo em um nível mais amplo.

Possíveis experiências durante o trânsito

- **Crise de crenças:** durante esse trânsito, você pode começar a questionar suas crenças mais profundas. Pode perceber que as filosofias ou sistemas de crença que guiaram sua vida até agora não ressoam mais com sua verdade interior. Esse processo pode ser desconcertante, mas também oferece a oportunidade de expandir sua visão de mundo.
- **Desafios relacionados à educação e ao ensino:** se você estiver envolvido em educação, seja como estudante ou professor, esse trânsito pode expor feridas relacionadas ao aprendizado ou ao ensino. Talvez enfrente dúvidas sobre seu caminho educacional ou sinta que suas ideias não são compreendidas ou valorizadas.
- **Exploração espiritual:** Quíron na casa 9 pode intensificar sua busca por significado e verdade. Pode haver atração por práticas espirituais ou viagens que promovam entendimento mais profundo da vida. No entanto, essa busca pode vir acompanhada de desafios, como a sensação de desconexão com práticas ou crenças tradicionais.

Caminhos de cura

- **Revisão de crenças:** esse trânsito é um convite para reavaliar e, se necessário, redefinir suas crenças e filosofias de vida. Permita-se explorar novas ideias e perspectivas que possam oferecer uma visão mais ampla e inclusiva do mundo.
- **Cura através do conhecimento:** a educação pode ser tanto uma fonte de dor quanto de cura durante esse período. Busque formas de aprendizado que ressoem mais com sua verdade pessoal ou que ofereçam uma nova maneira de ver e entender o mundo.
- **Viagens e conexões espirituais:** viagens, tanto físicas quanto metafóricas, podem servir como poderosos catalisadores para a cura. Conectar-se com novas culturas, religiões ou práticas espirituais pode ajudá-lo a curar feridas antigas relacionadas à expansão da mente e do espírito.

Quíron em trânsito pela casa 9 pode ser um período de profunda transformação filosófica e espiritual. Ao enfrentar os desafios dessa fase, você pode emergir com uma visão de mundo mais integrada e uma conexão mais autêntica com suas crenças e valores.

Quíron em trânsito pelo meio do céu – casa 10

Quando Quíron transita pelo meio do céu, o foco está em sua carreira, sua imagem pública e suas ambições. Esse trânsito pode trazer à superfície questões relacionadas ao seu propósito de vida e à forma como você deseja ser visto e reconhecido pelo mundo.

Possíveis experiências durante o trânsito

- **Crise de propósito:** você pode questionar o caminho que escolheu seguir em termos de carreira e ambições. Talvez perceba que as metas que antes pareciam importantes agora soam vazias ou inadequadas.
- **Desafios na carreira:** podem surgir situações que revelam feridas relacionadas à autoestima profissional, como sentimentos de inadequação ou medo do fracasso. Esses desafios, embora desconfortáveis, oferecem uma oportunidade para redescobrir o que realmente importa para você.

- **Reputação e reconhecimento:** pode haver um foco maior em como você é percebido pelos outros, especialmente no contexto profissional. Se houver feridas relacionadas à sua imagem pública, elas podem vir à tona, forçando-o a confrontá-las e a redefinir como deseja ser visto.

Caminhos de cura

- **Redefinição do sucesso:** durante esse trânsito, você pode redefinir o que significa sucesso para si mesmo. Em vez de seguir padrões externos de realização, você pode começar a alinhar suas ambições com um sentido mais profundo de propósito e integridade pessoal.
- **Autenticidade na carreira:** esse trânsito pode levá-lo a buscar uma carreira ou um caminho de vida que esteja mais alinhado com seus valores internos e com quem você realmente é. Pode ser um período de transição para algo que ressoe mais com seu verdadeiro eu.
- **Integração de experiências:** ao lidar com desafios na carreira, você pode transformar essas experiências em sabedoria. Isso pode levar a uma nova forma de liderar ou de se apresentar ao mundo, onde sua vulnerabilidade é vista como uma força.

Quíron em trânsito pela casa 11

Quando Quíron transita pela casa 11, o foco recai sobre amigos, grupos, associações, esperanças e desejos para o futuro. Esse trânsito pode trazer à tona feridas relacionadas a pertencimento, aceitação social e sua capacidade de se conectar com os outros em um nível mais profundo e significativo.

Possíveis experiências durante o trânsito

- **Desafios em grupos e amizades:** você pode enfrentar dificuldades em suas amizades ou em grupos e comunidades aos quais pertence. Questões de aceitação, rejeição ou sentimento de inadequação podem surgir, fazendo-o questionar seu lugar nesses círculos sociais. Pode se sentir excluído ou desconectado, o que pode ser uma oportunidade para reavaliar quais conexões realmente importam e quais são superficiais ou baseadas em necessidades não atendidas.

- **Revisão de ideais e esperanças:** esse trânsito pode levar a uma reavaliação dos seus sonhos e aspirações para o futuro. Você pode perceber que algumas de suas metas estão baseadas em expectativas que não correspondem ao seu verdadeiro eu. Este é um momento para alinhar seus objetivos com seus valores mais profundos e autênticos.
- **Confronto com o sentimento de isolamento:** se você sempre sentiu que não se encaixa ou que é diferente dos outros, esse trânsito pode intensificar esses sentimentos. No entanto, ele também pode ser uma oportunidade para você encontrar grupos ou comunidades onde sua singularidade seja valorizada.

Caminhos de cura

- **Cultivar relações autênticas:** durante esse trânsito, é importante se concentrar em cultivar amizades e conexões que sejam genuínas e baseadas em um entendimento mútuo. Abandone relacionamentos que são mantidos por conveniência ou superficialidade e busque aqueles que realmente ressoam com sua verdadeira essência.
- **Aceitação da individualidade:** esse trânsito desafia você a aceitar sua singularidade e a parar de tentar se moldar para agradar aos outros. Ao aceitar quem é, você também começa a atrair pessoas e grupos que apreciam e valorizam sua verdadeira natureza.
- **Redefinição de esperanças e sonhos:** use esse período para ajustar suas esperanças e sonhos para o futuro, garantindo que eles reflitam seu verdadeiro eu e não as expectativas ou pressões externas. Isso pode envolver abandonar metas que não são mais relevantes e criar outras que estejam alinhadas com sua jornada de cura e crescimento pessoal.

Quíron em trânsito pela casa 12

Quando Quíron transita pela casa 12, o impacto é sentido nas áreas mais profundas e inconscientes da sua psique. Essa casa está relacionada ao inconsciente, ao isolamento, à espiritualidade e às questões do passado. Esse trânsito pode trazer à tona feridas que foram reprimidas ou ignoradas, oferecendo uma oportunidade única para uma cura profunda e transformadora.

Possíveis experiências durante o trânsito

- **Confronto com feridas reprimidas:** esse trânsito pode despertar antigas feridas que estavam enterradas no inconsciente. Questões do passado que não foram resolvidas podem surgir, exigindo atenção e cura. Pode haver uma sensação de vulnerabilidade ou de exposição de partes suas que você preferia manter ocultas.
- **Busca por significado espiritual:** Quíron na casa 12 pode levar a uma profunda busca espiritual. Você pode sentir uma necessidade maior de se conectar com o divino ou de encontrar um significado mais profundo para as experiências dolorosas da vida. Este é um momento propício para explorar práticas espirituais que promovam cura e integração.
- **Tendência ao isolamento:** pode haver uma tendência a se isolar durante esse trânsito, especialmente se as emoções e feridas trazidas à tona forem intensas. O isolamento pode ser uma forma de se proteger enquanto processa essas questões, mas é importante não se desligar completamente do mundo exterior.

Caminhos de cura

- **Trabalho interior e meditação:** este é o período ideal para o trabalho interior, incluindo meditação, terapia e outras práticas que permitam explorar e curar as feridas mais profundas. Envolver-se em atividades que promovam a introspecção e o autoconhecimento pode ser extremamente benéfico.

- **Cura através do serviço aos outros:** às vezes, a cura para as feridas da casa 12 pode ser encontrada no serviço aos outros. Voluntariado, trabalho humanitário ou simplesmente ajudar aqueles que estão sofrendo pode proporcionar um sentido de propósito e aliviar o peso de suas próprias dores.
- **Aceitação do passado:** esse trânsito pode ser uma chance de aceitar e integrar o passado, reconhecendo que as experiências dolorosas também fazem parte da sua jornada de crescimento espiritual. Ao fazer isso, você libera a energia emocional retida e abre espaço para uma cura mais profunda e duradoura.

Duração dos trânsitos de Quíron

Variação na duração: Quíron tem uma órbita irregular que o leva a passar mais tempo em alguns signos do que em outros. Portanto, o tempo que ele leva para transitar por um ponto específico do mapa natal pode variar de poucos meses a vários anos.

Média de duração: em média, um trânsito significativo de Quíron, como uma conjunção ou uma quadratura com um planeta natal, pode durar de um a três anos. Isso inclui o tempo em que Quíron se aproxima do aspecto exato (a fase de aproximação), o momento exato do aspecto e o tempo que leva para se afastar (a fase de separação). A duração mais longa ocorre em signos onde sua órbita é mais lenta.

Órbita de Quíron

Características da órbita: a órbita de Quíron é bastante excêntrica e se inclina em relação ao plano da eclíptica, o que o leva a passar por diferentes partes do sistema solar de maneiras muito distintas. Quíron orbita entre Saturno e Urano, e sua órbita irregular faz sua velocidade variar consideravelmente conforme ele se move ao redor do Sol.

Signos de movimento rápido e lento

- **Signos de movimento rápido:** Quíron se move mais rapidamente quando transita pelos signos de Libra, Escorpião e Sagitário. Em alguns desses signos, ele pode passar apenas cerca de um a dois anos.

- **Signos de movimento lento:** Quíron se move mais lentamente quando transita pelos signos de Áries, Touro e Gêmeos. Em Áries, por exemplo, ele pode permanecer por até oito a nove anos devido à lentidão de sua órbita nesse trecho.

Trânsito de Quíron pelos signos

Quíron em trânsito por Áries

Nível individual: quando Quíron transita por Áries, você pode sentir uma crise de identidade e uma necessidade urgente de confrontar suas vulnerabilidades. Esse trânsito traz à tona feridas relacionadas à autoafirmação e à coragem de ser quem você realmente é. Pode ser um período em que você questiona seu valor pessoal e se sente inseguro ao expressar sua individualidade. A cura vem através da aceitação de suas imperfeições e do desenvolvimento de uma autoconfiança mais sólida.

Nível coletivo: coletivamente, Quíron em Áries destaca questões de agressividade, liderança e uso de poder. Durante esse trânsito, a sociedade pode ser desafiada a reavaliar como aborda conflitos e como valoriza a iniciativa individual. Pode haver um foco maior em encontrar formas de expressar assertividade de maneira saudável, promovendo uma cultura que valorize a coragem e a autenticidade, sem recorrer à violência ou ao controle autoritário.

Quíron em trânsito por Touro

Nível individual: Quíron em Touro pode trazer à superfície feridas relacionadas a autoestima, segurança material e valores pessoais. Você pode questionar seu valor próprio e sentir insegurança em relação à estabilidade financeira ou à sua capacidade de atrair o que deseja. Esse trânsito convida você a explorar a relação que tem com o dinheiro e com o prazer, bem como a encontrar formas de curar sentimentos de inadequação.

Nível coletivo: coletivamente, o trânsito de Quíron por Touro enfoca a sustentabilidade, a economia e o meio ambiente. A sociedade pode enfrentar crises que desafiem os sistemas econômicos tradicionais e forcem uma reavaliação das práticas de consumo. Esse período pode incentivar uma maior conscientização ecológica e uma busca por métodos de produção e consumo mais sustentáveis e éticos.

Quíron em trânsito por Gêmeos

Nível individual: quando Quíron transita por Gêmeos, você pode ser confrontado com feridas relacionadas a comunicação, aprendizado e expressão intelectual. Pode sentir insegurança quanto a sua capacidade de se expressar ou se perceber inadequado em ambientes de aprendizado. A cura consiste em desenvolver confiança em sua voz e aprender a comunicar suas ideias de forma clara e eficaz.

Nível coletivo: coletivamente, Quíron em Gêmeos destaca problemas relacionados a disseminação de informações, educação e mídia. A sociedade pode enfrentar desafios como desinformação, polarização e baixa qualidade da educação. Esse trânsito pode impulsionar uma reforma nos sistemas educacionais e incentivar uma comunicação mais honesta e transparente.

Quíron em trânsito por Câncer

Nível individual: Quíron em Câncer pode trazer à tona feridas emocionais profundas relacionadas à família, ao lar e ao senso de pertencimento. Você pode enfrentar sentimentos de rejeição ou insegurança em relação às suas raízes e à sua capacidade de cuidar dos outros. Esse trânsito convida você a curar traumas familiares e a criar um espaço seguro e acolhedor para si mesmo e para aqueles ao seu redor.

Nível coletivo: coletivamente, o trânsito de Quíron por Câncer pode destacar questões relacionadas a identidade nacional, imigração e segurança doméstica. A sociedade pode enfrentar desafios que exigem uma reavaliação dos conceitos de lar e de pertencimento. Pode haver um movimento em direção à reconciliação de divisões culturais e à construção de comunidades mais inclusivas e solidárias.

Quíron em trânsito por Leão

Nível individual: durante o trânsito de Quíron por Leão, você pode sentir uma crise de confiança em sua capacidade de brilhar e ser reconhecido. Pode haver insegurança em relação à sua criatividade e à forma como se expressa no mundo. A cura envolve aceitar sua singularidade e aprender a compartilhar seus talentos de forma autêntica, sem buscar aprovação externa.

Nível coletivo: coletivamente, Quíron em Leão pode trazer à tona questões relacionadas a liderança, fama e reconhecimento. A sociedade pode questionar os modelos tradicionais de liderança e valorizar formas mais autênticas de expressão individual. Esse trânsito pode incentivar um movimento em direção a uma cultura que celebre a criatividade e a individualidade de todos, em vez de exaltar apenas alguns poucos.

Quíron em trânsito por Virgem

Nível individual: Quíron em Virgem pode destacar feridas relacionadas a perfeição, trabalho e saúde. Você pode sentir insegurança quanto a sua competência ou sua capacidade de cuidar de si mesmo e dos outros. Esse trânsito convida à cura através da aceitação das imperfeições e do desenvolvimento de uma abordagem mais compassiva em relação a si mesmo e aos outros.

Nível coletivo: coletivamente, Quíron em Virgem pode trazer à superfície questões de saúde pública, bem-estar e eficiência no trabalho. A sociedade pode enfrentar desafios relacionados à qualidade dos serviços de saúde e às condições de trabalho. Esse período pode levar a uma reavaliação das práticas laborais e a uma ênfase em promover a saúde e o bem-estar de forma mais equitativa.

Quíron em trânsito por Libra

Nível individual: quando Quíron transita por Libra, você pode enfrentar feridas ligadas a parcerias e vínculos. Pode haver insegurança quanto a sua capacidade de formar e manter relacionamentos harmoniosos e equilibrados. A cura envolve trabalhar em questões de codependência e aprender a valorizar a si mesmo dentro das dinâmicas de parceria.

Nível coletivo: coletivamente, Quíron em Libra pode destacar problemas relacionados a justiça, igualdade e parcerias sociais. A sociedade pode enfrentar desafios que forcem uma reavaliação dos sistemas de justiça e das relações diplomáticas. Esse trânsito pode incentivar uma busca por maior equilíbrio e equidade nas relações pessoais e sociais.

Quíron em trânsito por Escorpião

Nível individual: Quíron em Escorpião pode trazer à tona feridas relacionadas a poder, controle e transformação pessoal. Você pode enfrentar medos intensos e traumas emocionais que exigem uma cura profunda. Esse trânsito convida você a confrontar seu lado sombrio e a se transformar através do enfrentamento de suas maiores vulnerabilidades.

Nível coletivo: coletivamente, o trânsito por Escorpião pode destacar questões de poder, corrupção e regeneração social. A sociedade pode ser confrontada com crises que exigem uma transformação radical nas estruturas de poder. Esse período pode promover renovação profunda, com ênfase em expor e curar as áreas mais sombrias da vida social.

Quíron em trânsito por Sagitário

Nível individual: durante o trânsito de Quíron por Sagitário, você pode enfrentar crises de fé e de significado. Pode haver insegurança em relação às suas crenças e ao propósito de sua vida. A cura envolve a exploração de novas filosofias e a busca por um propósito que ressoe mais profundamente com sua verdade interior.

Nível coletivo: coletivamente, Quíron em Sagitário pode trazer à tona questões relacionadas a ideologias, educação superior e relações internacionais. A sociedade pode enfrentar desafios que questionam as crenças tradicionais e as práticas educacionais. Esse trânsito pode incentivar uma reavaliação das ideologias dominantes e uma busca por maior compreensão intercultural.

Quíron em trânsito por Capricórnio

Nível individual: Quíron em Capricórnio pode destacar feridas relacionadas a carreira, ambição e responsabilidades. Você pode sentir uma crise de confiança em relação ao seu papel no mundo e à sua capacidade de alcançar sucesso. A cura envolve redefinir o que significa sucesso para você e aprender a equilibrar ambição com integridade pessoal.

Nível coletivo: coletivamente, o trânsito de Quíron por Capricórnio pode trazer à tona questões ligadas a estruturas sociais, políticas e econômicas. A sociedade pode enfrentar uma crise de autoridade e uma reavaliação das instituições tradicionais. Esse período pode levar à necessidade de reformar as bases da sociedade para promover mais justiça e responsabilidade.

Quíron em trânsito por Aquário

Nível individual: Quíron em Aquário pode trazer à tona feridas relacionadas ao senso de pertencimento e à aceitação de sua individualidade. Você pode se sentir inseguro por ser diferente ou por não se encaixar nos grupos sociais. A cura envolve aceitar sua singularidade e encontrar seu lugar em comunidades que valorizem a diversidade.

Nível coletivo: coletivamente, Quíron em Aquário pode destacar questões relacionadas a inovação, tecnologia e comunidades. A sociedade pode enfrentar desafios que questionam o impacto social da tecnologia e a inclusão social. Esse trânsito pode promover um movimento em direção à construção de sociedades mais inclusivas e tecnologicamente conscientes.

Quíron em trânsito por Peixes

Nível individual: Quíron em Peixes pode destacar feridas emocionais profundas e questões de escapismo. Você pode sentir uma crise de fé ou uma sensação de desconexão do mundo. A cura envolve encontrar equilíbrio entre a realidade e a fantasia, além de usar sua sensibilidade para se conectar com o divino e com os outros de forma compassiva. Esse trânsito pode despertar maior empatia e a necessidade de se envolver em práticas espirituais ou artísticas que ajudem a integrar sua experiência de vida.

Nível coletivo: coletivamente, Quíron em Peixes pode trazer à tona questões relacionadas a espiritualidade, compaixão e escapismo social. A sociedade pode enfrentar desafios ligados à desilusão com estruturas religiosas ou com ideais espirituais que parecem fora de alcance. Esse trânsito pode promover renovação espiritual e maior consciência sobre a necessidade de cuidar dos mais vulneráveis, incentivando movimentos de ajuda humanitária e de reconexão com valores espirituais mais autênticos.

Trânsitos de Quíron em aspecto com os planetas natais

Finalmente, vamos falar dos trânsitos de Quíron em aspecto com os planetas natais. A conjunção é geralmente o aspecto mais poderoso, porque se alinha diretamente com a energia do planeta que está tocando no mapa natal. Isso tende a trazer à tona questões latentes, frustrações e feridas não resolvidas, mas também cria uma janela de oportunidade para cura e transformação.

Vamos abordar como o trânsito de Quíron afeta conjunções, oposições, quadraturas, trígonos e sextis, a começar pelo Sol.

Quíron em trânsito com o Sol natal

Conjunção

Frustrações e feridas: quando Quíron transita em conjunção com o Sol natal, questões de identidade, autoestima e propósito de vida se tornam centrais. Você pode sentir que não está sendo reconhecido por quem realmente é, ou pode enfrentar feridas antigas relacionadas à autoexpressão e ao desejo de ser visto e apreciado.

Oportunidades de cura: esse trânsito oferece a chance de redefinir sua identidade e se libertar de expectativas externas. Ao enfrentar essas feridas, você pode emergir com uma compreensão mais profunda de quem é e com uma identidade mais autêntica e empoderada.

Oposição

Frustrações e feridas: a oposição pode trazer à tona conflitos entre quem você é (Sol) e como os outros o veem ou esperam que você seja. Pode se sentir constantemente desafiado ou julgado por sua identidade ou pelas escolhas que faz.

Oportunidades de cura: esse trânsito é uma oportunidade para encontrar equilíbrio entre as expectativas dos outros e a sua verdade pessoal. A cura vem ao aprender a se afirmar com confiança, sem a necessidade de aprovação externa.

Quadratura

Frustrações e feridas: a quadratura de Quíron com o Sol pode criar uma tensão interna significativa, a partir da qual você se sente pressionado a mudar ou a adaptar sua identidade para resolver feridas antigas. Pode haver uma sensação de inadequação ou de incapacidade de alcançar seu pleno potencial.

Oportunidades de cura: embora desafiante, esse trânsito oferece a oportunidade de trabalhar através dessas tensões e fortalecer sua autoestima. Superar a crise de identidade que essa quadratura pode trazer leva a um crescimento pessoal significativo.

Trígono/Sextil

Oportunidades de cura: os aspectos harmoniosos, como trígonos e sextis, entre Quíron e o Sol natal facilitam o processo de cura e autoaceitação. Esse período pode ser marcado por aumento na confiança e maior compreensão de seu valor. Você pode descobrir novas maneiras de expressar sua verdadeira essência, com menos resistência e mais apoio cósmico.

Quíron em trânsito com a Lua natal

Conjunção

Frustrações e feridas: quando Quíron faz uma conjunção com a Lua natal, questões emocionais profundas e feridas relacionadas a temas como segurança, lar e relações maternas são ativadas. Sentimentos de vulnerabilidade e carências emocionais podem vir à tona.

Oportunidades de cura: esse trânsito oferece uma poderosa oportunidade para curar feridas emocionais antigas, particularmente aquelas relacionadas à infância e à mãe. Trabalhar com essas emoções pode levar a maior estabilidade emocional e à cura de antigas inseguranças.

Oposição

Frustrações e feridas: a oposição entre Quíron e a Lua natal pode se manifestar como um conflito entre suas necessidades emocionais e as expectativas dos outros. Pode haver uma sensação de desconexão ou de incompreensão em suas emoções.

Oportunidades de cura: encontrar equilíbrio entre suas próprias necessidades emocionais e as demandas externas é essencial. Esse trânsito pode ensinar a importância de cuidar de si mesmo emocionalmente, mesmo quando isso significa contrariar as expectativas alheias.

Quadratura

Frustrações e feridas: a quadratura de Quíron com a Lua natal pode trazer à tona tensões emocionais e feridas não resolvidas. Pode haver uma luta interna para reconciliar suas emoções com as realidades práticas da vida, causando sentimentos de frustração ou inadequação.

Oportunidades de cura: esse trânsito pode ser um catalisador para o crescimento emocional, ajudando você a enfrentar e curar antigas feridas. Superar os desafios dessa quadratura pode resultar em maior resiliência e compreensão mais profunda de suas necessidades emocionais.

Trígono/Sextil

Oportunidades de cura: aspectos harmoniosos, como trígonos e sextis, entre Quíron e a Lua natal oferecem uma oportunidade mais suave para curar e integrar emoções profundas. Pode haver uma sensação de apoio emocional e maior capacidade de nutrir a si mesmo e aos outros. Este é um bom momento para fortalecer laços familiares e trabalhar em questões emocionais de maneira construtiva.

Quíron em trânsito com Mercúrio natal

Conjunção

Frustrações e feridas: quando Quíron transita em conjunção com Mercúrio natal, questões relacionadas a comunicação, aprendizagem e expressão mental podem vir à tona. Você pode sentir dificuldade para expressar suas ideias ou experimentar dúvidas sobre suas capacidades intelectuais.

Oportunidades de cura: esse trânsito é uma chance de curar velhas feridas relacionadas à autoexpressão e à forma como você se comunica. Aprender a aceitar suas habilidades mentais e a se expressar sem medo de julgamento pode ser um caminho importante para a cura.

Oposição

Frustrações e feridas: a oposição pode revelar conflitos entre o que você pensa e como os outros percebem suas ideias. Pode haver uma sensação de não ser compreendido ou de ter suas palavras mal interpretadas.

Oportunidades de cura: encontrar um equilíbrio entre suas opiniões e a comunicação com os outros é essencial. Esse trânsito pode ajudá-lo a desenvolver maior clareza na comunicação e a entender melhor as perspectivas alheias.

Quadratura

Frustrações e feridas: a quadratura de Quíron com Mercúrio natal pode trazer dificuldades na comunicação e no pensamento lógico. Pode haver insegurança em relação à sua capacidade de aprender ou de compartilhar informações.

Oportunidades de cura: embora desafiador, esse trânsito pode levar a um crescimento significativo na forma como você pensa e se comunica. Superar essas dificuldades pode resultar em maior confiança em suas habilidades intelectuais.

Trígono/Sextil

Oportunidades de cura: aspectos harmoniosos entre Quíron e Mercúrio natal facilitam a cura de questões relacionadas à comunicação e ao aprendizado. Pode ser um período de *insights* profundos e de expressões criativas que ajudam a resolver feridas antigas.

Quíron em trânsito com Vênus natal

Conjunção

Frustrações e feridas: quando Quíron transita em conjunção com Vênus natal, questões relacionadas a amor, relacionamentos, autoestima, valores pessoais e prosperidade vêm à tona. Além dos desafios nos relacionamentos, você pode enfrentar dúvidas sobre seu valor próprio e sua capacidade de atrair abundância material.

Oportunidades de cura: esse trânsito oferece uma poderosa oportunidade para curar feridas relacionadas não apenas ao amor, mas também à sua relação com dinheiro e bens materiais. Você pode aprender a se valorizar mais profundamente e a redefinir o que significa prosperidade para si mesmo, encontrando um equilíbrio saudável entre dar e receber, tanto emocional quanto materialmente.

Oposição

Frustrações e feridas: a oposição pode trazer à superfície conflitos entre seus desejos de amor e segurança material e as realidades que você enfrenta nos relacionamentos e nas finanças. Pode haver uma sensação de desequilíbrio entre o que você valoriza e o que realmente possui ou atrai.

Oportunidades de cura: esse trânsito pode ensiná-lo a equilibrar suas necessidades emocionais e materiais. Aprender a se valorizar de maneira autêntica e a estabelecer limites saudáveis tanto em relacionamentos quanto em questões financeiras pode ser uma lição valiosa.

Quadratura

Frustrações e feridas: a quadratura de Quíron com Vênus natal pode se manifestar como tensões em suas finanças e em sua percepção de valor próprio. Pode haver desafios em relação à autoestima, com uma sensação de ser subestimado ou de não conseguir atingir a prosperidade desejada.

Oportunidades de cura: superar os desafios dessa quadratura pode levar à reavaliação de seus valores e ao fortalecimento de sua autoestima. Esse trânsito pode ser um período de aprendizado sobre a verdadeira natureza da abundância, para redefinir o que é realmente valioso para você, tanto em termos materiais quanto emocionais.

Trígono/Sextil

Oportunidades de cura: aspectos harmoniosos entre Quíron e Vênus natal facilitam a cura de feridas relacionadas ao amor, ao valor próprio e à prosperidade. Este é um período em que você pode descobrir formas mais saudáveis de se relacionar com os outros e com seus próprios recursos, criando um fluxo mais positivo tanto no amor quanto nas finanças.

Quíron em trânsito com Marte natal

Conjunção

Frustrações e feridas: durante a conjunção de Quíron com Marte natal, questões relacionadas a assertividade, agressividade e sexualidade podem vir à tona. Esse trânsito pode destacar inseguranças em relação à sua capacidade de agir, tomar decisões e se afirmar. No campo da sexualidade, pode haver sentimentos de inadequação ou conflitos internos sobre como expressar seus desejos e impulsos.

Oportunidades de cura: esse período oferece uma oportunidade poderosa para transformar suas atitudes em relação à ação e à sexualidade. Ao enfrentar suas inseguranças e lidar com emoções reprimidas, você pode emergir com uma compreensão mais profunda de si mesmo e de suas necessidades. Esse trânsito pode incentivar a exploração de maneiras mais saudáveis e equilibradas de expressar sua energia física e sexual, promovendo uma reconciliação com qualquer trauma ou vergonha associada ao seu desejo.

Oposição

Frustrações e feridas: a oposição entre Quíron e Marte pode criar uma tensão entre seus desejos e a forma como você os expressa, tanto em termos de assertividade quanto de sexualidade. Pode haver conflitos nos relacionamentos, onde suas necessidades podem não ser plenamente compreendidas ou atendidas. Esse aspecto também pode ressaltar desafios para equilibrar a autoconfiança e a sensibilidade ao que os outros precisam.

Oportunidades de cura: esse trânsito desafia você a encontrar um meio-termo entre ser assertivo e respeitar os limites alheios. É um período para trabalhar a comunicação aberta e honesta sobre suas necessidades, sejam elas emocionais, físicas ou sexuais. A cura pode surgir ao aprender a integrar sua energia de forma a servir tanto a você quanto aos outros, promovendo relacionamentos mais equilibrados e satisfatórios.

Quadratura

Frustrações e feridas: a quadratura de Quíron com Marte natal pode trazer à tona conflitos internos e externos sobre a expressão de sua energia física e sexual. Pode haver uma luta para se afirmar de uma forma que não seja destrutiva ou para expressar seu desejo sem culpa ou medo da rejeição. Esse aspecto pode gerar um desconforto que o obriga a confrontar padrões de comportamento ou crenças limitantes.

Oportunidades de cura: este é o momento de enfrentar diretamente esses desafios e começar a desconstruir padrões de autossabotagem. A quadratura oferece a chance de transformar a tensão em crescimento, especialmente ao abordar questões relacionadas à sua identidade sexual e à maneira como você se impõe no mundo. Esse trânsito pode ser um catalisador para o desenvolvimento de uma expressão mais saudável e confiante de sua energia, tanto na ação quanto na intimidade.

Trígono/Sextil

Oportunidades de cura: aspectos harmoniosos entre Quíron e Marte natal promovem um fluxo positivo de energia, facilitando a integração de sua assertividade com sua sexualidade de forma saudável. Durante esses trânsitos, você pode sentir maior facilidade para expressar suas necessidades e desejos, tanto em termos de ação quanto de intimidade. É um momento para explorar novas formas de autoexpressão e para curar antigas feridas de maneira natural e fluida, promovendo equilíbrio entre o impulso de agir e a sensibilidade às necessidades dos outros.

Quíron em trânsito com Júpiter natal

Conjunção

Frustrações e feridas: quando Quíron transita em conjunção com Júpiter natal, questões ligadas à fé, à expansão, à prosperidade e às crenças pessoais podem ser desafiadas. Você pode se deparar com limitações que o forçam a reavaliar suas aspirações e ideais. Esse trânsito pode trazer à tona feridas relacionadas à sua capacidade de crescimento e à crença em seu próprio potencial.

Oportunidades de cura: esse trânsito oferece a chance de curar feridas relacionadas à sua visão de mundo e à sua relação com a prosperidade. Pode ser um momento de reavaliar suas crenças, questionar o que você considera verdadeiro e ajustar seus objetivos para que fiquem mais alinhados com seu eu autêntico. A cura pode vir através do desenvolvimento de uma fé mais madura e realista, baseada em uma compreensão mais profunda de seus verdadeiros valores.

Oposição

Frustrações e feridas: a oposição pode criar tensões entre suas aspirações e a realidade. Você pode enfrentar desafios ao tentar expandir seus horizontes ou perseguir grandes objetivos, sentindo que suas crenças ou ideais estão sendo testados.

Oportunidades de cura: esse trânsito ensina a equilibrar a fé com a realidade. Você pode aprender a ajustar suas expectativas e a desenvolver uma abordagem mais prática para alcançar seus objetivos. A cura pode ocorrer quando você aprende a confiar em sua capacidade de crescer e prosperar, mesmo diante de limitações.

Quadratura

Frustrações e feridas: a quadratura de Quíron com Júpiter natal pode se manifestar como um confronto entre sua necessidade de crescimento e as barreiras que encontra em seu caminho. Pode haver uma luta interna entre o desejo de expandir e o medo de fracassar ou de ser limitado.

Oportunidades de cura: superar os desafios dessa quadratura pode levar a uma reformulação de suas metas e aspirações. Esse trânsito pode ser um período de aprendizado sobre a verdadeira natureza da expansão e do crescimento, redefinindo o que é realmente importante para você em termos de crenças e valores.

Trígono/Sextil

Oportunidades de cura: aspectos harmoniosos entre Quíron e Júpiter natal facilitam a cura de feridas relacionadas à fé, à expansão e à prosperidade. Durante esse período, você pode encontrar formas mais equilibradas e sábias de crescer e prosperar. É um bom momento para expandir seus horizontes de maneira espiritualmente satisfatória e alinhada com seus valores mais profundos.

Quíron em trânsito com Saturno natal

Conjunção

Frustrações e feridas: quando Quíron se alinha com Saturno natal, pode trazer à tona feridas profundas relacionadas a estrutura, responsabilidade e autoridade em sua vida. Esse trânsito pode destacar sentimentos de inadequação, especialmente em relação à capacidade de assumir compromissos ou cumprir com expectativas externas. Há também uma possibilidade de enfrentar questões ligadas a figuras de autoridade, como pais ou superiores, que podem reavivar traumas antigos de repressão ou de falta de apoio.

Oportunidades de cura: esse trânsito oferece a oportunidade de transformar a dor em sabedoria. Encarar as limitações e frustrações pode levar ao fortalecimento interno, ajudando você a desenvolver uma nova relação com a responsabilidade e a disciplina. A cura pode vir ao redefinir o que sucesso e realização significam para você, libertando-se das expectativas impostas pelos outros e criando uma estrutura de vida que seja autêntica e significativa.

Oposição

Frustrações e feridas: a oposição entre Quíron e Saturno pode gerar tensão entre o desejo de estabilidade e as feridas relacionadas à rigidez ou ao medo do fracasso. Esse trânsito pode provocar uma crise de confiança, na qual você sente que as estruturas em sua vida estão sendo desafiadas ou que você não está à altura das responsabilidades que carrega. Pode haver uma luta entre a firmeza em suas convicções e a necessidade de adaptação e cura.

Oportunidades de cura: esse trânsito desafia você a equilibrar a autodisciplina com a necessidade de curar velhas feridas. Envolve encontrar um caminho entre a rigidez e a flexibilidade, permitindo que você mantenha sua integridade sem se fechar para novas possibilidades. A cura pode surgir ao aprender a ser gentil consigo mesmo, aceitando que o progresso pode incluir tropeços e que a verdadeira força vem da resiliência, não da perfeição.

Quadratura

Frustrações e feridas: a quadratura de Quíron com Saturno natal pode criar um desconforto significativo em relação às estruturas estabelecidas em sua vida. Pode haver uma sensação de estar preso em circunstâncias restritivas ou de ser incapaz de se libertar de expectativas rígidas e autolimitantes. Esse trânsito pode intensificar sentimentos de insuficiência ou medo de não estar à altura dos desafios.

Oportunidades de cura: esse trânsito oferece uma chance para transformar tensão em crescimento. Ao confrontar os medos e limitações que Saturno pode representar, você começa a reconstruir sua vida com uma nova fundação, mais alinhada com suas necessidades emocionais e espirituais. A cura pode envolver deixar para trás velhas crenças sobre o que você deve ser, permitindo-se criar novas definições de sucesso e realização.

Trígono/Sextil

Oportunidades de cura: aspectos harmoniosos entre Quíron e Saturno natal oferecem um período de integração e crescimento. Esse trânsito facilita a cura de antigas feridas relacionadas à responsabilidade e à autoridade, permitindo que você construa novas estruturas em sua vida, com mais confiança e menos peso emocional. É um momento favorável para consolidar aprendizados e encontrar um equilíbrio saudável entre autodisciplina e autocompaixão.

Quíron em trânsito com Urano natal

Conjunção

Frustrações e feridas: quando Quíron se alinha com Urano natal, ele pode trazer à tona feridas ligadas a liberdade, individualidade e originalidade. Esse trânsito pode provocar uma crise em relação à necessidade de ser autêntico e de se libertar de restrições, especialmente as impostas pela sociedade ou por padrões familiares. Há uma tensão entre a necessidade de mudança e a dor associada a rupturas ou rejeições passadas, especialmente se você se sentiu marginalizado por ser diferente.

Oportunidades de cura: esse trânsito oferece uma oportunidade poderosa de curar feridas relacionadas à aceitação e à liberdade pessoal. Pode ser um momento de despertar, no qual você se permite abraçar sua singularidade e inovar em sua vida. A cura pode envolver aceitar o que o torna único e encontrar maneiras de se expressar livremente, sem medo de rejeição ou julgamento. Esse trânsito pode abrir portas para mudanças radicais que levam a maior autenticidade e liberdade.

Oposição

Frustrações e feridas: a oposição entre Quíron e Urano pode criar uma tensão entre o desejo de liberdade e as feridas que surgem do medo de ser rejeitado ou de enfrentar mudanças. Pode haver uma luta entre o apego ao que é familiar e a necessidade urgente de inovação e ruptura com o passado. Esse trânsito pode ressaltar sentimentos de alienação ou a sensação de não pertencer, forçando-o a confrontar tais questões.

Oportunidades de cura: esse trânsito desafia você a encontrar equilíbrio entre a necessidade de segurança e a de liberdade. A cura pode surgir ao aprender a navegar entre esses dois polos, permitindo-se a liberdade de ser quem você é, ao mesmo tempo que encontra estabilidade em sua vida. Pode ser um período para integrar mudanças de maneira que não causem rupturas desnecessárias, promovendo uma transformação mais suave e sustentável.

Quadratura

Frustrações e feridas: a quadratura entre Quíron e Urano natal pode provocar uma sensação de inquietação e descontentamento com o *status quo*. Pode haver forte pressão interna para mudar ou romper com restrições, mas também medo de enfrentar o desconhecido. Esse trânsito pode intensificar sentimentos de frustração com o que parece uma vida convencional ou restritiva, levando a um desejo urgente de libertação.

Oportunidades de cura: este é um período para confrontar diretamente as tensões entre a conformidade e a individualidade. A quadratura oferece a oportunidade de transformar o conflito em um catalisador para mudanças positivas. A cura pode envolver encontrar formas criativas e inovadoras de se expressar, enquanto trabalha para integrar as lições do passado. Esse trânsito pode promover um crescimento significativo ao permitir que você se liberte de padrões limitantes e explore novos caminhos com coragem.

Trígono/Sextil

Oportunidades de cura: aspectos harmoniosos entre Quíron e Urano natal proporcionam uma oportunidade para integrar mudanças com mais facilidade e graça. Durante esses trânsitos, você pode sentir maior liberdade para explorar novas ideias e formas de vida, sem a resistência ou o medo que outros aspectos podem trazer. É um momento de cura, ao permitir que a inovação e a autenticidade fluam em sua vida, promovendo transformações que são tanto libertadoras quanto sustentáveis.

Quíron em trânsito com Netuno natal

Conjunção

Frustrações e feridas: quando Quíron se alinha com Netuno natal, ele pode trazer à tona feridas profundas relacionadas a espiritualidade, compaixão e ideais. Esse trânsito pode intensificar sentimentos de desilusão, confusão ou escapismo, especialmente se você tem lutado para reconciliar seus sonhos com a realidade. Há o risco de confrontar antigas feridas espirituais ou de se sentir traído por suas próprias crenças ou ilusões.

Oportunidades de cura: esse trânsito oferece uma oportunidade única de cura espiritual. Pode ser um período de profunda introspecção, no qual você se reconecta com sua espiritualidade de maneira mais autêntica e menos idealizada. A cura pode envolver a aceitação das imperfeições, tanto suas quanto alheias, aprendendo a abraçar a compaixão sem se perder no processo. Esse trânsito pode abrir portas para uma nova compreensão da sua conexão com o divino e da sua capacidade de cura espiritual, tanto para si quanto para os outros.

Oposição

Frustrações e feridas: a oposição entre Quíron e Netuno pode criar uma tensão entre o desejo de se conectar com o espiritual e as feridas que surgem da desilusão ou do escapismo. Esse trânsito pode trazer à tona conflitos entre a necessidade de ser prático e a tendência a fugir da realidade através de sonhos ou vícios. Você pode se sentir perdido, sem um sentido claro de direção espiritual.

Oportunidades de cura: esse trânsito desafia você a encontrar equilíbrio entre a espiritualidade e a realidade. A cura pode surgir ao aprender a integrar suas aspirações espirituais na vida cotidiana de maneira sustentável e significativa. Este é o momento para se reconectar com sua intuição e compaixão, permitindo que elas guiem suas ações de forma prática e realista, em vez de se perder em ilusões ou idealizações.

Quadratura

Frustrações e feridas: a quadratura entre Quíron e Netuno natal pode gerar uma sensação de desconexão entre seus sonhos e a realidade. Esse trânsito pode intensificar sentimentos de frustração com o mundo, especialmente se você se sentir incapaz de realizar suas aspirações espirituais ou criativas. Pode haver uma tendência a se isolar ou a se refugiar em comportamentos escapistas como forma de lidar com a dor.

Oportunidades de cura: esse trânsito oferece uma chance para confrontar e superar a tensão entre o ideal e o real. A cura pode envolver a aceitação de que a perfeição não é alcançável e que a verdadeira espiritualidade envolve estar presente e engajado na vida, com todas as suas imperfeições. Este é um período para encontrar formas práticas de manifestar seus ideais, integrando sua visão espiritual com as realidades da vida cotidiana.

Trígono/Sextil

Oportunidades de cura: aspectos harmoniosos entre Quíron e Netuno natal proporcionam uma oportunidade de cura suave e espiritual. Durante esses trânsitos, você pode sentir maior conexão com sua intuição e compaixão, permitindo que suas ações fluam em alinhamento com seus valores espirituais. É um momento para explorar a espiritualidade de maneira profunda e significativa, promovendo uma integração harmoniosa entre seus sonhos e a realidade.

Quíron em trânsito com Plutão natal

Conjunção

Frustrações e feridas: quando Quíron se alinha com Plutão natal, ele pode trazer à tona feridas profundas relacionadas a poder, controle e transformação. Esse trânsito pode desencadear crises pessoais intensas, onde velhos padrões de comportamento destrutivo ou traumas não resolvidos emergem com força total. Pode haver necessidade de confrontar medos antigos relacionados a morte e perda ou ao lado sombrio da psique.

Oportunidades de cura: esse trânsito oferece uma poderosa oportunidade de cura e regeneração. Ao confrontar e trabalhar através dessas feridas, você pode transformar áreas de sua vida que antes pareciam imutáveis. A cura pode envolver um mergulho profundo em sua psique, trazendo à luz traumas antigos para serem processados e integrados. Este é um período de transformação intensa, para emergir mais forte e mais autêntico do que nunca, com um entendimento renovado do poder pessoal e da resiliência.

Oposição

Frustrações e feridas: a oposição entre Quíron e Plutão pode criar intensa luta entre o desejo de cura e as forças de destruição ou transformação que parecem fora de controle. Esse trânsito pode trazer à superfície conflitos internos profundos, relacionados a poder, controle e vulnerabilidade. Pode sentir que está em uma batalha contínua consigo mesmo ou com forças externas que parecem ameaçar sua segurança emocional.

Oportunidades de cura: esse trânsito desafia você a encontrar equilíbrio entre a necessidade de poder e controle e a capacidade de se render e permitir a cura. Esta pode envolver soltar padrões antigos de comportamento que não servem mais ao seu crescimento e aceitar que a verdadeira força vem da capacidade de se transformar. Este é um momento para abraçar o processo de morte e renascimento, tanto em nível psicológico quanto espiritual, permitindo que novas energias fluam em sua vida.

Quadratura

Frustrações e feridas: a quadratura entre Quíron e Plutão natal pode gerar sensação de crise interna, na qual você sente que antigas feridas estão sendo reabertas. Esse trânsito pode intensificar conflitos relacionados a poder e controle, tanto internamente quanto em seus relacionamentos. Pode haver uma sensação de impotência ou de aprisionamento em padrões destrutivos que parecem difíceis de quebrar.

Oportunidades de cura: esse trânsito oferece uma oportunidade para transformar essas tensões em um catalisador para o crescimento profundo. A cura pode envolver a liberação de velhas feridas e a aceitação de que a transformação é um processo necessário e contínuo. Este é um período para explorar as profundezas de sua psique e trazer à luz partes de si mesmo que foram reprimidas ou negadas, integrando-as de maneira saudável e construtiva.

Trígono/Sextil

Oportunidades de cura: aspectos harmoniosos entre Quíron e Plutão natal, como o trígono e o sextil, proporcionam uma oportunidade de transformação suave e integrativa. Durante esses trânsitos, você pode se sentir mais capacitado para lidar com questões profundas de poder e controle, permitindo que a cura ocorra de maneira natural e sem resistência. É um momento para se regenerar e se fortalecer, permitindo que o crescimento pessoal flua com facilidade e graça.

CAPÍTULO 8

Trânsitos de Planetas em Aspecto com Quíron Natal

Este é um estudo interessante, pois cada planeta em trânsito, ao formar algum aspecto com Quíron natal, pode ativar feridas, questões de saúde, frustrações e potencialidades latentes de maneira única, dependendo da natureza do planeta envolvido. Vamos explorar como os principais planetas em trânsito podem influenciar Quíron natal através de aspectos como conjunção, oposição, quadratura, trígono e sextil.

Sol em trânsito com Quíron natal

Conjunção: quando o Sol transita em conjunção com Quíron natal, há um foco direto na ferida quironiana. Esse aspecto traz luz e consciência para áreas de vulnerabilidade e dor, oferecendo uma oportunidade para reconhecer essas feridas e trabalhar na cura. Este é um momento em que a autoexpressão e a identidade podem estar intimamente ligadas à dor emocional ou espiritual, mas também é um período de potencial cura pessoal.

Oposição: a oposição pode criar uma tensão entre a identidade e as feridas internas. Pode haver um confronto entre a necessidade de brilhar e se expressar plenamente e a dor ou vulnerabilidade que impede essa expressão. A cura pode vir ao encontrar equilíbrio entre a autoafirmação e a aceitação das próprias imperfeições.

Quadratura: a quadratura entre o Sol em trânsito e Quíron natal pode trazer desafios e crises de identidade. Este é um momento para enfrentar a dor que pode estar bloqueando sua expressão plena e para superar os obstáculos internos que dificultam a autoconfiança. A cura envolve trabalhar conflitos internos relacionados à autoestima.

Trígono/Sextil: aspectos harmoniosos entre o Sol em trânsito e Quíron natal, como o trígono e o sextil, podem facilitar a integração da identidade com as feridas pessoais. Estes são momentos em que você pode encontrar maneiras criativas e construtivas de expressar quem é, usando sua vulnerabilidade como fonte de força e autenticidade.

Lua em trânsito com Quíron natal

Conjunção: quando a Lua transita em conjunção com Quíron natal, há uma ativação das feridas emocionais. Este é um período de sensibilidade aumentada, quando memórias e sentimentos antigos podem surgir. É o momento ideal para trabalhar na cura emocional, usando essa sensibilidade para aprofundar a compreensão de si mesmo e dos outros.

Oposição: a oposição entre a Lua em trânsito e Quíron natal pode criar tensão emocional, e você pode sentir que suas necessidades emocionais estão em desacordo com suas feridas ou vulnerabilidades. Este é um momento para trabalhar no equilíbrio entre cuidar de si mesmo e reconhecer as dores que ainda precisam ser curadas.

Quadratura: a quadratura pode trazer à tona conflitos emocionais intensos. Esse trânsito pode destacar áreas de sua vida emocional que estão em conflito com suas feridas interiores, oferecendo uma oportunidade para enfrentar e resolver essas questões. A cura emocional pode envolver confrontar medos e inseguranças.

Trígono/Sextil: aspectos harmoniosos entre a Lua em trânsito e Quíron natal oferecem uma oportunidade para a cura emocional fluir naturalmente. Esses trânsitos são momentos propícios para nutrir-se e permitir que suas emoções encontrem equilíbrio com suas feridas, promovendo sensação de paz interior.

Mercúrio em trânsito com Quíron natal

Conjunção: quando Mercúrio transita em conjunção com Quíron natal, a mente se volta para questões de cura e feridas pessoais. Este é um momento para refletir, escrever ou conversar sobre suas vulnerabilidades, o que pode ser terapêutico. A comunicação pode ser tanto um meio de cura quanto um desafio, dependendo de como você lida com suas feridas internas.

Oposição: a oposição entre Mercúrio em trânsito e Quíron natal pode criar desafios na comunicação, e você pode se sentir mal compreendido ou incapaz de expressar suas dores de forma eficaz. Esse trânsito pode trazer à tona a necessidade de equilibrar o pensamento racional com a cura emocional.

Quadratura: a quadratura pode intensificar a tensão entre o pensamento lógico e as feridas emocionais. Você pode enfrentar desafios ao tentar comunicar seus sentimentos ou compreender suas próprias feridas, o que pode levar a frustrações. A cura pode envolver aprender a se expressar de maneira que honre tanto sua mente quanto seu coração.

Trígono/Sextil: aspectos harmoniosos entre Mercúrio em trânsito e Quíron natal facilitam a comunicação e a compreensão das feridas emocionais. Estes são momentos em que a cura pode ser alcançada através do diálogo, da reflexão e de uma abordagem mais leve e aberta para lidar com questões internas.

Vênus em trânsito com Quíron natal

Conjunção: quando Vênus transita em conjunção com Quíron natal, questões de amor, autoestima e valores pessoais vêm à tona. Este é um período para confrontar feridas relacionadas a amor-próprio, relacionamentos e valor pessoal. A cura envolve aprender a amar e a aceitar a si mesmo, apesar das imperfeições.

Oposição: a oposição entre Vênus em trânsito e Quíron natal pode criar conflitos nos relacionamentos, e suas feridas pessoais podem parecer em desacordo com a harmonia e o prazer que você busca. Esse trânsito pode destacar a necessidade de equilibrar as necessidades dos outros com as suas próprias.

Quadratura: a quadratura pode intensificar dificuldades relacionadas à autoestima e aos relacionamentos. Pode haver uma sensação de inadequação ou insegurança, que precisa ser abordada. A cura envolve enfrentar essas questões e aprender a valorizar-se de maneira mais profunda.

Trígono/Sextil: aspectos harmoniosos entre Vênus em trânsito e Quíron natal oferecem uma oportunidade de cura nas áreas do amor e dos valores pessoais. Esses trânsitos são momentos propícios para melhorar sua autoestima e fortalecer seus relacionamentos, usando suas vulnerabilidades como ponte para uma conexão mais profunda.

Marte em trânsito com Quíron natal

Conjunção: quando Marte transita em conjunção com Quíron natal, há uma ativação intensa das feridas relacionadas a ação, assertividade e sexualidade. Esse trânsito pode trazer à tona antigas dores e frustrações que precisam ser enfrentadas de maneira direta. A energia de Marte pode ser um catalisador para o início de processos de cura, mas também pode provocar reações impulsivas se não for bem canalizada. Durante esse período, você pode se deparar com situações que exigem uma abordagem mais corajosa e assertiva, especialmente em relação às suas vulnerabilidades. É importante encontrar maneiras de expressar sua raiva ou frustração de forma saudável, para evitar explosões descontroladas ou conflitos que agravam as feridas.

Oposição: a oposição entre Marte em trânsito e Quíron natal pode criar tensão entre a necessidade de agir e as feridas emocionais que podem limitar essa ação. Esse trânsito pode se manifestar em conflitos externos que refletem as batalhas internas que você enfrenta. Pode haver um sentimento de frustração ao tentar avançar em seus objetivos, especialmente se suas ações desencadearem memórias dolorosas ou inseguranças. A cura pode vir através do equilíbrio entre assertividade e sensibilidade, aprendendo a lidar com confrontos de maneira construtiva.

Quadratura: a quadratura entre Marte em trânsito e Quíron natal pode ser um período de tensão e conflito, quando velhas feridas são reabertas e a ação direta pode ser frustrada ou desencadeada desordenadamente. Esse trânsito exige que você enfrente desafios internos e externos com coragem e discernimento. A quadratura pode trazer à tona sentimentos de inadequação ou raiva reprimida, que precisam ser confrontados. Ao invés de reagir impulsivamente, tente entender as raízes dessas emoções e use essa energia para promover a cura.

Trígono/Sextil: aspectos harmoniosos entre Marte em trânsito e Quíron natal oferecem uma oportunidade para canalizar a energia de Marte de maneira construtiva em direção à cura. Esses trânsitos podem facilitar a superação de obstáculos, permitindo que você use suas feridas como fonte de força e resiliência. Durante esses trânsitos, há maior facilidade para agir de forma assertiva, enquanto você permanece conectado às suas necessidades de cura. É um bom momento para tomar iniciativas que promovam bem-estar, tanto físico quanto emocional, e para fortalecer sua autoconfiança ao enfrentar desafios.

Júpiter em trânsito com Quíron natal

Conjunção: quando Júpiter transita em conjunção com Quíron natal, há uma ampliação das questões relacionadas a cura, sabedoria e crescimento espiritual. Esse trânsito pode trazer oportunidades para expandir a compreensão sobre suas feridas e iniciar processos significativos de cura e crescimento pessoal. Você pode sentir um desejo maior de explorar novas formas de cura, talvez através de estudos, viagens ou práticas espirituais. A energia expansiva de Júpiter pode ajudar a transformar sua dor em sabedoria, proporcionando uma nova perspectiva sobre as experiências que o moldaram.

Oposição: a oposição entre Júpiter em trânsito e Quíron natal pode trazer desafios relacionados ao equilíbrio entre o desejo de expansão e as limitações impostas por velhas feridas. Esse trânsito pode destacar a tensão entre o otimismo e a realidade dolorosa de suas vulnerabilidades. Pode haver uma sensação de conflito entre as oportunidades que surgem e a necessidade de lidar com questões internas não resolvidas. Este é um momento para buscar a integração de seu crescimento pessoal com a aceitação das frustrações que fazem parte de sua jornada.

Quadratura: a quadratura entre Júpiter em trânsito e Quíron natal pode criar tensão entre o desejo de expansão e o confronto com feridas que limitam esse crescimento. Esse trânsito pode ser desafiador, mas também oferece a oportunidade de transformar suas dores em sabedoria e força. Durante esse período, você pode se sentir dividido entre seguir em frente e lidar com questões emocionais que ressurgem. A chave para a cura é encontrar equilíbrio, usando os desafios como oportunidades para crescer e aprender.

Trígono/Sextil: aspectos harmoniosos entre Júpiter em trânsito e Quíron natal proporcionam oportunidades de crescimento expansivo e curativo. Esses trânsitos facilitam a integração das feridas com uma visão mais ampla e otimista da vida. Durante esses momentos, você pode sentir mais leveza ao lidar com suas feridas, encontrando maneiras de transformá-las em pontos de aprendizado e evolução. A energia de Júpiter apoia o desenvolvimento de uma perspectiva mais positiva, ajudando a ver o propósito maior em suas experiências e a fortalecer sua resiliência.

Saturno em trânsito com Quíron natal

Conjunção: quando Saturno transita em conjunção com Quíron natal, as feridas de longa data vêm à tona com maior intensidade. Saturno, o planeta das lições e responsabilidades, pressiona você para enfrentar essas feridas de maneira séria e disciplinada. Pode ser um momento de introspecção profunda, quando você é chamado a lidar com questões de dor e vulnerabilidade de forma estruturada e madura. Esse trânsito oferece a oportunidade de construir uma base sólida para a cura, embora possa exigir sacrifícios e trabalho árduo. É um período em que a paciência e a perseverança são fundamentais para superar desafios e transformar a dor em sabedoria duradoura.

Oposição: a oposição entre Saturno em trânsito e Quíron natal pode criar uma tensão entre o desejo de se proteger e a necessidade de enfrentar feridas que você pode ter evitado. Esse trânsito, muitas vezes, destaca a frustração e a sensação de estar limitado por antigas dores ou traumas. Pode haver uma sensação de confronto com as limitações e responsabilidades que vêm com a cura. A chave para lidar com esse aspecto é encontrar equilíbrio entre a disciplina e a autocompaixão, reconhecendo que o processo de cura é gradual e exige tempo e esforço.

Quadratura: a quadratura entre Saturno em trânsito e Quíron natal pode ser um período de desafios e bloqueios relacionados à cura e ao crescimento pessoal. Esse trânsito traz à tona sentimentos de inadequação ou dificuldades para lidar com a dor emocional. Pode haver um confronto com as limitações que parecem impedir o progresso, seja em questões emocionais, físicas ou espirituais. No entanto, esses desafios também oferecem a oportunidade de fortalecer sua resiliência e de aprender a lidar com as feridas de forma mais construtiva e disciplinada. O trabalho interno durante esse trânsito pode ser difícil, mas traz recompensas de longo prazo.

Trígono/Sextil: aspectos harmoniosos entre Saturno em trânsito e Quíron natal oferecem uma oportunidade para integrar as lições de Saturno de forma positiva na jornada de cura. Esses trânsitos podem facilitar a transformação de feridas em pontos de força, utilizando a disciplina e a estrutura de Saturno para construir uma base sólida de cura. Durante esses momentos, há maior facilidade para lidar com dificuldades e encontrar soluções práticas e duradouras para questões que envolvem dor e vulnerabilidade. A cura pode vir através da aceitação das limitações e do trabalho paciente para superá-las.

Urano em trânsito com Quíron natal

Conjunção: quando Urano transita em conjunção com Quíron natal, há intensificação e mudança inesperada nas feridas e processos de cura. Urano, o planeta da revolução e do despertar, pode trazer à tona feridas de maneira súbita, forçando você a lidar com elas de formas inovadoras e não convencionais. Esse trânsito pode ser um catalisador para mudanças profundas em como você aborda suas vulnerabilidades, quebrando velhos padrões de dor e abrindo novas possibilidades de cura. É um momento de libertação, quando a cura pode ocorrer através de um despertar súbito ou de uma mudança radical na sua perspectiva.

Oposição: a oposição entre Urano em trânsito e Quíron natal pode criar uma tensão entre o desejo de liberdade e a necessidade de lidar com feridas profundas. Pode haver sensação de inquietação para romper com padrões antigos que mantêm a dor viva. Esse trânsito pode trazer à tona conflitos internos entre a urgência de se libertar e a resistência a enfrentar a dor. A cura pode vir através do equilíbrio entre a necessidade de inovação e a aceitação das feridas, encontrando novas formas de lidar com antigos traumas.

Quadratura: a quadratura entre Urano em trânsito e Quíron natal pode ser um período de crise e instabilidade em torno das questões de cura e vulnerabilidade. Esse trânsito pode trazer mudanças inesperadas que desafiam a maneira como você tem lidado com suas feridas. Pode haver sensação de desorientação ou de obrigação em mudar abruptamente. No entanto, esses desafios também podem abrir portas para uma nova compreensão e para a libertação de antigos padrões de dor. A cura pode ocorrer de modos inesperados, exigindo flexibilidade e abertura para o novo.

Trígono/Sextil: aspectos harmoniosos entre Urano em trânsito e Quíron natal oferecem oportunidades de cura através da inovação e da mudança. Esses trânsitos podem facilitar a libertação de velhos padrões de dor, permitindo que você experimente novas formas de cura e crescimento. Há maior facilidade para aceitar mudanças e integrar novas abordagens na sua jornada de cura. Durante esses momentos, ela pode vir de maneira mais natural e espontânea, através de *insights* súbitos e de maior abertura para o novo.

Netuno em trânsito com Quíron natal

Conjunção: quando Netuno transita em conjunção com Quíron natal, há fusão entre as energias de cura e espiritualidade. Esse trânsito pode trazer maior sensibilidade às feridas emocionais e espirituais, deixando-o mais vulnerável, mas também mais receptivo à cura através de práticas espirituais, meditação ou outras formas de conexão com o divino. Pode ser um momento em que a linha entre realidade e fantasia se torna mais tênue, levando à necessidade de discernimento para evitar escapismos. A cura pode ocorrer através da aceitação da dor como parte da jornada espiritual, utilizando a compaixão e a empatia para transformar essas feridas em crescimento espiritual.

Oposição: a oposição entre Netuno em trânsito e Quíron natal pode criar sensação de confusão e desorientação em relação às suas feridas e ao processo de cura. Pode haver uma tendência a idealizar ou negar a dor, tornando difícil lidar com as feridas de maneira prática. Esse trânsito pode trazer à tona ilusões ou desilusões que precisam ser confrontadas. A cura pode vir através da aceitação da realidade e do desenvolvimento de maior clareza espiritual, aprendendo a equilibrar a sensibilidade com o discernimento.

Quadratura: a quadratura entre Netuno em trânsito e Quíron natal pode intensificar a confusão e a dificuldade em lidar com feridas emocionais e espirituais. Esse trânsito pode trazer à tona sentimentos de vulnerabilidade extrema, bem como uma tendência a fugir da dor através de comportamentos escapistas, como dependências ou ilusões. No entanto, esses desafios também podem oferecer a oportunidade de enfrentar a verdade sobre suas feridas e buscar uma cura mais profunda através da espiritualidade e do autoentendimento. A cura pode envolver o reconhecimento e a aceitação das realidades dolorosas, sem perder a esperança ou a conexão com o divino.

Trígono/Sextil: aspectos harmoniosos entre Netuno em trânsito e Quíron natal facilitam a cura através da espiritualidade e da compaixão. Esses trânsitos oferecem maior sensibilidade e intuição, permitindo que você acesse níveis mais profundos de compreensão emocional e espiritual. A cura pode fluir de maneira mais natural, utilizando práticas espirituais, arte, música ou meditação como formas de integrar e transformar suas feridas. Durante esses momentos, há maior facilidade para encontrar paz e aceitação através da conexão com o divino e da expressão criativa.

Plutão em trânsito com Quíron natal

Conjunção: quando Plutão transita em conjunção com Quíron natal, há um encontro intenso e profundo com as feridas mais ocultas e transformadoras. Esse trânsito pode trazer à tona questões de poder, controle e regeneração em relação às suas feridas. Pode ser um período de crises significativas, quando velhas feridas são reabertas para que possam ser profundamente curadas e transformadas. A cura nesse trânsito pode ser intensa e duradoura, mas pode exigir que você enfrente as sombras mais escuras de sua psique. É um momento de destruição e renascimento, em que a dor é transmutada em poder pessoal e sabedoria.

Oposição: a oposição entre Plutão em trânsito e Quíron natal pode criar uma tensão poderosa entre a necessidade de transformação e a resistência a enfrentar as feridas mais profundas. Pode haver uma luta interna para manter o controle sobre áreas da vida onde a dor é mais forte. Esse trânsito pode trazer à superfície conflitos relacionados a poder, tanto internamente quanto nos relacionamentos. A cura pode vir através da rendição ao processo de transformação, permitindo que as feridas sejam expostas e curadas, mesmo que isso signifique enfrentar medos profundos e a sensação de vulnerabilidade extrema.

Quadratura: a quadratura entre Plutão em trânsito e Quíron natal pode ser um período de desafios intensos e crises relacionadas às suas feridas mais profundas. Esse trânsito pode trazer à tona conflitos internos que exigem uma transformação completa para serem resolvidos. Você pode sentir que está sendo pressionado a mudar ou a enfrentar verdades dolorosas que foram suprimidas. A cura pode envolver a liberação de padrões autodestrutivos e a aceitação da necessidade de mudança profunda. Embora possa ser um período difícil, ele oferece uma oportunidade de regeneração poderosa e de renascimento pessoal.

Trígono/Sextil: aspectos harmoniosos entre Plutão em trânsito e Quíron natal, como o trígono e o sextil, oferecem uma oportunidade de cura através da transformação profunda, mas de maneira mais suave e integrada. Esses trânsitos facilitam a liberação de velhas feridas e o acesso ao poder pessoal de maneira construtiva. A cura pode ocorrer através da aceitação e da integração das sombras, permitindo que as feridas se tornem fontes de força e sabedoria. Durante esses momentos, há maior facilidade para lidar com a transformação e usar o poder de forma positiva para promover a cura, tanto em si mesmo quanto nos outros.

CAPÍTULO 9

Quíron nos Mapas de Relacionamento

Quando analisamos a relação entre duas pessoas, o uso de um mapa composto é uma ferramenta poderosa. Esse mapa é criado ao calcular os pontos médios dos planetas de cada indivíduo e situá-los nesses pontos no mapa resultante. O mapa composto revela a dinâmica da relação como uma entidade própria, diferente dos mapas natais pessoais, e fornece *insights* sobre como as duas energias se combinam.

Quíron no mapa composto desempenha um papel essencial ao indicar uma área da vida onde as duas pessoas compartilham uma experiência comum de vulnerabilidade ou de cura. A casa onde Quíron se encontra no mapa composto revela o campo de vida onde essas duas pessoas têm muito em comum. Essa posição também indica um ponto de liberação das tensões acumuladas entre elas, funcionando como um catalisador para a cura mútua.

Quíron nos signos e nas casas do mapa composto

Quando Quíron está posicionado em determinado signo no mapa composto, ele traz à tona as oportunidades de cura que os parceiros podem buscar juntos. A seguir, apresento uma abordagem prática para cada signo e cada casa, a fim de nos ajudar a entender como Quíron pode influenciar o crescimento e a transformação em um relacionamento.

Quíron em Áries no mapa composto: a relação deve aprender a equilibrar a individualidade com a cooperação. A cura ocorre quando os parceiros encontram maneiras de afirmar suas necessidades pessoais sem comprometer a harmonia do relacionamento. Incentivar a expressão aberta e honesta dos desejos pessoais é essencial.

Quíron na casa 1 do mapa composto: a relação deve se concentrar na aceitação mútua e na construção de uma identidade conjunta que permita que ambos se sintam valorizados. Trabalhar a autoaceitação dentro do relacionamento e reconhecer que cada parceiro traz algo único pode curar feridas de identidade e autovalorização.

***

Quíron em Touro no mapa composto: a cura neste relacionamento vem ao construir uma base sólida de confiança e segurança. Envolver-se em atividades que promovam a estabilidade e a valorização mútua ajuda a curar feridas relacionadas à insegurança material ou emocional.

Quíron na casa 2 do mapa composto: a cura ocorre ao construir segurança e estabilidade financeira e emocional juntos. O relacionamento pode se beneficiar ao abordar questões de valor pessoal e material, aprendendo a nutrir um senso de segurança interno, independentemente de circunstâncias externas.

***

Quíron em Gêmeos no mapa composto: a comunicação é a chave para a cura neste relacionamento. Trabalhar para entender e ser compreendido pelo outro, expressando pensamentos e sentimentos de maneira clara e sem julgamento, promove a cura de feridas relacionadas à expressão e ao entendimento.

Quíron na casa 3 do mapa composto: a comunicação aberta e honesta é essencial. Trabalhar para melhorar a forma como se expressam e compreendem um ao outro ajuda a curar feridas relacionadas à expressão e à percepção. A prática de escuta ativa e validação mútua pode ser transformadora.

***

Quíron em Câncer no mapa composto: neste caso, a cura é alcançada através do desenvolvimento de um ambiente emocional seguro e acolhedor. Ambos os parceiros devem trabalhar para se nutrir e se apoiar, especialmente em momentos de vulnerabilidade emocional, promovendo um senso de pertencimento.

Quíron na casa 4 do mapa composto: a criação de um lar emocionalmente seguro e acolhedor é fundamental. O relacionamento pode curar feridas relacionadas à família de origem ou à infância, ao construir um espaço onde ambos se sintam nutridos e protegidos.

***

Quíron em Leão no mapa composto: a relação deve focar na validação e no reconhecimento mútuo. A cura ocorre quando ambos aprendem a celebrar as conquistas e talentos um do outro, ao invés de competir por atenção. Promover o amor-próprio e a confiança mútua é fundamental.

Quíron na casa 5 do mapa composto: a cura vem ao cultivar alegria, criatividade e romance no relacionamento. Permitir que o prazer e a diversão façam parte da relação pode curar feridas ligadas à expressão criativa e à capacidade de amar sem medo.

***

Quíron em Virgem no mapa composto: a cura neste relacionamento vem ao adotar uma atitude de aceitação e compaixão, ao invés de crítica e perfeccionismo. Trabalhar juntos para criar rotinas saudáveis e oferecer apoio prático pode ajudar a curar feridas relacionadas à autoexigência e ao serviço.

Quíron na casa 6 do mapa composto: a cura é alcançada ao adotar uma abordagem prática e compassiva para o dia a dia. Trabalhar juntos para melhorar rotinas e criar um ambiente de apoio mútuo no cotidiano pode curar feridas relacionadas ao serviço, à saúde e ao bem-estar.

***

Quíron em Libra no mapa composto: neste caso, o equilíbrio e a justiça são essenciais para a cura. A relação deve focar em criar uma parceria harmoniosa, em que ambas as partes se sintam ouvidas e respeitadas. Resolver conflitos com empatia e cooperação promove a cura.

Quíron na casa 7 do mapa composto: o relacionamento deve focar na parceria e no compromisso mútuo. A cura ocorre ao aprender a equilibrar as necessidades de ambos os parceiros, promovendo uma relação baseada em respeito e igualdade e resolvendo feridas relacionadas a parcerias passadas.

* * *

Quíron em Escorpião no mapa composto: a cura é alcançada ao enfrentar e transformar as feridas profundas que surgem no relacionamento. Trabalhar juntos para lidar com questões de poder, controle e vulnerabilidade pode levar a profunda transformação emocional e espiritual.

Quíron na casa 8 do mapa composto: a cura neste relacionamento é profunda e transformadora. Trabalhar juntos para enfrentar e resolver questões de poder, controle e vulnerabilidade pode levar a uma regeneração emocional e espiritual, curando feridas relacionadas à intimidade e ao medo da perda.

* * *

Quíron em Sagitário no mapa composto: a cura ocorre quando ambos encontram um propósito maior e uma visão compartilhada. Viajar, aprender juntos ou se engajar em atividades que expandam a mente e o espírito pode ajudar a curar feridas relacionadas à fé e ao sentido de direção na vida.

Quíron na casa 9 do mapa composto: a cura ocorre ao explorar novas filosofias, culturas e crenças em conjunto. O relacionamento pode se beneficiar ao abraçar uma visão mais ampla e inclusiva do mundo, curando feridas relacionadas à fé, ao conhecimento e ao sentido de propósito.

* * *

Quíron em Capricórnio no mapa composto: a cura neste relacionamento vem ao construir uma estrutura sólida e confiável. Trabalhar juntos para alcançar metas comuns e criar um legado pode ajudar a curar feridas relacionadas a sucesso, responsabilidade e *status*.

Quíron na casa 10 do mapa composto: a cura é alcançada ao alinhar as ambições e os objetivos de vida do casal com valores mais profundos e significativos. Trabalhar para construir uma reputação conjunta e alcançar o sucesso pode curar feridas relacionadas ao reconhecimento público.

* * *

Quíron em Aquário no mapa composto: a relação deve abraçar a individualidade e a inovação como caminhos para a cura. Promover a liberdade e o respeito mútuo pelas diferenças é essencial, permitindo que ambos se sintam livres para expressar sua originalidade.

Quíron na casa 11 do mapa composto: a relação deve focar em construir uma rede de apoio social e comunitária. Trabalhar juntos para promover causas comuns e desenvolver amizades significativas pode curar feridas relacionadas à aceitação social e ao sentimento de pertencer.

* * *

Quíron em Peixes no mapa composto: a cura neste relacionamento é alcançada através da compaixão e da conexão espiritual. Trabalhar juntos para desenvolver a empatia e a compreensão profunda pode curar feridas relacionadas a ilusão, sacrifício e espiritualidade.

Quíron na casa 12 do mapa composto: a cura neste relacionamento envolve trabalhar em questões subconscientes e espirituais. O casal pode encontrar cura ao explorar a espiritualidade, a meditação ou outras práticas introspectivas em conjunto, curando feridas ligadas ao inconsciente e ao medo do desconhecido.

* * *

Aspectos de Quíron no mapa composto

Os aspectos de Quíron com outros planetas no mapa composto são cruciais para entender a dinâmica de cura dentro da relação. Eles mostram onde e como a relação pode servir como catalisador para a transformação e o crescimento pessoal.

Aspectos harmônicos (trígono e sextil): facilitam a cura mútua e a compreensão profunda. Esses aspectos indicam áreas onde o relacionamento flui naturalmente, ajudando ambos a enfrentarem suas feridas com apoio e amor.

Aspectos desafiadores (conjunção, oposição e quadratura): podem indicar tensões e desafios na relação, especialmente se um ou ambos os parceiros resistirem às mudanças que Quíron exige. No entanto, esses aspectos também são oportunidades de crescimento profundo, se enfrentados com coragem e abertura.

* * *

Quíron no mapa composto serve como um ponto de cura dentro do relacionamento, pois destaca áreas onde os parceiros podem crescer juntos. Reconhecer e trabalhar com as energias de Quíron pode ajudar a transformar a relação em uma fonte poderosa de crescimento e cura para ambos.

> *"Os curadores não são perfeitos, longe disso. O curador encarou a dor e o sofrimento e se viu diante de todas as adversidades e, no processo, inspirou outros a fazerem o mesmo. Os curadores não precisam necessariamente curar. Eles se curam e inspiram outros a fazer o mesmo." Angell Deer*

CAPÍTULO 10

Exemplos Práticos, Aplicações e Reflexões

Neste capítulo, compartilho análises de mapas reais, tanto de amigos e clientes quanto de personalidades públicas. Vamos explorar como as influências de Quíron se manifestam na vida dessas pessoas.

Exemplo 1: o mapa de uma grande amiga, médica e mestra

Como primeiro exemplo, analisamos o mapa de uma querida amiga que, ao longo de sua vida, trilhou um caminho profundo e transformador de cura e ensino. Ela é médica antroposófica, mestra, pesquisadora, xamã e mãe de santo na Umbanda. Sua trajetória ilustra perfeitamente a essência de Quíron: a cura como um caminho iniciático.

O Nodo Sul em Capricórnio, no final da casa 2, conjunto à cúspide da casa 3, indica que ela vem de uma trajetória de vida marcada pela busca de estrutura e segurança material, simbolizando o legado de um caminho tradicional ligado à medicina convencional. Esse posicionamento revela sua forte conexão com o trabalho árduo, o pragmatismo e a construção de uma vida sólida. No entanto, o Nodo Norte em Câncer, conjunto a Vênus retrógrado na cúspide da casa 9, sugere um chamado para uma jornada muito mais elevada e espiritual — um caminho voltado para o cuidado, a nutrição emocional e a sabedoria profunda. Esse Nodo Norte indica um destino de expansão e de busca por um propósito maior, através da educação e da cura, conectando-se ao conhecimento espiritual e ao campo das práticas holísticas.

Ela possui Sol e Lua em Gêmeos na casa 8, o que aponta para uma personalidade intensa e transformadora. Esse posicionamento a impulsiona a buscar respostas profundas e a ir além da superfície das questões, seja na medicina ou nas suas práticas espirituais. O Sol e a Lua nessa casa indicam que sua jornada de cura está ligada à transformação emocional e psicológica, e sua capacidade de investigar e diagnosticar as raízes dos problemas reflete essa profundidade. Ela traz essa mesma profundidade para sua prática médica, buscando transformar a vida de seus pacientes em um nível essencial, não apenas tratando os sintomas, mas curando a alma.

Ao longo de sua carreira, ela passou por várias iniciações e especializações, buscando expandir sua prática tradicional para integrar a medicina holística e multidimensional. Hoje, leva práticas integrativas, como florais, meditação e Reiki, para o sistema público de saúde (SUS), quebrando barreiras e abrindo caminho para uma medicina mais inclusiva e curadora.

Quíron em Peixes na casa 5 revela tanto a ferida quanto o caminho de cura. A casa 5 fala de criatividade, expressão pessoal e filhos. Com Quíron posicionado ali, ela traz consigo uma ferida ligada à sua expressão criativa e à maternidade. Além disso, a quadratura de Quíron com o Sol em Gêmeos na casa 8 (e a leve oposição de Quíron a Plutão em Virgem na casa 11) evidencia que essa ferida está ligada à sua necessidade de divulgar e compartilhar seu trabalho de forma mais ampla e ao receio de que seu trabalho não seja levado a sério pela comunidade médica.

É importante observar a presença de Saturno em Peixes na casa 5, que, apesar de não estar em conjunção com Quíron, reforça a ideia de que sua jornada criativa e maternal está ligada a uma responsabilidade profunda e a um processo de aprendizado através de limitações. A falta de filhos biológicos é um reflexo dessa posição, mas Saturno, aqui, também mostra que ela se tornou uma mãe espiritual para muitos, especialmente através de sua liderança como mãe de santo na Umbanda. Sua especialização em preparar os pais para receberem os bebês e cuidarem da primeira infância mostra que, mesmo sem filhos biológicos, sua energia materna se manifesta de forma profunda e transformadora na vida dos outros.

Nome: ♀ Exemplo 1	
n. em qua., 10 de junho 1964	Horas: 15:00
em Uberlândia (Minas Gerais), BRAS	Tempo Univ.: 18:00
48w16'38, 18s55'09	Tempo Sid.: 8:03:21

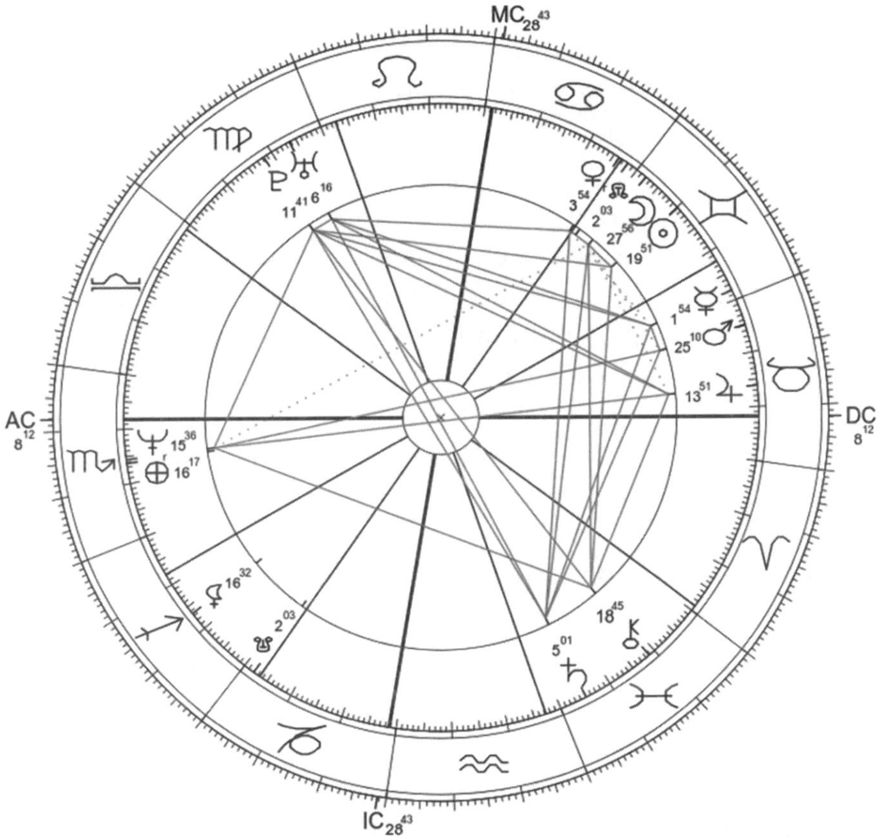

Quíron em Peixes também faz aspectos harmônicos que mostram o grande potencial de cura que ela carrega. O trígono com a conjunção de Netuno retrógrado e a Parte da Fortuna em Escorpião na casa 1 indicam uma sensibilidade espiritual profunda e um destino de cura que envolve outras pessoas, especialmente no campo espiritual. Esse aspecto fortalece sua capacidade de trabalhar com energias sutis e multidimensionais, permitindo que ela ajude outros a se curarem em níveis além do físico. O sextil com Júpiter em Touro na casa 7 indica que sua cura pessoal e profissional é ampliada através das relações, tanto nos relacionamentos pessoais quanto no trabalho com pacientes, parceiros e comunidades.

No momento, ela está cada vez mais fortalecida em sua missão de mestra, especialmente com o Nodo Norte em Câncer na casa 9, conjunto a Vênus retrógrado. Esse posicionamento revela que sua missão é levar o cuidado, a nutrição e o amor (Câncer) para o campo do ensino e da cura, expandindo as fronteiras da medicina tradicional para integrar a cura holística e espiritual. Ela está em constante expansão, ajudando outras pessoas a se reconectarem com a essência da vida e da cura.

Ela compreende que a cura não é apenas física, mas envolve a mente, o corpo e o espírito. Sua jornada de vida — da medicina tradicional à integração de práticas espirituais e holísticas — exemplifica como Quíron nos guia para um caminho de cura profunda, onde enfrentamos nossas feridas, as integramos e, a partir delas, ajudamos os outros a fazerem o mesmo. O que ela faz não é apenas curar: ela se cura continuamente e inspira todos ao seu redor a embarcarem nesse mesmo caminho de cura e transformação.

Exemplo 2: o mapa de Christopher Reeve – O Superman

Christopher Reeve, mundialmente conhecido por seu papel como Superman no cinema, viveu uma jornada pessoal profundamente ligada ao arquétipo de Quíron. Curiosamente, o filme Superman estreou em 1977, o mesmo ano em que Quíron foi descoberto. Assim como o personagem que interpretou, Reeve enfrentou desafios extraordinários e, após um trágico acidente que o deixou tetraplégico, se tornou uma figura importante na luta por causas ligadas à pesquisa de lesões na medula espinhal.

Em seu mapa natal, Quíron está posicionado em Capricórnio na casa 5, formando uma quadratura com o Sol e Mercúrio em Libra na casa 2. Mercúrio, planeta relacionado à comunicação e à coordenação motora, tem uma ligação direta com o controle do corpo físico, o que torna esse aspecto ainda mais significativo no caso de Reeve, que sofreu uma perda drástica de mobilidade após seu acidente. A quadratura entre Quíron e Mercúrio sugere uma ferida relacionada à capacidade de expressão física e à coordenação motora, que se manifestou de maneira intensa em sua vida.

Nome: ♂ Exemplo 2 - Christopher Reeve		
n. em qui., 25 de setembro 1952	Horas:	3:12
em New York, NY (US)	Tempo Univ.:	7:12
74w00, 40n43	Tempo Sid.:	2:32:12

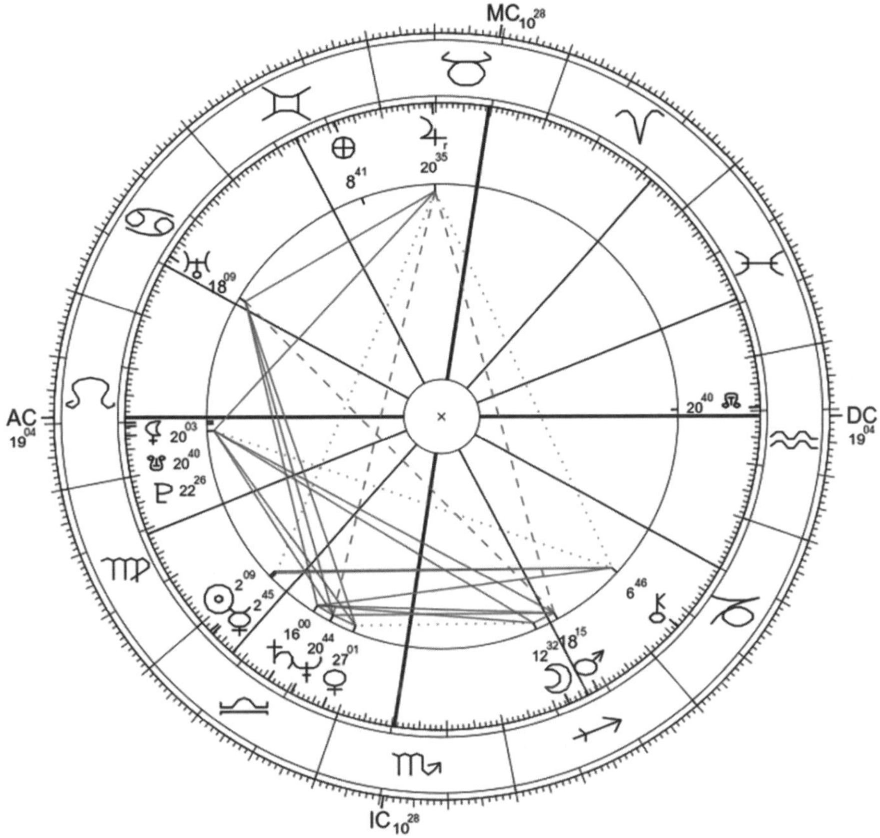

Leão, o signo ascendente de Reeve, é tradicionalmente associado à espinha dorsal, enquanto Capricórnio, onde está Quíron, rege os ossos e o esqueleto. Esse simbolismo deixa seu acidente ainda mais relevante dentro da linguagem astrológica, pois afetou precisamente essas áreas regidas pelos signos envolvidos, trazendo à tona a ferida quironiana. A conjunção de Plutão com o Nodo Sul em Leão, no ascendente, sugere uma transformação profunda e inevitável relacionada à identidade e à autoimagem. Leão rege a vitalidade e a expressão do eu, e Plutão traz uma crise de identidade que, no caso de Reeve, resultou em profunda reconstrução de quem ele era e de como se expressava no mundo.

Antes do acidente, Reeve se expressava plenamente por meio de seu corpo, principalmente como ator. Depois disso, ele precisou encontrar novas formas de se comunicar e contribuir com o mundo. Quíron na casa 5, o setor da criatividade, autoexpressão e vitalidade, indica que as feridas em sua vida estavam intimamente ligadas à sua capacidade de se expressar criativa e fisicamente. No entanto, ele conseguiu transformar essa ferida em uma missão de cura, não apenas para si mesmo, mas também para a sociedade, ao se tornar um defensor incansável da pesquisa sobre lesões na medula espinhal.

Outro aspecto importante é a quadratura entre Júpiter retrógrado em Touro na casa 10 e o ascendente em Leão. Júpiter retrógrado indica que a expansão e o crescimento podem não seguir os caminhos tradicionais ou imediatos. No caso de Reeve, isso refletiu em sua carreira e imagem pública, que, após o acidente, passou por uma transformação profunda. O papel de Superman não ficou restrito ao cinema: ele encontrou uma nova forma de ser um herói, utilizando sua própria dor e limitação como catalisador para mudanças sociais e científicas.

A quadratura de Quíron com o Sol e Mercúrio destaca o conflito entre identidade e ferida. O Sol, representando a essência de quem somos, enfrenta o desafio de Quíron, que traz à tona dores e vulnerabilidades profundas. Para Reeve, essa luta se manifestou na necessidade de redefinir quem ele era após o acidente. Sua vida se transformou e a ferida física tornou-se um canal de cura, tanto pessoal quanto coletiva. Ele transformou sua dor em uma causa maior, lutando para promover avanços na medicina que poderiam ajudar outras pessoas a superarem desafios semelhantes.

Vale observar que, na ocasião do acidente, em 27 de maio de 1995, Quíron transitava por Virgem, passando pela casa 2 do mapa natal de Reeve, e formava uma quadratura com Marte natal em Sagitário na casa 5. Sagitário, signo associado a aventuras e ao cavalo, tem uma conexão direta com o acidente, que ocorreu durante uma competição equestre. A casa 5, onde Marte está posicionado, também rege competições, esportes e jogos. O trânsito de Quíron ativou essa área da vida de Reeve, trazendo à tona um evento transformador que impactou tanto sua expressão física quanto criativa. A queda do cavalo, um evento marcante para o signo de Sagitário, também simboliza a queda de seu heroísmo físico, porém abriu caminho para um novo papel de bravura, agora ligado à cura e à causa humanitária.

Essa análise do mapa natal de Christopher Reeve é um exemplo claro de como Quíron pode se manifestar de maneira profundamente transformadora, trazendo à tona feridas antigas, mas também oferecendo oportunidades de cura e crescimento, tanto para o indivíduo quanto para a comunidade.

Exemplo 3: a transição e reinvenção de um ator

Este exemplo traz o mapa de um grande amigo, um sagitariano com ascendente em Aquário, que passou por uma profunda mudança em sua vida: a transição de gênero, de mulher para homem. Hoje, ele é um ator talentoso que trabalha no teatro e compartilha sua jornada de autodescoberta e reinvenção com o mundo. Sua trajetória reflete perfeitamente os arquétipos e os símbolos que Quíron e outros planetas trazem ao seu mapa natal.

O Sol em Sagitário na casa 11, conjunto a Urano, reflete uma personalidade ousada e independente; alguém que valoriza a liberdade e a autenticidade acima de tudo. Com esse posicionamento, ele busca constantemente explorar novas formas de ser e de se expressar. Urano, o planeta das mudanças e revoluções, em conjunção com o Sol, traz uma energia de ruptura com o convencional e de reinvenção radical. Essa é a marca de sua transição, pois ele literalmente transformou sua identidade.

A oposição entre Urano e Quíron retrógrado em Gêmeos na casa 5 revela uma ferida profunda relacionada à expressão pessoal e à identidade. Quíron em Gêmeos representa o desafio de se comunicar e expressar sua verdadeira essência. Na casa 5, que rege a criatividade e a expressão pessoal, isso reflete a dificuldade inicial que ele enfrentou para se mostrar ao mundo em sua verdadeira forma. No entanto, essa mesma oposição aponta o potencial de cura e transformação através da expressão artística — e foi no palco que ele encontrou uma maneira de integrar suas feridas e transformá-las em poder criativo. O teatro tornou-se um espaço de cura e autodescoberta, onde ele pode explorar sua identidade de forma plena.

Nome: ♂ Exemplo 3
n. em sab., 13 de dezembro 1986 — Horas: 9:40
em Vargem Grande do Sul (São Paulo), BRAS — Tempo Univ.: 11:40
46w53'37, 21s49'56 — Tempo Sid.: 13:59:53

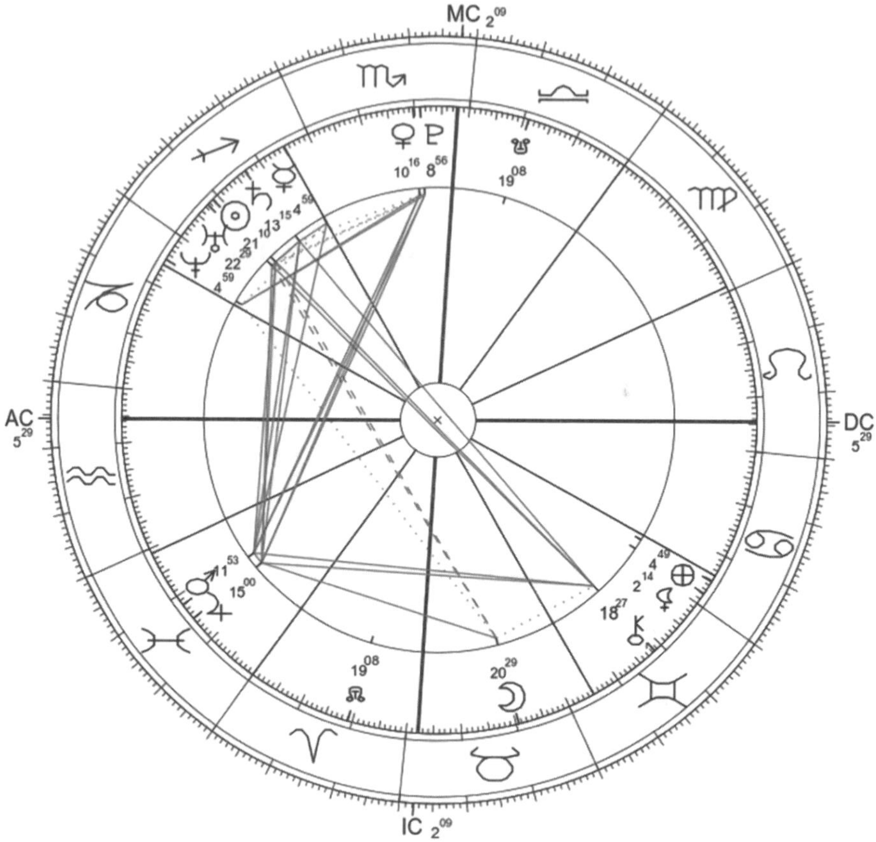

Perceba o Nodo Sul em Libra na casa 9 e o Nodo Norte em Áries na casa 3. Esse eixo reflete diretamente sua jornada de vida, pois ele deixa para trás um caminho relacionado ao feminino (Libra), às normas tradicionais e às expectativas sociais (casa 9), para seguir um novo caminho de autoafirmação (Áries) e de expressão pessoal (casa 3). A transição de gênero está simbolizada, aqui, como uma necessidade de reivindicar sua identidade masculina e a expressão autêntica de quem ele realmente é. O Nodo Norte em Áries o chama para ser corajoso, para abraçar sua individualidade e trilhar um caminho onde sua voz e sua presença sejam ouvidas e reconhecidas.

Outro posicionamento forte no mapa é a conjunção de Plutão e Vênus em Escorpião na casa 10, que reflete uma transformação profunda na sua imagem pública e no modo como ele é percebido pela sociedade. Plutão em Escorpião fala de transformação radical e regeneração, enquanto Vênus está ligado à estética, ao valor pessoal e ao amor-próprio. A conjunção desses dois planetas indica que sua transformação física também envolveu uma mudança radical na forma como ele se valoriza e na sua capacidade de se amar plenamente em sua nova identidade. Essa transformação está diretamente ligada à sua carreira pública e ao trabalho que ele realiza nas artes e no teatro, onde ele pode explorar essas energias de renovação e expressão estética.

Plutão e Vênus fazem trígono com Marte e Júpiter em Peixes na casa 2, indicando que o trabalho com as artes e até mesmo o xamanismo (ligado ao simbolismo de Peixes) são fundamentais para sua vida. Esse aspecto traz uma conexão fluida entre a transformação de sua imagem e o seu valor pessoal e o modo como ele utiliza sua criatividade e intuição para trilhar o caminho da cura. Marte em Peixes sugere uma abordagem mais espiritual e sensível nas suas ações, e Júpiter expande essa energia, abrindo portas para o crescimento pessoal e profissional. Ele não só encontrou seu lugar nas artes, mas também no campo espiritual, onde o conheci em um curso de xamanismo.

Hoje, meu amigo está fortalecido em sua jornada, tanto pessoal quanto profissionalmente. Além de seu trabalho no teatro, ele também auxilia outras pessoas que passam por processos semelhantes de transição de gênero, oferecendo apoio e inspiração através de sua história. Sua experiência o tornou um curador, alguém que, ao curar suas próprias feridas, pode ajudar os outros a fazerem o mesmo. Ele incorporou plenamente a energia de Quíron, transformando sua dor em poder e sua jornada de cura em uma missão para apoiar e empoderar outros.

Uma sincronicidade interessante marcou essa leitura: depois que o convidei a participar dessa pesquisa e fazer seu mapa, a consulta ocorreu em 1º de novembro, a mesma data do descobrimento de Quíron, em 1977. Esse fato trouxe uma energia ainda mais significativa à análise, reforçando o papel transformador de Quíron em sua vida e trajetória.

Seu exemplo ilustra como a energia de Quíron, quando trabalhada, pode levar a uma profunda cura pessoal e coletiva. A jornada desse amigo reflete o poder da reinvenção pessoal, da coragem para abraçar a própria identidade e da capacidade de transformar feridas em força. Ele se tornou não apenas um ator talentoso, mas também um guia para outros que enfrentam desafios semelhantes, mostrando que a cura é possível quando se abraça plenamente quem se é.

Exemplo 4: Nelson Mandela – O curador da terra natal e a luta por justiça

Nelson Mandela é um exemplo marcante da manifestação de Quíron em nível coletivo, especialmente na luta pela justiça e na cura de uma nação. Seu mapa natal oferece *insights* profundos sobre sua extraordinária jornada de vida — passando quase três décadas na prisão (Lua em Escorpião na casa 12) — e seu papel fundamental na luta pelos direitos dos negros na África do Sul.

Quíron retrógrado em Áries na casa 4 simboliza uma ferida ancestral e profunda ligada à sua terra natal e à identidade nacional. Quíron nessa posição destaca não apenas a ferida pessoal, mas a ferida coletiva de uma nação que sofria sob a opressão do Apartheid. A casa 4, ligada às raízes, à família e à nação, indica que a própria pátria de Mandela estava machucada, e ele assumiu a responsabilidade de curá-la. Áries, sendo um signo de luta, coragem e ação, reforça seu espírito combativo e sua missão de liderar um movimento de transformação e cura.

A quadratura de Quíron com Júpiter e Plutão em Câncer na casa 7 simboliza a batalha prolongada e intensa que Mandela enfrentou em sua vida pública. Júpiter em Câncer sugere crescimento e expansão nas parcerias e nos relacionamentos, enquanto Plutão indica transformações profundas e regeneração. Essa combinação reflete sua luta pelo fim do Apartheid e pela justiça social, temas que marcaram sua vida pública e seus relacionamentos com o mundo. A quadratura com Quíron destaca o desafio contínuo de trazer justiça e cura para uma nação ferida, muitas vezes em confronto com forças poderosas de opressão (Plutão) e a necessidade de crescimento moral e ético (Júpiter).

Nome: ♂ Exemplo 4 - Nelson Mandela
n. em qui., 18 de julho 1918 | Horas: 14:54
em Mvezo, SAFR | Tempo Univ.: 12:54
28e31, 31s57 | Tempo Sid.: 10:30:09

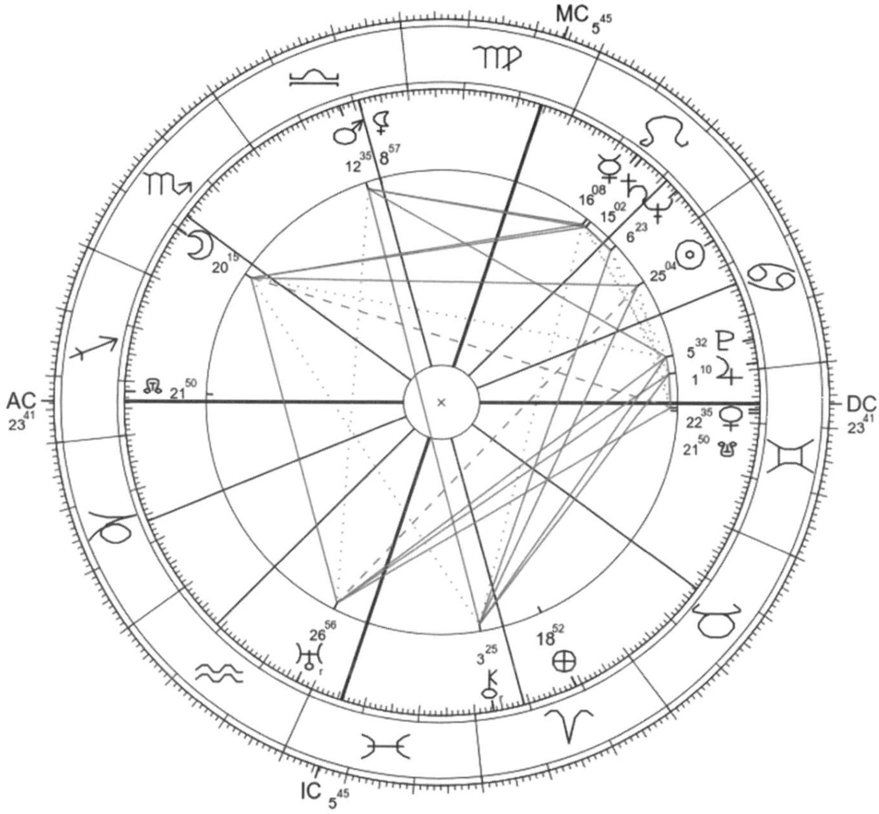

No entanto, o trígono de Quíron com Netuno em Leão na casa 8 mostra um canal mais suave de expressão e transformação espiritual. Netuno em Leão na casa 8 fala de sacrifício e transcendência, e Mandela se tornou não apenas um líder político, mas também um símbolo espiritual global. A casa 8, ligada ao poder e à transformação profunda, sugere que ele canalizou sua energia quironiana de cura e sacrifício em prol de uma regeneração espiritual e emocional, não apenas para si, mas para a África do Sul e para o mundo. Esse aspecto simboliza sua capacidade de ver além da sua própria dor e de lutar por algo maior, um legado que transcende sua vida física e se inscreve na história da humanidade.

Os nodos lunares também são extremamente reveladores no mapa de Mandela. O Nodo Sul em Gêmeos na cúspide da casa 7, conjunto a Vênus, indica que ele vinha de um caminho onde a comunicação e os relacionamentos eram centrais. Não por acaso, sua habilidade de negociar e construir pontes entre pessoas foi essencial em sua jornada para desmantelar o Apartheid e unificar a nação. O Nodo Norte em Sagitário, no final da casa 12, conjunto ao ascendente, simboliza seu destino de se tornar um visionário global. Sagitário é o signo da sabedoria, da justiça e da liberdade, e sua colocação na casa 12 indica que Mandela transcendeu suas próprias limitações e fez sacrifícios pessoais enormes em nome de um ideal maior. Sua missão era expandir não apenas sua visão pessoal, mas também o conceito de liberdade e justiça para toda a humanidade.

O meio do céu em Virgem, com Mercúrio conjunto a Saturno em Leão na casa 9, reforça sua imagem pública como alguém metódico, disciplinado e comprometido com a justiça e a educação. A casa 9, ligada à filosofia, à ética e à educação superior, reflete seu papel como um guia moral, não apenas para sua nação, mas para o mundo. Mercúrio-Saturno em Leão, signo da liderança, sugere que sua voz era uma ferramenta poderosa, usada com responsabilidade e compromisso, especialmente durante seus anos de encarceramento. Ele se tornou o líder que transformou a opressão em uma oportunidade de crescimento espiritual e sabedoria para toda a humanidade.

O mapa de Nelson Mandela reflete a jornada de um homem que utilizou a energia de Quíron em Áries para curar sua nação, transformando feridas pessoais e coletivas em fonte de força e sabedoria. Ele enfrentou desafios imensos, como revelam as quadraturas de Quíron, mas também soube canalizar essa dor para o bem maior, como mostram os trígonos e a forte conexão com seu Nodo Norte em Sagitário, indicando seu papel como uma figura visionária e sábia. Sua missão de cura foi tanto pessoal quanto coletiva, e seu legado permanece como um exemplo de liderança compassiva e transformação global.

Mandela é um verdadeiro exemplo de Quíron como o curador ferido — alguém que, através de luta, dor e sacrifício, transcendeu as adversidades e se tornou um farol de esperança e justiça para o mundo.

Exemplo 5: Clarice Lispector – A identidade de uma poetisa

Clarice Lispector é uma das figuras mais enigmáticas e fascinantes da literatura brasileira, conhecida por sua escrita profundamente psicológica e introspectiva. Seu mapa natal reflete muito desse mistério e dessa profundidade. O Sol em Sagitário na casa 10 e o ascendente em Aquário mostram uma mulher à frente de seu tempo, com uma visão ampla e inovadora sobre a vida. Seu interesse por ocultismo, astrologia e tarô também é evidenciado por algumas posições planetárias que indicam uma conexão profunda com o mistério e o invisível.

Quíron retrógrado em Áries na casa 1, uma posição poderosa e significativa, sugere que Clarice carregava uma ferida ligada à sua identidade. Quíron retrógrado intensifica esse processo, pois as feridas e os desafios relacionados a sua individualidade e autoexpressão tendem a ser processados internamente, refletindo uma busca profunda por autoconhecimento e cura. A necessidade de ser autêntica, sem se deixar limitar pelas expectativas alheias, foi uma batalha constante para Clarice. E isso se refletiu em sua escrita — verdadeira, crua e visceral. Quíron faz aspectos importantes no seu mapa, incluindo uma quadratura com Plutão retrógrado em Câncer na casa 5, que intensifica a profundidade emocional de suas expressões criativas. Essa quadratura reflete o sofrimento e as transformações que Clarice enfrentou em sua vida pessoal, mas também mostra o potencial de cura através de sua arte.

Outro aspecto importante é o trígono entre Quíron retrógrado e Mercúrio em Escorpião na casa 9. Mesmo com orbe de 7 graus, esse aspecto ainda pode ser considerado, pois reflete a conexão entre a mente incisiva de Clarice e sua ferida curativa. Mercúrio em Escorpião é profundamente investigativo, sempre buscando as verdades ocultas e os mistérios da vida e da morte. Essa colocação mostra uma mente que não tinha medo de explorar os recantos mais obscuros da psique humana, o que está em perfeita sintonia com o papel de Quíron como curador de feridas emocionais e psicológicas. O fato de Clarice usar a palavra para investigar essas profundezas, criando uma obra tão visceral e ao mesmo tempo poética, está diretamente relacionado a esse trígono entre Mercúrio e Quíron.

Nome: ♀ Exemplo 5 - Clarice Linspector
n. em sex., 10 de dezembro 1920
em Chechelnyk, UA
26e38'52, 48n50'02

Horas: 11:15
Tempo Univ.: 9:20
Tempo Sid.: 16:21:48

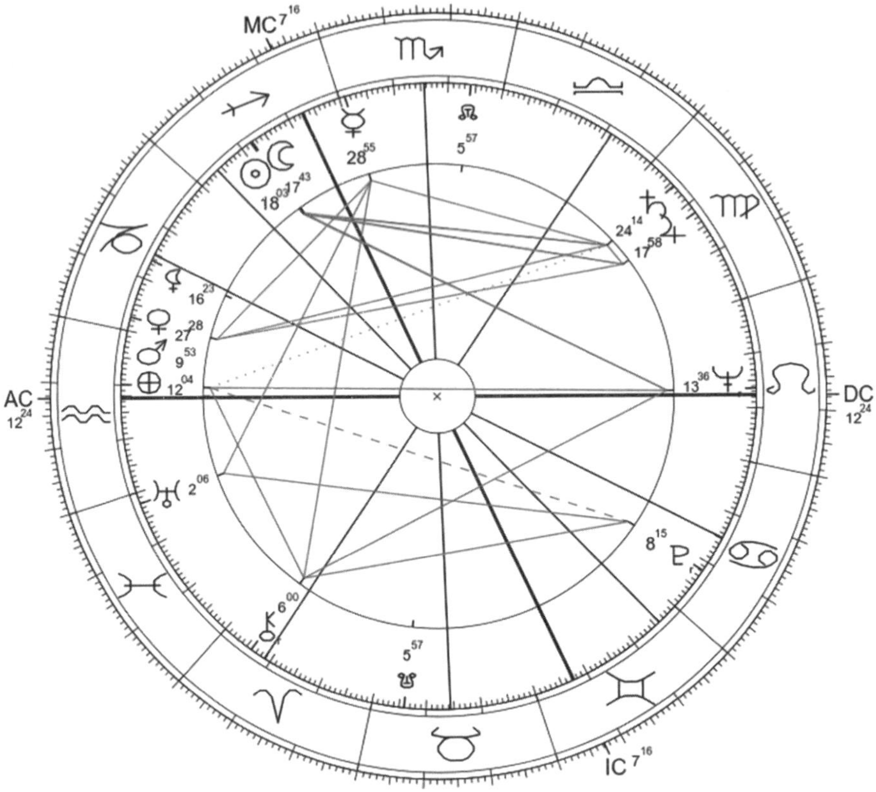

Além disso, Mercúrio em Escorpião faz sextil com Vênus em Capricórnio na casa 12, e sextil com Saturno em Virgem na casa 7, fortalecendo a ideia de que sua escrita era não apenas profunda e psicológica, mas também incrivelmente disciplinada e estruturada. O sextil com Vênus indica uma beleza austera e uma expressão artística que, embora tocasse em temas delicados e difíceis, era sempre equilibrada e refinada. Vênus na casa 12 reflete a introspecção de Clarice e sua conexão com o inconsciente, o que lhe permitia transformar suas experiências mais íntimas e difíceis em arte universal.

O sextil com Saturno em Virgem sugere que ela tinha uma abordagem rigorosa com sua escrita, nunca permitindo que seus impulsos emocionais a controlassem completamente. Clarice sabia como canalizar suas emoções para algo concreto e bem trabalhado, o que conferia à sua obra profundidade e clareza raras. Saturno em Virgem na casa 7, além disso, mostra que ela levava muito a sério suas interações e parcerias, refletindo o nível de seriedade e análise que aplicava também ao estudo da condição humana em seus livros.

Voltando a Quíron, ele também faz trígono com Netuno retrógrado em Sagitário na casa 7, indicando um dom visionário e uma sensibilidade espiritual que a ajudou a transmutar sua dor em compaixão e compreensão universal. Netuno em Sagitário sugere uma busca filosófica e espiritual que perpassava sua vida e sua obra, com o desejo de encontrar respostas que transcendiam o mundo material. Clarice, assim, se tornou uma verdadeira curadora através de sua arte, guiando seus leitores por caminhos de autorreflexão e cura emocional.

A quadratura de Quíron com Plutão retrógrado em Câncer na casa 5 intensifica essa narrativa de cura através da arte. Plutão em Câncer na casa 5 fala da transformação intensa da expressão criativa, e a quadratura com Quíron reflete os bloqueios e as dores que Clarice enfrentava ao colocar suas emoções mais profundas no papel. Essa tensão criava um dinamismo em sua obra, permitindo que ela acessasse as sombras e as curasse através da palavra.

Por fim, vale destacar que Clarice também tinha um interesse forte por ocultismo, astrologia e tarô, como mencionado em algumas de suas entrevistas e escritos. Seu mapa natal reflete essa busca incessante por respostas além do visível e do imediato. A profundidade de sua mente, associada a Mercúrio em Escorpião e a Quíron retrógrado em Áries, transformou-se em uma ferramenta não só de autoconhecimento, mas também de cura coletiva, à medida que seus leitores encontravam em suas palavras um reflexo de suas próprias dores e vulnerabilidades.

A obra de Clarice, assim, reflete perfeitamente a jornada de Quíron, transformando suas feridas pessoais em uma ponte para a cura coletiva. Como Quíron, que ensinava a partir de sua própria dor, Clarice trouxe ao mundo sua visão única e introspectiva, tornando-se uma verdadeira curadora através da escrita.

Exemplo 6: Chico Xavier – A jornada espiritual e a cura através da mediunidade

Chico Xavier, um dos mais conhecidos médiuns do Brasil, tinha uma profunda conexão espiritual que é fortemente refletida em seu mapa astral. Quíron em Peixes na casa 2, conjunto a Vênus no final de Aquário, é uma indicação clara de seu papel como curador espiritual, lidando com questões de valor pessoal e recursos de forma transcendental. Quíron em Peixes simboliza a capacidade de canalizar energias curativas em nível coletivo, enquanto a conjunção com Vênus em Aquário reforça o amor universal e a compaixão que ele expressou ao doar os direitos autorais de seus livros para instituições de caridade. Essa doação altruísta está diretamente ligada ao simbolismo de Quíron em Peixes na casa 2, refletindo um desapego material em prol do bem maior.

Quíron forma aspectos harmoniosos no mapa de Chico, fortalecendo sua missão de cura espiritual. O trígono com Plutão em Gêmeos na casa 5 aponta para sua capacidade de transformação através da escrita e da comunicação. Plutão na casa 5 indica que sua expressão criativa, principalmente através dos livros mediúnicos, tinha impacto profundamente transformador. Esse aspecto ressalta como ele canalizou suas feridas pessoais e espirituais para uma força criativa capaz de tocar milhões de pessoas.

Além disso, Quíron faz um sextil com a Lua em Capricórnio na casa 12, o que reflete sua sensibilidade emocional em relação ao sofrimento alheio e sua ligação intuitiva com o inconsciente coletivo. A Lua na casa 12 indica uma profunda conexão com o plano espiritual e uma vida dedicada ao serviço em prol dos outros. Esse sextil reforça sua capacidade de trabalhar com suas próprias feridas emocionais para oferecer cura espiritual às pessoas ao seu redor.

Outro aspecto relevante é o sextil de Quíron com Saturno em Áries no final da casa 3, que sugere que Chico Xavier tinha um compromisso disciplinado com sua missão espiritual, desde jovem. Saturno em Áries, em conjunção com o fundo do céu, mostra que ele carregava uma responsabilidade cármica em relação à sua comunicação e à estrutura de suas palavras. Esse aspecto reflete a sabedoria que ele conseguiu canalizar, transformando-a em ensinamentos acessíveis através de suas obras literárias.

Nome: ♂ Exemplo 6 - Chico Xavier
n. em sab., 2 de abril 1910
em Pedro Leopoldo (Minas Gerais), BRAS
44w02'35, 19s37'05

Horas: 1:00 LMT
Tempo Univ.: 3:56:10
Tempo Sid.: 13:38:29

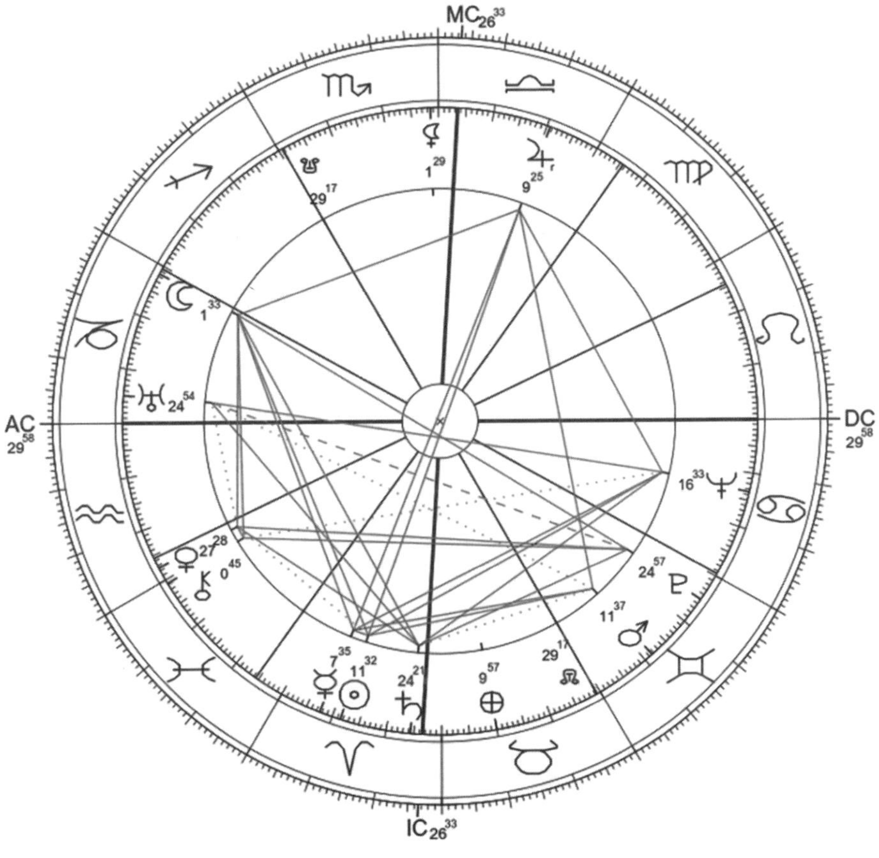

Entretanto, Chico também enfrentou desafios importantes em seu mapa. A conjunção de Sol e Mercúrio em Áries na casa 3, em oposição a Júpiter retrógrado em Libra na casa 9, aponta para o grande dilema entre sua vontade pessoal e as expectativas do público e de seu ambiente familiar. Esse aspecto sugere que ele teve que equilibrar suas próprias visões e crenças com a necessidade de cumprir sua missão espiritual de forma expansiva e pública.

Outro ponto relevante é Urano em Capricórnio na casa 12, que faz quadratura com Saturno. Urano na casa 12 reflete sua capacidade de acessar o inconsciente coletivo e trabalhar como um canal espiritual, mas a quadratura com Saturno indica que ele enfrentou desafios inesperados para equilibrar sua vida espiritual com a realidade prática e as demandas do cotidiano.

Netuno em Câncer na casa 6, por sua vez, reforça sua mediunidade. Como planeta das visões espirituais e das dissoluções, Netuno na casa 6 indica que sua missão de cura estava entrelaçada com sua vida diária e seu trabalho a serviço dos outros. Esse aspecto destaca sua entrega espiritual e sua capacidade de se conectar ao divino em todas as áreas da vida.

Finalmente, o sextil de Plutão em Gêmeos na casa 5 com o Sol e Mercúrio em Áries na casa 3 sublinha sua paixão por comunicar mensagens espirituais transformadoras. A casa 5 está associada à criatividade e à expressão pessoal, e Plutão, aqui, mostra a profundidade com que ele se dedicava às suas comunicações mediúnicas. O sextil com o Sol e Mercúrio indica que sua habilidade de transformar e regenerar vinha por meio de sua expressão verbal e escrita.

Em suma, Quíron em Peixes no mapa de Chico Xavier simboliza sua capacidade única de transformar suas próprias feridas em uma fonte de cura espiritual para os outros. A conjunção com Vênus em Aquário reforça sua generosidade e amor altruísta, expressos de forma prática na doação dos direitos autorais para instituições de caridade. Como médium e curador, Chico Xavier encarnou a energia de Quíron de maneira profunda, canalizando a dor e o sofrimento em serviço compassivo à humanidade.

Exemplo 7: Carl Gustav Jung – A cura através da autodescoberta

No mapa de Carl Gustav Jung, pioneiro da psicologia analítica, encontramos Quíron em Áries na casa 2, um posicionamento que sugere uma ferida ligada ao valor pessoal e à autossuficiência. Quíron em Áries indica uma jornada de cura centrada no autoconhecimento e na conexão com a própria essência, especialmente em relação ao valor que Jung dava a si mesmo e a sua contribuição para o mundo. O signo de Áries fala do "eu sou", e a casa 2, das posses e valores, reforça que a cura de Jung estava intimamente ligada à construção de uma sólida autoimagem.

Nome: ♂ Exemplo 7 - C. G. Jung
n. em seg., 26 de julho 1875
em Kesswil, SWTZ
9e20, 47n36

Horas: 19:29
Tempo Univ.: 18:59:14
Tempo Sid.: 15:52:49

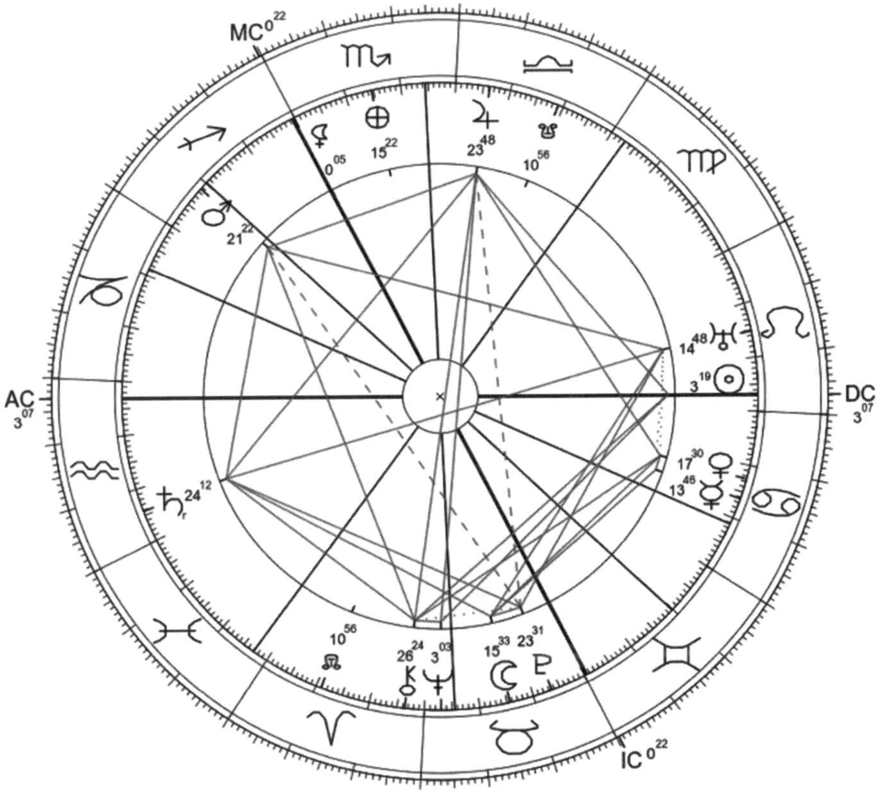

A oposição entre Quíron em Áries e Júpiter em Libra na casa 8 ressalta o desafio entre sua busca individual e sua interação com o inconsciente coletivo, um dos conceitos fundamentais que ele desenvolveu. Enquanto Quíron em Áries busca autodefinição, Júpiter em Libra na casa 8 aponta para uma expansão profunda através das dinâmicas relacionais e transformadoras. Jung precisou integrar estas duas forças: o individual e o coletivo. Sua capacidade de explorar as profundezas da psique humana (casa 8) e sua conexão com o inconsciente foram a chave para essa cura.

Netuno no final da casa 2, em Touro, também contribui significativamente para a compreensão de sua obra. Netuno indica uma percepção espiritual e intuitiva associada à casa dos valores materiais, sugerindo que Jung tinha uma visão idealista, quase mística, sobre o que realmente tinha valor na vida. Essa busca por uma espiritualidade prática está refletida na maneira como ele integrou os conceitos de alma, arquétipos e inconsciente coletivo em sua prática.

A quadratura de Netuno em Touro com o Sol em Leão na casa 7 demonstra a tensão entre sua identidade pública e suas visões espirituais e intangíveis. O Sol em Leão na casa 7 sugere que Jung queria ser visto como figura de autoridade em suas parcerias e na maneira como se apresentava ao mundo, mas Netuno trazia uma dimensão de sacrifício e entrega, fazendo com que ele frequentemente abrisse mão da vaidade pessoal em prol de algo maior.

O sextil de Quíron com Saturno retrógrado em Aquário na casa 1 indica que sua cura estava ligada à autodisciplina e à inovação. Saturno retrógrado em Aquário sugere uma abordagem não convencional de suas responsabilidades, e esse aspecto ressalta a originalidade de Jung ao trabalhar com suas próprias feridas e ao estruturar o seu sistema psicológico. A conjunção de Saturno com o ascendente em Aquário reforça sua imagem de autoridade e, ao mesmo tempo, seu papel revolucionário no campo da psicologia.

Quíron em Áries também forma um trígono com Marte em Sagitário na casa 11, indicando que Jung canalizou suas feridas pessoais para uma ação social e coletiva. Marte em Sagitário fala da disseminação de ideias, e a casa 11, das causas coletivas, sugere que ele encontrou força ao compartilhar sua busca por cura e autoconhecimento com o mundo, através de sua psicologia profunda e de suas teorias sobre o inconsciente.

A Lua em Touro na casa 3 destaca a importância dos instintos e emoções em sua forma de pensar e se comunicar. A quadratura entre Lua e Urano em Leão na casa 7 sugere que ele frequentemente sentia uma tensão entre seu desejo de segurança emocional e suas ideias inovadoras, especialmente em suas parcerias. Essa dinâmica reforça a ideia de que Jung desafiava constantemente o *status quo*, tanto em sua vida pessoal quanto em sua obra, o que o tornou um pensador tão visionário.

Por fim, Quíron em Áries representa a força que ele encontrou ao integrar suas feridas pessoais com a busca por autoconhecimento e cura, especialmente no campo dos valores pessoais e espirituais. Sua jornada de cura foi profundamente ligada ao desenvolvimento de sua teoria sobre o inconsciente e à maneira como ele ajudou os outros a se conhecerem mais profundamente.

Exemplo 8: A médica curadora – A criança ferida que cuida de crianças

Agora, vamos ao mapa de mais uma amiga que tem a cura como profissão. No seu mapa, encontramos Quíron retrógrado em Peixes na casa 10, próximo a Saturno retrógrado e conjunto ao meio do céu em Peixes. Essa configuração aponta para uma ferida profunda ligada à carreira, ao papel social e à busca por formas transcendentais de cura e espiritualidade. Quíron em Peixes fala de uma dor que, embora difícil de definir, a impulsionou a buscar a conexão com o divino, e sua colocação na casa 10 mostra como essa jornada foi fundamental em sua carreira como curadora.

Quíron retrógrado revela um ciclo interno de cura que ela precisou revisitar continuamente ao longo da vida, especialmente em relação à maneira como se apresentava no mundo profissional. A conjunção com Saturno retrógrado reforça essa marca de limitação e responsabilidade desde cedo, mas também a construção de resiliência. A infância foi marcada por uma experiência transformadora — com apenas 1 ano, ela contraiu poliomielite, o que comprometeu sua mobilidade. A conjunção de Saturno e Quíron retrógrados no meio do céu sugere que essa experiência foi um ponto de virada, desafiando sua capacidade de superação.

O que torna esse mapa especialmente quironiano são os múltiplos aspectos de Quíron, que o ligam a vários pontos relevantes.

Uma configuração importante é a oposição entre Urano e Plutão em Virgem na casa 4 e Saturno e Quíron em Peixes na casa 10, refletindo a tensão entre as mudanças radicais no ambiente familiar e o caminho de construção profissional. A conjunção de Urano e Plutão no fundo do céu sugere que houve uma ruptura significativa em sua infância e vida familiar, mas também o potencial para renovação. Esse aspecto a levou a buscar constantemente uma forma de equilibrar sua vida pessoal com sua missão de curadora.

Apesar dessas tensões, Vênus em Libra na casa 4 em trígono com a Lua em Touro na casa 12 indica um suporte emocional forte. Ela relata que foi muito bem cuidada, especialmente na infância, o que a ajudou a lidar com as dificuldades físicas e emocionais. Isso se reflete em sua habilidade de cuidar das crianças com quem trabalha, oferecendo amor genuíno e senso de segurança.

Nome: ♀ Exemplo 8	
n. em sex., 20 de agosto 1965	Horas: 1:30
em Ituiutaba (Minas Gerais), BRAS	Tempo Univ.: 4:30
49w27'54, 18s58'08	Tempo Sid.: 23:05:21

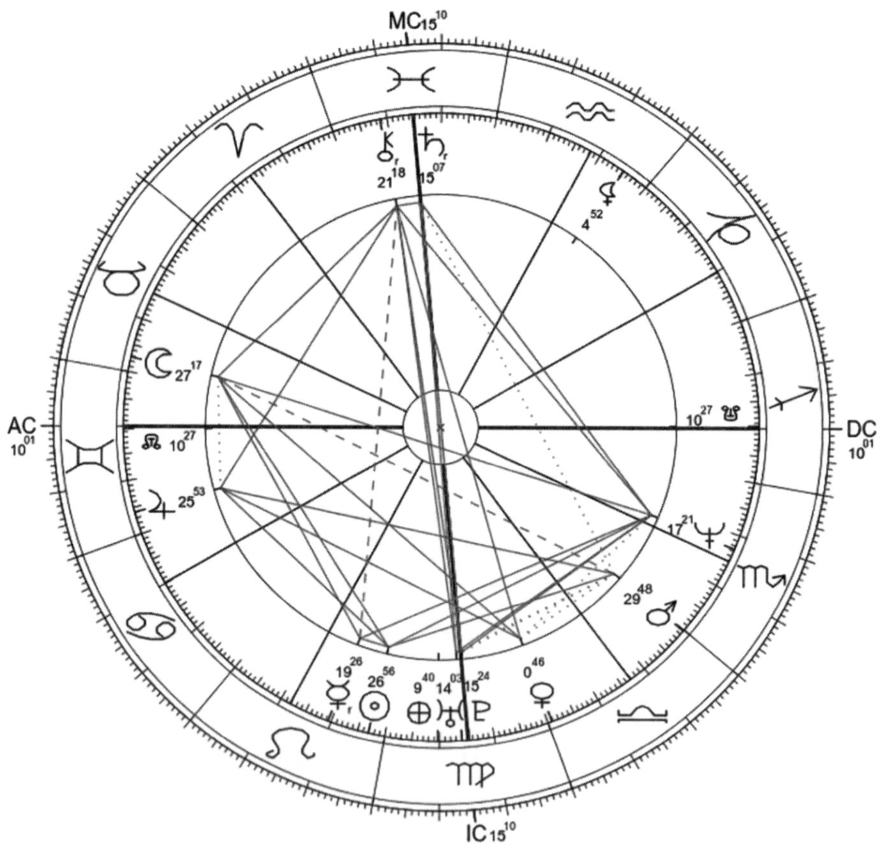

Quíron forma uma quadratura com Júpiter em Gêmeos na casa 1, indicando desafios relacionados à autoexpressão e à confiança. Júpiter na casa 1 traz uma necessidade de expansão pessoal, mas a quadratura com Quíron mostra que esse caminho de crescimento nem sempre foi fácil, exigindo um trabalho contínuo para superar as limitações e as feridas da infância. Essa tensão entre a ferida e o desejo de expandir para além dela é um tema importante em sua vida.

Ao mesmo tempo, Quíron faz um trígono com Netuno retrógrado em Escorpião na casa 6, destacando uma capacidade intuitiva e espiritual no ambiente de trabalho. Netuno em Escorpião, na casa das rotinas e da saúde, revela seu interesse pelas práticas integrativas, que vão além da medicina tradicional. Ela incorporou práticas espirituais e holísticas, como meditação, florais e Reiki, em sua carreira médica, ressoando com a natureza curadora de Quíron em Peixes. Um dos aspectos mais tocantes dessa trajetória é que ela encontrou sua vocação ao assistir a uma novela (assunto de Peixes e Netuno) em que a personagem era médica pediatra. Esse evento ressoou profundamente com ela e a guiou em sua escolha profissional.

Além disso, Quíron também forma um sextil com a Lua em Touro na casa 12, sugerindo que a cura emocional e a compaixão são temas centrais em sua vida. A Lua em Touro traz uma sensação de segurança emocional, e o sextil com Quíron indica que sua experiência pessoal de dor e vulnerabilidade se transformou em fonte de conforto para os outros, especialmente no ambiente hospitalar, onde ela sempre teve forte conexão com as crianças. Ela relembra que, apesar das dificuldades físicas, foi bem cuidada emocionalmente — algo que se reflete na harmonia entre Vênus em Libra na casa 4 e a Lua em Touro na casa 12.

O papel de Mercúrio retrógrado em Leão na casa 3, que rege o mapa, é crucial para entender sua jornada de vida. Mercúrio, além de reger o ascendente em Gêmeos, faz um quincúncio com Quíron e Saturno retrógrados no meio do céu, o que mostra a necessidade de adaptação contínua entre sua mente criativa e as limitações que enfrentou, especialmente aquelas relacionadas à mobilidade. Mercúrio também faz uma quadratura com Netuno em Escorpião na casa 6, reforçando sua busca por uma visão holística da saúde, combinando ciência e espiritualidade em sua prática médica.

A conjunção do Nodo Norte com o ascendente em Gêmeos reforça que sua missão de vida é comunicar e cuidar, ajudando as crianças e seus pais a encontrarem seu próprio caminho de cura, assim como ela fez. Essa médica representa o puro simbolismo de Quíron: uma criança ferida que, ao longo de sua jornada, transformou sua própria condição em força curativa para os outros.

Exemplo 9: José Saramago – A busca pela cura através da palavra e da justiça

Quíron retrógrado em Áries na casa 1 no mapa de Saramago é central para entender sua jornada de vida e sua expressão artística. Áries na casa 1 sugere um indivíduo que busca constantemente se afirmar e se definir, e com Quíron nesse signo e posição, vemos uma ferida ligada à identidade pessoal e à capacidade de se expressar plenamente no mundo. Quíron retrógrado aprofunda essa dinâmica, indicando que essa ferida foi revisitada muitas vezes ao longo de sua vida, levando a um processo interno de reflexão e cura que se manifesta em sua obra.

A oposição entre Quíron e a conjunção da Lua com Saturno retrógrado em Libra na casa 7 aponta para tensões nas relações interpessoais e nas parcerias. A Lua em conjunção com Saturno retrógrado sugere que Saramago pode ter enfrentado sentimentos de isolamento ou restrição emocional em suas parcerias, o que pode ter sido um tema central tanto em sua vida pessoal quanto em sua obra. Essa oposição entre Quíron em Áries e Lua-Saturno em Libra ressalta uma tensão entre a necessidade de se afirmar individualmente e o desejo de harmonia nos relacionamentos, algo que também ecoa em sua escrita, onde ele frequentemente questionava as estruturas sociais e de poder que reprimem o indivíduo.

Outro ponto central é a quadratura entre Quíron e Plutão retrógrado em Câncer na casa 5, que traz à tona questões ligadas à criatividade, à expressão emocional e à relação com o poder. Plutão retrógrado em Câncer pode indicar uma necessidade profunda de transformação emocional, que foi frequentemente reprimida ou renegada. Essa quadratura com Quíron sugere que a ferida de Saramago não estava apenas na identidade, mas também em sua capacidade de expressar suas emoções mais profundas de forma criativa. E, de fato, sua escrita foi seu modo de transformar essa dor em uma poderosa ferramenta de crítica social e de desconstrução das convenções, especialmente no que diz respeito ao poder e à política.

Nome: ♂ Exemplo 9 - José Saramago		
n. em qui., 16 de novembro 1922	Horas:	14:00
em Santarém, PORT	Tempo Univ.:	14:00
8w41, 39n14	Tempo Sid.:	17:04:41

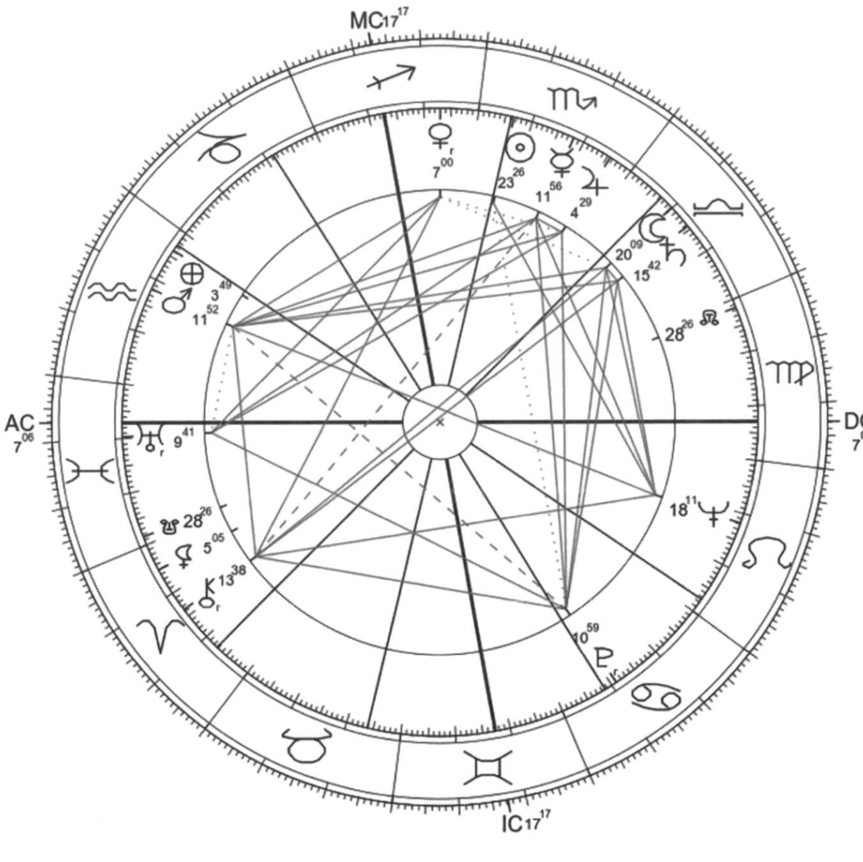

O quincúncio entre Quíron e Mercúrio em Escorpião na casa 8 adiciona mais uma camada à complexidade de sua expressão verbal. Mercúrio em Escorpião (que também faz vários aspectos no mapa) indica profunda investigação e busca pela verdade oculta, além da necessidade de ajustar sua expressão verbal de forma a integrar a dor representada por Quíron. Essa interação sugere que a comunicação de Saramago, muitas vezes envolta em camadas de ironia e subtexto, refletia sua necessidade de revelar as verdades mais cruas da humanidade, especialmente em relação ao poder e à morte — temas frequentes em seus romances.

Por outro lado, Quíron em sextil com Marte em Aquário na casa 12 sugere que sua ação e sua energia estavam voltadas para causas coletivas e sociais. Marte em Aquário busca a justiça e a inovação e, em sextil com Quíron, sugere que Saramago encontrou uma maneira de usar sua própria dor como motivação para lutar por mudanças sociais. Sua obra, cheia de crítica social e política, ressoa fortemente com essa configuração, agindo em prol de um bem maior, mesmo que a partir de uma posição ferida.

O trígono entre Quíron e Netuno retrógrado em Leão na casa 6 reforça a ideia de que sua jornada pessoal de cura esteve ligada à sua missão de serviço ao coletivo. Netuno em Leão na casa 6 fala de um sacrifício criativo e de uma vocação para trabalhar em prol de algo maior que ele mesmo. Esse aspecto harmônico com Quíron sugere que sua busca por uma identidade mais autêntica e por justiça esteve ligada a uma visão espiritual e idealista da vida. Sua escrita, impregnada de crítica profunda à sociedade e aos sistemas de poder, também carrega essa visão utópica e transcendente, sempre em busca de um mundo mais justo e igualitário.

Além disso, vale destacar o leve trígono (orbe de 7 graus) de Quíron com Vênus retrógrado em Sagitário na casa 9, que mostra uma conexão profunda entre seu caminho de cura e suas crenças filosóficas e espirituais. Vênus retrógrado em Sagitário fala de uma reavaliação constante dos valores e do que realmente importa e, em trígono com Quíron, sugere que Saramago encontrou cura através da sua filosofia de vida e da busca por uma verdade mais ampla. Não é coincidência que ele tenha sido um escritor tão influenciado por questões filosóficas, sociais e políticas.

O Sol em Escorpião na cúspide da casa 9 reforça ainda mais sua busca incessante por significado e transformação. Escorpião é o signo da morte e do renascimento e, na casa 9, foca no aprendizado, na expansão da mente e nas crenças. A escrita de Saramago é uma manifestação desse processo, no qual ele busca constantemente transformar e regenerar a forma como enxergamos o mundo.

Em conclusão, José Saramago é um exemplo claro de Quíron como curador ferido no mapa natal. Sua dor pessoal, simbolizada por Quíron retrógrado em Áries na casa 1, encontrou expressão poderosa em sua obra literária, na qual ele buscava curar as feridas sociais e políticas através da palavra e da crítica incisiva. Cada aspecto de Quíron em seu mapa aponta para um indivíduo que transformou sua ferida pessoal em um instrumento de justiça e transformação social.

Exemplo 10: Mahatma Gandhi – A transformação pela simplicidade e o poder do curador ferido

Gandhi nasceu com o Sol em Libra, signo da justiça, na casa 12, associada ao inconsciente coletivo, ao sacrifício e à espiritualidade. Isso já aponta para uma vida voltada ao serviço e ao bem maior, colocando frequentemente as necessidades da coletividade acima das suas próprias. A casa 12 também indica que grande parte de sua força e liderança advinha de profunda introspecção e conexão com o invisível.

Seu ascendente, também Libra, sugere que ele se apresentou ao mundo como alguém equilibrado, diplomático e pacífico. O caminho de sua vida foi marcado pela busca da harmonia e da justiça, características fundamentais em sua luta pela independência da Índia e na filosofia de resistência pacífica.

A presença de Quíron retrógrado em Áries na casa 6, a casa do serviço e da saúde, destaca uma ferida que gira em torno da autoafirmação, da ação direta e do desafio à autoridade. Áries está relacionado à luta e à coragem, e Quíron retrógrado, aqui, sugere que Gandhi carregava uma dor relacionada a sua própria capacidade de agir com assertividade e, ao mesmo tempo, manter uma postura pacífica.

Essa energia é intensificada pela conjunção com Lilith, que traz à tona questões reprimidas e sombrias sobre o uso do poder pessoal. Lilith simboliza o que é rejeitado e marginalizado, e sua presença próxima a Quíron denota que Gandhi, em algum nível, lidou com questões internas sobre controle, rebeldia e negação de impulsos agressivos. Ele transformou essa energia ao utilizar a não-violência como sua principal ferramenta política, um caminho que exigiu dominar a dor e a agressividade de Quíron e Lilith em Áries.

Nome: ♂ Exemplo 10 - Mahatma Gandhi		
n. em sab., 2 de outubro 1869	Horas:	7:12 LMT
em Porbandar, INDIA	Tempo Univ.:	2:33:36
69e36, 21n38	Tempo Sid.:	7:55:25

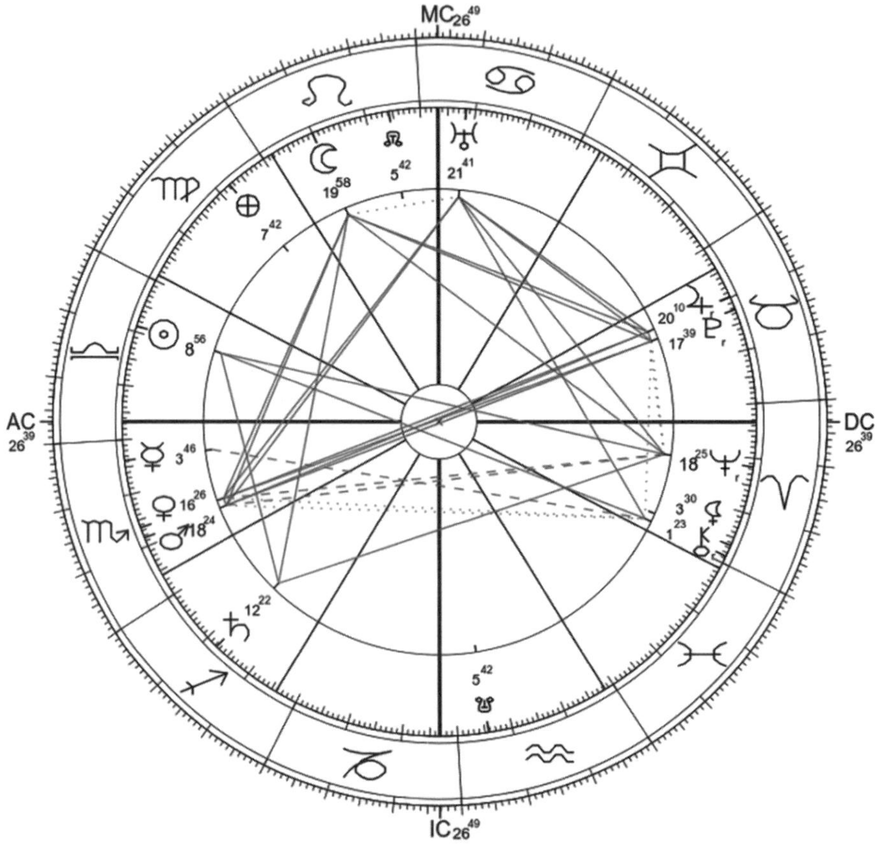

Essa conjunção reflete a capacidade de Gandhi para transmutar sua ferida pessoal de ação assertiva em um serviço coletivo de cura para seu país e o mundo. Ao invés de lutar com violência, ele canalizou suas frustrações para uma filosofia de resistência pacífica, algo que exigiu grande força interna para conter a natureza mais impulsiva de Áries.

Quíron faz quincúncio com Mercúrio em Escorpião na casa 1, sugerindo que Gandhi precisou ajustar a maneira como se comunicava com o mundo, equilibrando sua mente penetrante e seu desejo de transformação (Mercúrio em Escorpião) com a ferida representada por Quíron. A forma como ele expressava suas ideias provavelmente passou por refinamentos ao longo do tempo, ajustando-se às circunstâncias e ao seu desejo de servir a um propósito maior.

A leve oposição entre Quíron e o Sol em Libra reforça a tensão entre seu desejo de justiça e equilíbrio (Sol em Libra) e as feridas internas sobre sua própria capacidade de liderança assertiva. O fato de o Sol estar na casa 12 sugere que Gandhi precisou sacrificar aspectos de sua individualidade e enfrentar desafios internos profundos para se tornar o líder que foi. Essa tensão entre a necessidade de ação (Quíron em Áries) e o desejo de paz e justiça (Sol em Libra) é uma característica central de sua trajetória.

A quadratura T da Lua em Leão na casa 10, Vênus e Marte em Escorpião na casa 1 e Júpiter e Plutão retrógrados em Touro na casa 7 indica a intensa pressão emocional e os desafios que Gandhi enfrentou em suas relações e em seu papel público. A Lua em Leão na casa 10 reflete sua busca por reconhecimento e liderança, mas a tensão com Vênus, Marte, Júpiter e Plutão sugere que essa busca foi desafiada por confrontos de poder (Plutão) e valores (Júpiter).

Urano faz aspectos harmoniosos com Vênus e Marte em Escorpião na casa 1, indicando que Gandhi era inovador no que diz respeito às suas crenças e práticas filosóficas. Ele trouxe novas ideias para o cenário mundial, desafiando as normas estabelecidas (Urano em Câncer na casa 9) e oferecendo uma visão radical e transformadora sobre resistência e poder.

No caso de Gandhi, Quíron retrógrado em Áries na casa 6, conjunto a Lilith, reflete o arquétipo do curador ferido que encontra sua força no serviço. Sua ferida não é apenas pessoal, mas se manifesta em sua missão de vida — uma missão em que ele teve que lidar com questões de ação direta e poder pessoal, transformando essas energias em força para a cura social e coletiva.

Quíron, através de seus aspectos, especialmente sua conjunção com Lilith, destaca o papel de Gandhi como alguém que aceitou sua vulnerabilidade e a usou para guiar uma nação inteira. Ele transformou sua própria dor em um movimento que inspirou milhões de pessoas, provando que, assim como Quíron, é possível transcender a própria ferida e se tornar um agente de cura e transformação.

CAPÍTULO 11

Conclusões, Aplicações e Reflexões

Ao longo deste livro, exploramos o papel transformador de Quíron, tanto na mitologia quanto em sua manifestação nos mapas astrológicos. Quíron é um arquétipo central no processo de cura, que nos convida a encarar nossas próprias feridas — não apenas como algo que precisa ser resolvido, mas como um portal para a sabedoria, a transformação e o serviço aos outros.

Vamos relembrar os principais conceitos abordados:

O arquétipo do curador ferido: Quíron ensina que nossas feridas não são apenas fontes de sofrimento, mas também sementes de força. Ao aceitar e compreender nossa própria dor, ganhamos o poder de ajudar outros a fazerem o mesmo. A ferida de Quíron é um ponto de vulnerabilidade, mas também de potencial, onde as maiores lições da vida podem ser aprendidas.

A cura como caminho iniciático: a jornada de cura revelada por Quíron é iniciática. Ao longo da vida, somos chamados a revisitar nossas feridas repetidamente, cada vez com mais profundidade. Esse processo contínuo de autoconhecimento e aceitação nos leva a um entendimento mais profundo de nós mesmos e de nossa missão de vida. A cura nunca é linear ou simples, mas uma espiral contínua de crescimento e evolução.

O papel central de Quíron nos mapas natais: no mapa natal, a posição de Quíron e seus aspectos com outros planetas revelam as áreas onde sentimos nossas maiores dores, assim como os caminhos para superá-las e transformá-las em serviço. Em cada exemplo analisado, vimos como Quíron marca as experiências de vida de maneira única, revelando lições espirituais e oportunidades de cura pessoal e coletiva.

A polaridade entre ferida e cura: o aspecto dual de Quíron é que ele representa tanto a ferida quanto a cura. Ao olhar para os aspectos de Quíron no mapa natal, entendemos como esses dois polos interagem. Em algumas configurações, a dor pode ser mais evidente, enquanto, em outras, o caminho para a cura é mais fluido. A chave é sempre reconhecer que, independentemente da ferida, existe potencial de aprendizado e crescimento.

Quíron e as condições físicas: Quíron não fala apenas de dores, frustrações, traumas emocionais ou mentais, mas fala também de condições físicas com as quais precisamos lidar ao longo da vida. Quíron pode estar associado a doenças, limitações físicas ou deficiências que se tornam, por um lado, um desafio constante, mas, por outro, uma fonte de resiliência, superação e sabedoria. Ao aceitar essas condições e aprender com elas, podemos transformá-las em um caminho para o crescimento pessoal e espiritual.

Quíron como ponte entre o céu e a terra: um conceito central é que Quíron atua como uma ponte entre o divino e o humano, entre nossas limitações terrenas e nosso potencial espiritual. Ele lembra que, por mais dolorosas que sejam nossas experiências, elas nos conectam a algo maior, a uma sabedoria cósmica que está disponível para todos nós.

A jornada de cura como processo contínuo

A cura e o crescimento espiritual oferecidos por Quíron são processos que não têm fim. As feridas que Quíron revela em nosso mapa são revisitadas ao longo da vida, trazendo oportunidades de aprendizado, autoconhecimento e desenvolvimento pessoal. No entanto, essas feridas nunca são completamente resolvidas; elas se transformam, evoluem junto conosco e nos ensinam continuamente.

Quíron nos lembra da nossa própria humanidade, da inevitável ferida da mortalidade. Todos os seres humanos, sem exceção, estão destinados a enfrentar o grande mistério da morte. Essa ferida universal é algo que compartilhamos, independentemente de nossas diferenças. E aceitar nossa mortalidade é uma das grandes lições de Quíron, que nos ensina a viver de forma mais plena, sabendo que somos todos parte dessa espiral infinita da existência.

Para aqueles que acreditam em uma continuidade além da morte, Quíron oferece uma visão ainda mais profunda. A morte não é o fim, mas apenas um portal em um ciclo maior de transformação, uma parte da jornada espiritual que continua indefinidamente. Nossas feridas, assim como nossa mortalidade, são oportunidades para nos conectarmos com algo maior e transcendente. Quíron nos convida a olhar além da dor e das limitações da vida física, integrando essas experiências em um sentido maior de sabedoria espiritual.

Esse processo contínuo de cura também é um convite para nos libertarmos da busca pela perfeição ou pela cura definitiva. O verdadeiro crescimento espiritual se dá quando aceitamos a imperfeição como parte da jornada. Em vez de lutar contra nossas feridas, aprendemos a conviver com elas, a transformá-las e a usar suas lições para nos fortalecer. Cada revisão de uma antiga ferida nos permite acessar novas camadas de entendimento, trazendo mais consciência e aceitação ao nosso caminho.

Quíron nos ensina que a cura é, na verdade, um caminho de autocompreensão e autotransformação. Ao abraçar nossas feridas, estamos reconhecendo nossa condição humana, nossa vulnerabilidade e, ao mesmo tempo, nossa capacidade de superação. Isso nos permite acessar a essência da nossa jornada e a espiritualidade que permeia todas as nossas experiências.

Convite à prática e à reflexão

Agora que percorremos a jornada de Quíron e suas lições de cura, dor e resiliência, deixo a você o convite para aplicar esses ensinamentos em sua própria vida e na vida daqueles que o rodeiam. Quíron, a ponte entre o céu e a terra, ensina que a cura é um processo contínuo de crescimento pessoal e espiritual, e que nossas feridas podem ser um poderoso caminho de aprendizado.

Quer você esteja explorando seu próprio mapa natal ou ajudando outros em sua jornada de cura, a energia de Quíron serve como ferramenta poderosa para compreender as dinâmicas mais profundas que envolvem dor, cura e superação. Ao olhar o seu mapa ou o mapa de alguém, lembre-se de que as feridas reveladas por Quíron são oportunidades de transformação, tanto no nível físico quanto no emocional e espiritual.

A partir de agora, convido você a praticar essa visão, trazendo à tona a reflexão sobre as feridas pessoais e como elas podem ser integradas como parte do caminho de cada um. Aplique esses conhecimentos na leitura de seus próprios mapas, compreendendo melhor os aspectos de Quíron e suas manifestações, e ajude os outros em sua jornada de cura e desenvolvimento espiritual.

A jornada de Quíron nos convida a olhar além da dor e das limitações da vida física, a entender nossa própria humanidade e nossa conexão com o divino. Ao abraçar nossas feridas, reconhecemos nossa própria vulnerabilidade e, ao mesmo tempo, nossa grande capacidade de cura e transformação. Este é o grande legado de Quíron: transformar nossas dores em sabedoria, e nossa vulnerabilidade em força.

Que este livro tenha servido como um guia, uma ponte para você acessar suas próprias fontes de cura, além de ajudar os outros a transitarem entre o céu e a terra, da dor à cura, da limitação à liberdade.

Referências Bibliográficas

Quíron – Ponte de Ligação entre os Planetas Interiores e Exteriores. Barbara Hand Clow – Ed. Pensamento

Quíron e a Jornada em Busca da Cura. Melanie Reinhart – Ed. Rocco

Chiron in Love: The Astrology of Envy, Rage, Compassion and Wisdom. Liz Greene – Ed. Z-Library

Quirón y el Don de la Herida: El símbolo de la resiliencia en Astrologia. Alejandro Lodi – Ed. Kier

Quirón en la astrología: La guía definitiva del sanador herido (Los planetas en la astrología). Mari Silva – Ed. OEM

QUIRÓN: Viaje alrededor de un sentimiento herido. Jesús Gabriel – Ed. Sincronia

Chiron: The Wisdom of a Deeply Open Heart. Adam Gainsburg – Ed. Soulsign Pub

Chiron: Healing Body & Soul. Martin Lass - Llewellyn Publications

The Chiron Effect: Healing Our Core Wounds through Astrology, Empathy, and Self-Forgiveness. Lisa Tair – Ed. Bear & Company

Essence and Application, a View from Chiron. Zane Stein – Ed. Zane B Stein

The New Planet in Your Horoscope, The Key to Your Quest. Richard Nolle - American Federation of Astrologers Inc.

Astrologia Cármica, Mitologia e Psicologia

Astrologia, Psicologia e os Quatro Elementos. Stephen Arroyo - Ed. Pensamento-Cultrix

Planetas Retrógrados e Reencarnação. Donald H. Yott - Ed. Pensamento

Indícios Cármicos no Mapa Natal. Richard Strauss - Ed. Pensamento

O Poder do Mito. Joseph Campbell com Bill Moyers - Ed. Associação Palas Athena do Brasil

O Homem e Seus Símbolos. Carl G. Jung - Ed. Harper Collins

Autocura e Espiritualidade

A Alma Imoral. Nilton Bonder - Ed. Rocco

Anatomia do Espírito. Caroline Myss - Ed. Lua de Papel

Sites e blogs:

https://cova-do-urso.blogspot.com/p/assuntos-de-quiron.html

https://www.astrolink.com.br/quiron

https://astrologialuzesombra.com.br/o-que-significa-quiron-no-mapa-astral

Sugestões de leitura para enriquecer a compreensão dos mapas analisados no livro

Clarice Lispector

Perto do Coração Selvagem - Clarice Lispector

- Esse romance ajuda a entender a profundidade e a complexidade emocional da autora, temas que ressoam com sua configuração de Quíron.

A Descoberta do Mundo - Clarice Lispector

- Uma coletânea de textos que revela seu processo criativo e a verdade visceral presente em sua escrita, complementando o simbolismo de Quíron em seu mapa.

Nelson Mandela

Longo Caminho para a Liberdade – Nelson Mandela

- A autobiografia detalha sua luta pela justiça, um tema conectado ao papel de Quíron como um curador de feridas coletivas e pessoais.

Conversas que tive Comigo – Nelson Mandela

- Este livro traz reflexões pessoais que mostram sua resiliência e compromisso com a cura de uma nação.

Mahatma Gandhi

Minha Vida e Minhas Experiências com a Verdade – Mahatma Gandhi

- Esta autobiografia revela a jornada de Gandhi com a verdade e a não-violência, princípios que ecoam o simbolismo de Quíron em seu mapa.

Carl Jung

Memórias, Sonhos e Reflexões – Carl G. Jung

- A autobiografia de Jung explora sua jornada de autoconhecimento, fundamental para entender o papel de Quíron em seu mapa.

Chico Xavier

Nosso Lar – Chico Xavier (Espírito de André Luiz)

- Um livro que mostra a visão de Chico sobre vida espiritual, temas de cura e serviço.

Pinga-Fogo com Chico Xavier – IDE Editora

- Uma coletânea de entrevistas que refletem sua visão de mundo e espiritualidade, com temas muito ligados ao simbolismo de Quíron.

José Saramago

Ensaio Sobre a Cegueira – José Saramago

- Essa obra é uma metáfora de temas sociais e de cura coletiva, um forte paralelo com Quíron.

O Evangelho Segundo Jesus Cristo – José Saramago

- Um romance que aprofunda questões de moralidade e espiritualidade, relevantes para a compreensão do papel de Quíron.

Meus sites:

www.marcelodalla.com

www.astrologiainteligente.com.br/

Instagram: @marcelodalla

"A ferida pode não ser sua culpa,
mas curá-la sempre será
sua responsabilidade".

Autor desconhecido.